图书在版编目（CIP）数据

完全自游成都一本就 GO / 《完全自游》编委会编著.
— 北京：龙门书局，2011.11
（走遍中国）
ISBN 978-7-5088-3376-7

Ⅰ．①完… Ⅱ．①完… Ⅲ．①旅游指南—成都市
Ⅳ．①K928.971.1

中国版本图书馆 CIP 数据核字（2011）第 236901 号

责任编辑：魏胜　胡子平　赵丽平 / 责任校对：杨慧芳
责任印刷：新世纪书局　　　　　 / 封面设计：张世杰

龙门书局 出版
北京东黄城根北街 16 号
邮政编码：100717
http://www.sciencep.com

中国科学出版集团新世纪书局策划
北京天颖印刷有限公司印刷
中国科学出版集团新世纪书局发行　各地新华书店经销

*

2012 年 1 月第一版　　　　　　开本：32 开
2012 年 1 月第一次印刷　　　　印张：8.75
字数：412 000

定价：39.80 元

（如有印装质量问题，我社负责调换）

前　言

　　成都市, 简称"蓉", 别称"锦城"、"锦官城", 位于四川省中部, 素有"天府之国"之美誉, 是中西部地区重要的中心城市。

　　成都历史悠久。据史书记载, 大约在公元前5世纪中叶的古蜀国开明王朝九世时将都城从广都樊乡 (今双流县) 迁往成都, 构筑城池。而成都一名的来历, 据《太平环宇记》记载, 是借用西周建都的历史经过, 取周王迁岐"一年而所居成聚, 二年成邑, 三年成都"典故而来。五代十国时, 后蜀皇帝孟昶偏爱芙蓉花, 命百姓在城墙上种植芙蓉树, 花开时节, 成都"四十里为锦绣", 故成都又被称为芙蓉城, 简称"蓉城"。2001年出土的金沙遗址, 已经将成都建城历史从公元前311年提到公元前611年, 其建城历史超过了苏州, 成为中国未变遗址最长久的城市。

　　悠久的历史与得天独厚的地理环境赐予了成都众多的人文古迹和自然美景, 如杜甫草堂、武侯祠、金沙遗址、大熊猫繁育基地、青城山等。而成都的美食更为人所津津乐道, 并在2010年被联合国教科文组织授予"美食之都"称号, 让成都成为亚洲第一个世界"美食之都"。

　　针对这座美丽的城市, 我们精心打造了这本《完全自游成都一本就GO》, 主要为读者展现成都及周边的各色美景、必吃美食、购物宝地以及住宿地点, 并将它们按照所处的不同行政区域融会到本书的三大部分之中。同时, 我们还为您奉上许多富含实用信息的特色栏目, 如"景点分布图"、"旅行建议"、"其余住宿推荐"等, 希望能满足您全方位的需要, 带给您一次愉悦的旅程。

作　者

如何使用本书

HOW TO USE THE BOOK

本书框架

⊙ 文前

文前主要包括"三分钟读懂成都"、"交通方式"、"必游景观"、"美食精选"、"特色购物"、"黄金假期超HOT之旅"六大板块，集中介绍了成都的行前必知信息和旅游特色。

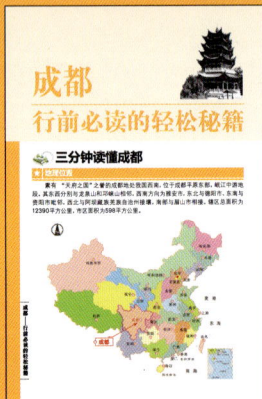

⊙ 正文

正文共三大部分，囊括了成都的所有行政区域。

PART 1 成都市区：介绍成都市区景点，共五个章节，分别介绍成都五大主城区——"锦江区"、"成华区"、"武侯区"、"青羊区"、"金牛区"的热门景点。

PART 2 成都郊区：介绍成都郊区景点，共九个章节，主要介绍成都"龙泉驿区"、"双流县、新津县"、"邛崃市、蒲江县"、"大邑县"、"崇州市"、"温江区、郫县"、"彭州市"、"都江堰市"、"青白江区、新都区、金堂县"的著名景点。

PART 3 成都周边

共一个章节，主要介绍了成都周边城市的一些不得不游的著名景点，绝大多数车程都在3小时以内。

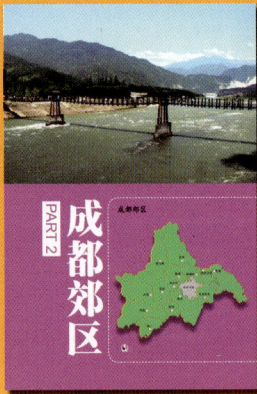

⊙附录

在书的最后，您还能找到更详尽的"名录索引"、"成都旅游实用电话及网址"、"临近城市交通指南"等有用信息。

特色板块与实用信息

在每章的正文部分，您将主要看到"赏"、"食"、"宿"几大板块和大量的实用信息。

"赏"：主要介绍该地区的自然风景和人文景点，是几大板块中的重点。

"食"：主要介绍该地区的特色餐厅，这些餐厅囊括了该地区各大美食，从市井小巷里的飘香小吃，到百年老字号里的传统美味，再到豪华餐厅里的缤纷佳肴，充分满足您的味蕾。

赏在锦江区

食在锦江区

"逛"、"品"和"娱"：在一些章节中，您还将看到这些板块，主要介绍该地区的购物宝地（例如商业街等），以及休闲雅致的咖啡厅、茶厅以及潮人爱去的酒吧、KTV等地。

"宿"：主要介绍该地区的住宿地点。根据不同游客的需求，推荐的住宿中既有高档酒店，也有中档宾馆，还有最为经济实惠的青年旅社。

逛在锦江区

品在锦江区

娱在锦江区

宿在锦江区

如何使用本书

HOW TO USE THE BOOK

攻略要点：

为了方便读者游玩，正文的每一页中除了介绍性文字以外，还配备了详尽的"攻略要点"小贴士。每个板块里的贴士内容略有不同，例如："赏"——地址、交通、电话、开放时间、门票；"逛"——地址、交通、电话、营业时间；"食"——地址、交通、电话、营业时间、人均消费、特色美食；"宿"——地址、交通、电话、营业时间、客房、房价。

特色栏目：

常与"攻略要点"一起出现，可以为您提供更多的旅游咨询。每个板块下栏目不同："赏"——旅行建议，"逛"——特色购物、淘宝真经；"食"——推荐理由、推荐美食、适宜场合；"宿"——餐饮资讯。

景点分布图：

景点分布图在每节第2页可以找到。上面绘制了本章中"赏"、"逛"、"食"、"宿"等几大板块中所提到的地点。

游玩预算：

游玩预算主要从"门票"、"住宿"、"餐饮"、"购物"几大方面进行分析，让您对所需的花费心中有数。

旅行锦囊：

在每节的第3页可以找到，旅行锦囊专为您提供所在区域的"旅游特色"、"节庆活动"、"特色美食"等实用信息，让您的旅程更有针对性、更加方便。

重要公交站点与公交线路信息：

将本区域重要的公交站点及途经线路汇聚起来，方便您整体查阅。

"其余推荐"小贴士：

除了具体的住宿地点和餐厅介绍以外，每节最后一页还附带了一个"其余住宿推荐"或"其余餐厅推荐"小贴士，收纳了该地区更多经济、实惠的住宿选择与多种多样的餐厅选择，相信会给您的旅程带来更大的帮助。

全书图例

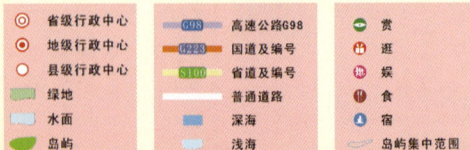

◎ 省级行政中心	G98 高速公路G98	赏
◉ 地级行政中心	G223 国道及编号	逛
○ 县级行政中心	S100 省道及编号	娱
绿地	普通道路	食
水面	深海	宿
岛屿	浅海	岛屿集中范围图

CONTENTS 目录

成都

行前必读的轻松秘籍

三分钟读懂成都

★ 地理位置

　　素有 "天府之国" 之誉的成都地处我国西南,位于成都平原东部,岷江中游地段。其东西分别与龙泉山和邛崃山相邻,西南方向为雅安市,东北与德阳市、东南与资阳市毗邻,西北与阿坝藏族羌族自治州接壤,南部与眉山市相接。辖区总面积为12390平方公里,市区面积为598平方公里。

★ 行政区域

成都市管辖9个区（青羊区、锦江区、金牛区、成华区、武侯区、温江区、新都区、龙泉驿区、青白江区）、1个开发区（高新区）、6个县（郫县、双流县、新津县、金堂县、大邑县、蒲江县），代管4个县级市（邛崃市、崇州市、彭州市、都江堰市）。

都江堰市　彭州市

郫县　新都区　青白江区　金堂县

温江区　金牛区　成华区

崇州市　青羊区　成都市

大邑县　武侯区　锦江区　龙泉驿区

双流县

邛崃市　新津县

蒲江县

★ 概况

成都简称"蓉"，别称"锦城"。作为四川的省会，这里不仅是西南地区的科技、商贸和金融中心，也是中西部地区最为重要的中心城市。同时，作为中国历史文化名城之一，成都拥有丰富的自然、文化旅游资源，是一座"来了就不想离开"的城市。

★ 印象

川剧、火锅、茶馆、小吃、大熊猫……这些充满成都色彩的元素是大多数人对成都的印象。在这样一座休闲之都，泡茶馆、品美食都是人们不可缺少的休闲活动。来到这里，你可以到茶馆坐坐，和"茶友"们摆摆"龙门阵"；你也可以走街串巷，寻找地道的成都美食；当然，如果对川剧感兴趣，你还可以到成都川剧艺术中心欣赏川剧绝技表演。总之，不论用哪种方式，你都一定可以体会到成都这座城市的无穷魅力。

★ 文化

谈起文化，最能代表成都文化的就是历史悠久的茶馆文化、独具特色的川剧艺术以及誉满天下的蜀锦和蜀绣。成都茶馆历史悠久，大大小小的茶馆遍布城市的大街小巷，坐茶馆、摆龙门阵是成都人特别的嗜好。再说川剧，历史悠久的川剧是中国戏曲艺术宝库中的瑰宝，变脸、喷火等川剧绝技早已名扬海外。至于蜀锦和蜀绣，其精美的图案色彩、高超的制作工艺无不令人叹服。

★ 最佳旅游气候

成都属于亚热带季风气候，常年云雾多，日照时间短是成都最为显著的气候特点。春来早、夏闷热、秋凉爽、冬阴冷可以概括为成都全年的气候变化情况。所以，到成都旅游的最佳时间是3～6月，9～11月。在7、8月最热的时候，成都的青城山、西岭雪山、九峰山、天台山等景区也是非常不错的避暑胜地。

★ 成都话

成都话属于西南官话，它和重庆话一起构成了四川话的标准音，但是在成都境内，并不是全都用成渝话，在成都绕城高速以外的地区，大致都是使用四川话中的赤灌话。此外，"软糯"是成都话一个比较显著的特点，因此，成都话也有"西南话之吴侬软语"的称谓。

20世纪80年代以后，随着成都与外界的交流不断增多，成都话的语音逐渐受到普通话的影响，出现了比较明显的变化，其发音也逐渐向普通话的语音靠拢。

下面就为读者列举成都方言的一些常用语，以及它对照普通话的含义，方便了解。

成都日常用语对照表

普通话	成都话	普通话	成都话	普通话	成都话
平地	坝坝	简单	撇脱	不错，好	安逸、巴适
吃午饭	吃少午	凶恶	歪	便宜	相因
撑腰	鲊起	赴宴	吃九斗碗	空手	打甩手
吃肉	打牙祭	地方	踏踏	全部	一哈
很可能	多半	说话	开腔	麻烦	恼火
没关系	莫来头	里面	吼头	干什么	爪子嘛
一直走再转弯	抵拢倒拐	回来	转来		

交通方式

★ 进出成都的三大交通方式

1 飞机

目前，国内外的许多城市都有开往成都的航班，到达成都后，在成都双流国际机场降落。这里距离成都市中心大约有16公里的路程，目前有普通公路和机场高速与成都市区相连。

成都双流国际机场及相关信息

通航城市：双流国际机场——该机场国内通航城市达69个，国际通航城市达21个，此外还包括香港和澳门两个特别行政区。

机场大巴往返路线：人民南路二段蓝天宾馆—岷山饭店—锦江宾馆—华西医大—省体育馆—人南立交—机场高速—双流国际机场（机场巴士303）。

出租车往返：乘出租车往返机场大约需要100元。

2 火车

到达成都的客运列车，其终点站主要在成都火车北站，开往全国大部分地区的列车也是从这里发车。此外，成都还有一个小型的客运火车站——火车南站，这里主要承担成昆线方向的客运，一般由成都开往昆明、西昌和攀枝花的普快以下级别的列车都是在火车南站发车。

3 长途汽车

目前，成都主要有新南门汽车站、北门汽车站、五桂桥汽车站、高笋塘汽车站、茶店子汽车站以及金沙汽车站6个客运汽车站。其中，新南门汽车站的班车主要发往省内各主要旅游景点，北门汽车站的班车主要发往川南的一些城市，五桂桥汽车站的班车主要走成渝、内宜等高速线，高笋塘汽车站的班车主要发往拉萨、兰州、西宁、格尔木、乌鲁木齐、伊犁、日喀则等超长省际路线，茶店子汽车站的班车主要发往四川西、北部的藏区以及著名的景区，金沙汽车站的班车主要发往温江、新津、龙泉、郫县、眉山等成都周边区县。

★ 成都市内的两大交通方式

1 出租车

　　成都出租车白天起步价为2公里8元，之后每公里1.9元；夜间（23点以后）起步价为1公里6元，之后每公里加1.7元。出租车每等候5分钟，加收1公里租价费。单程载客驶满10公里以上60公里以下，计价器自动按公里租价加收50%的单程回空补贴费。

2 公交车

　　公交车是成都市内的主要交通方式之一，市内的主要景点基本上都可以通过乘坐公交前往。成都市内的公交车主要分为普通车和空调车两种，普通车单一票价为1元，空调车单一票价为2元，晚上9点或者10点以后空调车加收1元。

　　如果经常到成都或者在成都待的时间较长，那么就可以办理一张公交卡，这样乘车不仅便宜，而且省去了换零钱的麻烦。成都公交卡分为电子钱包和月票两种，电子钱包每次使用时比投币便宜0.1元，但是不限定消费次数。月票平均1块钱乘坐两次，只要刷了一次卡，在3小时内转乘其他公交车都是免费的。而每刷一次卡，上面的次数会减少两次。

成都公交卡办理地点列举

双楠路286号（7:30-19:30）、金沙公交中心站(7:30-19:30)、五桂桥公交中心站（9:00-17:00）、桂溪公交中心站（7:30-17:30）、石羊公交中心站（9:00-17:00）、火车北站公交中心站（7:30-19:30）、茶店子公交中心站（9:00-17:00）。
办理公交卡时需交纳20元的卡片押金，办卡后会有一张办卡凭证，在旅行结束时可以到双楠路的龙翔公交总站退还公交卡，到时也会退回办卡时的押金。

3 地铁

　　成都地铁1号线目前已建成并通车，这是一条南北方向的主干线，它北起升仙湖，沿火车北站、人民北路、文殊院、骡马市、天府广场、锦江宾馆、华西坝、省体育馆、倪家桥、桐梓林、成都南站、高新、金融城、孵化园、海洋公园，止于世纪城附近。

乘坐地铁须知

成都公交卡也可以用于乘坐地铁。不同的是，乘坐公交车只需要上车时刷一次卡，而乘坐地铁在进站和出站时都需要刷卡，每张卡仅限一人使用。
如果是购票乘车，则需要事先准备好面值1元的硬币或面值5元、10元、20元的八成新纸币，按照显示屏提示进行操作。首先，选择终点站，确认购买张数；其次，插入硬币和纸币确认付款；最后，取票和找零。需要注意的是，进站刷卡时将卡轻触刷卡区，听到确认提示音，看到闸门打开即可通过；出站时将票插入投票口，即可出站。

必游景观

1 成都天府广场——城市心脏

作为中心城区最大的休闲广场，成都天府广场不仅是成都市民休闲放松的地方，它更展现着古蜀文明的艺术智慧和巴蜀秀美的山川景色。12根大型的青铜柱上雕刻着源于三星堆和金沙遗址的精美纹饰；长80米的下沉广场墙体上使用喷涂雕塑的方式，展示了著名的四川山水胜景；广场中央，金色的"太阳神鸟"雕塑昭示着古蜀国悠久的历史文化。此外，翠绿的草坪、艳丽的鲜花以及融声光电于一体的音乐喷泉让天府广场成为成都市区一道独特的风景线。

地 址 和 交 通

天府广场位于成都市中心，乘坐99、45、16路公交在红照壁站下车可达。

2 春熙路——百年金街

春熙路是成都最为繁华的商业步行街，其地位就相当于北京的王府井。它始建于1924年，当时由四川军阀杨森提议兴建，并为之取名"森威路"。后来，人们根据老子《道德经》中的"众人熙熙，如登春台"，将它定名为春熙路。如今的春熙路人来人往，熙熙攘攘，太平洋、伊藤洋华堂、胡开文、亨得利等新兴百货商场和老字号商铺鳞次栉比，非常繁华。此外，春熙路也是龙抄手、赖汤圆、担担面、钟水饺等成都小吃的汇集地，各种知道或者不知道的美食在这条街上摆开阵势，迎接四面八方到来的食客。

地 址 和 交 通

春熙路位于总府路旁，乘坐4、98路公交到总府路站下车可达。

3 宽窄巷子——老成都的记忆

　　宽窄巷子主要由宽巷子和窄巷子两条平行的巷子组成。1721年，康熙皇帝应川人之请，派清兵驻防成都，而宽窄巷子就是当时清兵居住的地方。当时，宽巷子住的大都是满族的文武官员，而窄巷子住的大都是普通的士兵。宽窄巷子的建筑融合了北方四合院以及川西民居的建筑风格，错落有致的四合小院、气派的门楼、讲究的门饰无不透出历史的沧桑感。来到宽窄巷子，在街边的小茶馆坐坐，和天南地北的茶客聊聊天，也不失为体验成都生活的一种方式。

地 址 和 交 通

　　宽窄巷子位于青羊区金河路，乘坐78、47、103路公交到金河路站下车可达。

4 杜甫草堂——诗圣旧居

　　杜甫是我国历史上最著名的诗人之一，唐朝"安史之乱"之后，他颠沛流离来到成都，在好友的帮助下，在风景秀丽的浣花溪畔筑起了一座茅屋，他在此居住4年，留下不少经典诗作。其中，《茅屋为秋风所破歌》就是在这里创作的。后来，杜甫离开成都，人们便在此建园立祠，以纪念这位伟大的诗人。经过多次整修与重建，杜甫草堂已经变成一座风格独特的古典园林。祠堂内楠木参天，梅竹成林，历代名人题写的诗词、楹联更是让杜甫草堂充满浓郁的文化气息。

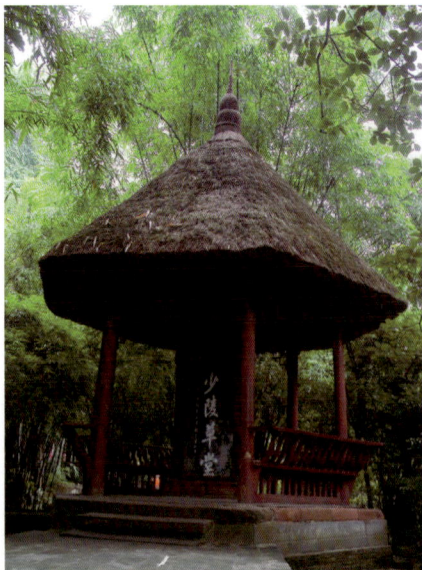

地 址 和 交 通

　　杜甫草堂位于青羊区草堂路1号，乘坐35、47、85、901路公交到杜甫草堂站下车可达。

5 武侯祠——诸葛丞相纪念地

武侯祠始建于唐朝，是纪念三国蜀相诸葛亮的又一胜迹。它最初与刘备的昭烈庙相邻，明朝初期时并入昭烈庙，形成如今这座君臣合祀的祠庙。现存的这座武侯祠是康熙年间重建的，整个祠庙坐北朝南，刘备殿、诸葛亮殿等主要建筑高大宏伟，在森森古柏的掩映下显得庄严而肃穆。作为全国著名的三国文化遗迹，武侯祠每年都吸引了大量的中外游客到此参观。

地 址 和 交 通

武侯祠位于成都南郊武侯祠大街，乘坐29、53、57路公交到武侯祠站下车可达。

6 锦里——古韵浓厚的特色商业街

传说锦里曾是西蜀历史上最古老且最具商业气息的街道之一，早在遥远的秦汉、三国时期就已闻名全国。如今，经过改造后的锦里更是呈现出别样的风采。

走进锦里的大门，青石板铺设的街道、众多的明清仿古建筑以及高挂的大红灯笼勾勒出一个五彩缤纷的世界。在街道两旁，捏泥人的、吹糖人的、转糖画儿的、剪纸的、表演皮影的……各类手艺人总能通过精彩的技艺展示，让人想起美好的旧日时光。

除了这些，到锦里最不能错过的就是各种各样的特色美食，在锦里的好吃街上，张飞牛肉、肥肠粉、军屯锅、三大炮等四川小吃让人目不暇接。

当然，锦里的多彩远不止这些，只要你亲自去看看，一定不难发现。

地 址 和 交 通

锦里位于成都的武侯祠大街，乘坐29、57、503路公交在南郊路站下车可达。

7 青羊宫——闻名全国的西蜀道观

青羊宫初名"青羊肆",传说老子骑青牛过函谷关,为关令尹喜讲《道德经》,讲到一半,老子有事要走,对尹喜说:"子行道千日后,于成都青羊肆寻吾。"后来,老子如约而至,在这里继续为尹喜讲经说法。因此,这里便得名"青羊观"。唐朝广明二年(公元880),黄巢起义军攻破长安,唐僖宗逃到成都,驻留在青羊观内,后来便下诏改青羊观为青羊宫。

如今,青羊宫作为川西第一道观,每年都吸引着大量游客到此参观。很多成都人也很喜欢到这里烧香祈福,特别是每年的农历二月十五,青羊宫的花会更是游人众多,热闹非凡。

地址和交通

青羊宫位于成都一环路西一段,乘坐27、63、123路公交到青羊宫站下车可达。

8 文殊院——成都著名的佛教圣地

文殊院始建于隋唐时期,最早是隋文帝的第4子蜀王杨秀的宠妃为"圣尼"信相所建,古称"信相寺"。如今所见的文殊院是在清朝康熙年间重建的,寺院中保留了说法堂、藏经楼、钟鼓楼等古老的清代建筑以及唐玄奘法师的舍利子等珍贵文物,是一座香火极盛的佛教寺院。此外,在文殊院中,还有热闹的茶馆和素菜馆,既是焚香拜佛的好去处,也能充分体验成都的休闲生活。

地址和交通

文殊院位于青羊区文殊院大街15号,乘坐64、303路公交在人民南路三段站下车可达。

9 金沙遗址——21世纪的重大考古发现

成都金沙遗址是在2001年被一位民工在开挖蜀风花园大街工地时发现的，于是一座3000年前的古蜀都邑展现在世人面前。据史料记载，成都有文字可考的建城历史最早可以追溯到战国晚期，而金沙遗址的发现则将成都的建城史向前推进了700年，同时也改变了中华文明史。

从金沙遗址出土的大量玉器、金器、青铜器、象牙以及石器都是极为罕见的珍贵文物。如今，游客只要走进金沙遗址博物馆，就能与其中的代表性文物——见面，亲眼目睹古蜀国辉煌的文明。

地址和交通

金沙遗址位于青羊区金沙遗址路2号，乘坐901路旅游观光车直达，或者乘坐82路公交在青阳大道北口站下车可达。

10 成都大熊猫繁育基地——探访国宝大熊猫

大熊猫憨态可掬的模样常常引发人们发自心底的怜爱，这些可爱的大熊猫如今在全世界也只有1000只了，而其中有85%生活在四川。

成都大熊猫繁育基地是国内开展大熊猫等珍稀濒危野生动植物异地保护的主要基地之一。大熊猫、小熊猫、黑颈鹤、黑天鹅等珍稀动物常年生活在这里，整个基地内翠竹葱茏，鸟语花香，自然风光与人工景观完美地融合在一起，构成了动物理想的生活家园。

地址和交通

成都大熊猫繁育基地位于成都市外北熊猫大道26号，乘坐902路旅游专线可直达，或者在成都市区乘坐45、63、70、83路公交到青龙场汽车站后换乘107、532路公交下车可达。

11 洛带古镇——客家古镇

　　洛带古镇位于成都市龙泉驿区，明末清初的移民运动使大量的客家人来到四川的洛带安家落户，并逐步发展成为中国西部客家人最为集中的小镇。如今，古镇上不仅有新建的高楼、街道，也有历史悠久的会馆和充满沧桑感的青石板老街。最重要的是，这里仍然保留着许多传统的客家习俗，精彩的客家水龙、火龙等表演常常让游人流连忘返。

地 址 和 交 通

　　洛带古镇位于成都龙泉驿区，在成都市内乘坐58、81路公交到五桂桥公交站后换乘219路公交到洛带客运站下车可达。

12 黄龙溪古镇

　　黄龙溪古镇位于成都市东南的双流县，早在2000多年前，古蜀的先民就已在此繁衍生息。三国时期，蜀汉丞相诸葛亮也曾将军队囤积在此，并逐步形成了古镇的雏形。如今，古镇内满眼都是明清建筑风格的楼阁，七条青石板铺就的老街交错纵横，沿河而建的吊脚楼体现了古蜀居民的居住文化。

　　漫步古镇，看一看历经沧桑的老阁楼，走一走古镇的老街，品一品古镇的茶香，或者只是坐在古镇的老榕树下乘乘凉，相信你也一定能体会到这座千年古镇的魅力。

地 址 和 交 通

　　黄龙溪古镇位于成都市东南约30公里处，位于成都新南路的新南门旅游车站有到黄龙溪的班车，约1小时一班。

13 都江堰

2000多年前的成都平原经常受到山洪的困扰，严重的水旱灾害常常让百姓苦不堪言。秦昭襄王五十一年（公元前256），蜀郡太守李冰主持修建了都江堰水利工程。它的修建大大减轻了水旱灾害对成都平原的影响，从此，成都平原一片沃野，成为了名副其实的"天府之国"。如今，都江堰众多的历史古迹和秀美的山川景色正吸引着无数游人到此参观。

地址和交通

都江堰水利工程距离成都约39公里，在成都西门车站、茶店子车站和成都火车站广场每天都有直达都江堰的班车。到达都江堰后，在市内乘坐1、4路公交可以到达。

14 青城山

青城山位于都江堰市西南，东汉年间，道人张陵来到青城山，见到这里山高林深，极为清幽，于是便在这里结庐传道，并在此创立"天师道"。此后，青城山便成为天师道的祖山，道教的发祥地之一。至今，青城山上还保留了天师洞、建福宫等数十座道教宫观。

除了历史悠久的道家文化之外，青城山秀丽的自然风光也为它赢得了"青城天下幽"的美誉。山上树木葱茏，枝繁叶茂，古朴的宫观、亭阁掩映在茂林之中，呈现出一片幽意。

地址和交通

青城山位于都江堰市西南，距离成都约66公里，在成都新南门汽车站、茶店子客运站以及城北客运站都有开往青城山的班车。

15 西岭雪山

西岭雪山位于成都西郊，是一个与大城市相伴却有着莽莽原始森林的景区。景区内奇异的花草、飞流的瀑布、艳丽的红叶以及皑皑白雪构成了独特的四季风光，特别是景区内海拔5364米的雪山，终年积雪，为游客提供了很好的滑雪场地。在这里，游客可以体验各种滑雪项目带来的乐趣，同时还能在高处欣赏景区的云海、日出等景观。

地址和交通

西岭雪山位于成都市大邑县，在成都新南门汽车站有班车直达西岭雪山景区。

美食精选

1 龙抄手——蓉城小吃的佼佼者

"抄手"是四川人对馄饨的特殊叫法，成都的龙抄手创办于20世纪40年代，当年创办人张武光与好友在春熙路上的"浓花茶社"商议开抄手店的事，最后决定店名取"浓"字的谐音，以"龙"为名号，寓意龙凤呈祥、生意兴隆。龙抄手选用特级面粉，制成薄如纸、细如绸的面皮，然后包上新鲜醇香的肉馅，煮熟后根据口味不同，放入鸡油、胡椒或辣椒油等调料，吃起来爽滑入口，美味非常。

2 担担面——川味面食之最

担担面是成都著名小吃之一，因最初是由小贩挑着担子沿街叫卖而得名。过去，成都走街串巷的担担面，用一种铜锅隔成两格，一格煮面，另一格炖蹄膀。而如今的担担面大都已改成店铺经营。担担面首先将面条放入开水中煮熟，然后放入辣椒油、葱花和事先炒好的猪肉末，最后淋上熬好的汤汁。担担面吃起来卤汁酥香，咸鲜微辣，令人回味无穷。

3 钟水饺——皮薄馅香的美味小吃

钟水饺创始于清朝光绪年间，在成都众多的水饺店中，钟水饺以其独特的美味，成为其中的佼佼者。钟水饺选用薄薄的面皮，包上猪肉的饺子馅儿，上桌时根据不同的口味，或淋上特制红油或直接清汤上桌，吃起来别有一番风味。特别是它的红油水饺，吃起来微辣带甜，鲜香美味，可谓饺子一绝。

4 赖汤圆——成都老字号

赖汤圆创办于1894年，创始人赖元鑫到成都谋生，他向堂兄借了几块大洋，担起担子卖汤圆。由于他做的汤圆皮薄馅多、香甜软糯，所以逐渐卖出了名气。如今，赖汤圆已有百余年的发展历史，可以说是成都最负盛名的小吃之一。

5 韩包子——北有狗不理，南有韩包子

韩包子创始于1914年，当时的温江人韩玉隆在成都南打金街开设"玉隆园面食店"，店里最有名的就是包子。后来，店主的儿子韩文华接替经营，在精心探索之下，创制出南虾包子、火腿包子等多个品种，后来，店家干脆专营包子，并将店名改为"韩包子"。

6 军屯锅魁——色泽金黄、酥脆美味

军屯锅魁是产于成都彭州的一种特色小吃，又叫酥油千层饼。在拉长的面皮上抹上猪生板油，拌上八角、茴香、花椒、生姜等调料，然后卷压成形，翻入锅中煎，最后放入炉膛烘脆即成。如今，这道小吃已经发展出椒盐锅魁、鲜肉锅魁等10多个品种，看起来金黄，闻起来喷香，吃起来酥脆的军屯锅魁是你到成都不可不尝的美味。

7 三大炮——"最具动感"的成都小吃

三大炮是一种由糯米制成的成都小吃。制作时，师傅们先在手心蘸一些熟油，然后将蒸熟的糯米团放入手中捏出一个糍粑球，并将捏好的糍粑球迅速扔到离自己一丈开外盛满芝麻粉的簸箕中，发出"砰、砰、砰"的3声"炮响"之后，另一人将裹满芝麻粉的糍粑迅速放入铜碗，浇上浓浓的糖汁，送到食客手中。

8 串串香——不可不尝的草根美食

串串香又叫"麻辣烫"，它最早出现在20世纪80年代的成都街头，它用细长的竹签穿上豆干、兔腰等荤素菜放入卤锅中煮熟，蘸上麻辣调料，在街上边走边吃。如今，经营串串香的店铺遍布成都的大街小巷，其麻、辣、香的独特风味吸引不少"好吃嘴"前去品尝。

9 张凉粉——香辣爽口的美味

凉粉是用米、豌豆等原料制作的凉拌粉。在成都，要数洞子口的张凉粉最受欢迎。这里的凉粉分为黄白两种，按照味道的不同，又可以分为酸辣味和豆豉味两种。特别是酸辣味的凉粉，加入辣椒、花椒、红油、蒜泥、冰糖、葱花等调料拌匀后，吃起来香辣爽口，十分美味。

10 老妈兔头——小吃一绝

成都的双流老妈兔头是一家有着20余年的餐饮老店。其招牌菜中的兔头选用新鲜的兔头，经过复杂的清洗加工后，放进特制的原料中经过数小时的烹饪，制作出来的兔头肉质鲜嫩，味道醇香，不管是五香味还是麻辣味，绝对让你吃一次就忘不了。

去哪里吃小吃？

龙抄手：龙抄手在成都开有多家分店，特别是位于春熙路上的小吃总店更是包罗万象。建议到这里品尝。

担担面：在成都武侯祠大街和青羊区人民中路都有专门的担担面馆，味道相当正宗。

钟水饺：钟水饺在成都也开有很多家分店，到羊市街、提督街都可以品尝到这一美味小吃。

赖汤圆：赖汤圆在成都店铺众多，建议到春熙路北街口的这家老品尝。

韩包子：在成都的总府路、武侯祠大街、玉双路、长顺街、高升桥等地都有韩包子的店铺。

军屯锅魁：军屯锅魁起源于彭州的军乐镇，在成都的人民公园正门对面、锦里好吃街都可以吃到。

三大炮：在成都锦里、文殊坊都有三大炮的摊位。

串串香：成都串串香店铺众多，其中以玉林正街的玉林串串香、少陵路的袁记串串香和营口立交桥南的余一手串串香最为有名。

张凉粉：在东城根南街和文殊院街可以吃到正宗的张凉粉。

老妈兔头：老妈兔头起源于双流，在成都的双楠街、苏坡东路、郭家桥西街都可以吃到。

★ 特色川菜

1 夫妻肺片——香辣美味

　　夫妻肺片是20世纪30年代由成都的郭朝华夫妇所创的一道菜肴。它选用新鲜的牛肉和牛杂，放入卤汁中煮熟，切片后加上红油辣椒、花生末、花椒粉、卤水、芹菜、芝麻、葱花等调料凉拌而成。这道菜颜色晶亮，味道鲜香，是来到成都不可不尝的美味。

发源地和推荐餐厅

夫妻肺片起源于20世纪30年代的少城附近，推荐到总府路、红照壁街和人民北路二段的夫妻肺片店品尝。

2 回锅肉——川菜之首

　　回锅肉是四川百姓餐桌上最为普通的一道菜，在很早以前是四川人初一、十五用来打牙祭（改善生活）的当家菜。它选用新鲜的五花肉，煮熟后切成薄片，然后和郫县豆瓣、酱油、蒜苗等原料一起放入锅中炒熟后即可。炒好后的回锅肉色泽红亮，肥而不腻，美味非常。

发源地和推荐餐厅

回锅肉起源于四川民间，在成都的大多数中餐馆都可以品尝到这道美味。

3 麻婆豆腐——川菜名品

据说，麻婆豆腐创制于清朝同治年间，原是成都市北郊万福桥一家小饭店的老板娘所创。老板娘面部满是麻点，人称陈麻婆。她所烧制的豆腐色香味俱全，使众多食客趋之若鹜，人们因而也将这道菜称为"陈麻婆豆腐"。麻婆豆腐具有鲜嫩酥香、麻辣爽口的特色，是川菜中一道十分有名的菜肴。

发 源 地 和 推 荐 餐 厅

麻婆豆腐起源于成都外北万福桥边，在成都的大多数中餐馆都可以品尝到这道美味。

4 鱼香肉丝——酸甜鲜香，可口美味

鱼香肉丝是一道常见的川菜，它借鉴四川民间烹调鱼的方法与原料，用香肉丝、泡椒、白糖、醋、姜丝等原料炒制而成。这道菜吃起来酸甜爽口，口味独特，是川菜鱼香味型的代表菜肴之一。

发 源 地 和 推 荐 餐 厅

鱼香肉丝起源于四川民间，在成都的大多数中餐馆都可以品尝到这道菜。

5 水煮牛肉——鲜香麻辣、回味无穷

水煮牛肉起源于20世纪30年代，它选用瘦黄牛肉，辅以豆芽、粉丝、莴笋等蔬菜，然后加入辣椒油、花椒等调味料一起在辣味汤中煮熟而成。这道菜吃起来滑嫩爽口，香辣味浓，颇有几分麻辣火锅的风味。

发 源 地 和 推 荐 餐 厅

水煮牛肉起源于自贡，建议到青羊区同仁路旁吉祥街的黄牛肉品尝。不过在成都的其他中餐馆也可以吃到味道正宗的水煮牛肉。

6 盐烧白——肥而不腻

盐烧白又叫咸烧白，它选用新鲜的五花肉，放入锅中煮至五成熟，然后将肉放入锅中炸至棕色，然后将肉切片涂上酱油、糖、料酒等调料，整齐地码放在一个大碗内，最后在肉面上放上芽菜，上锅蒸熟后，倒扣在盘中即成。这道菜吃起来软烂酥香，肥而不腻，是川菜中的又一道美味。

发源地和推荐餐厅

盐烧白起源于四川民间，在成都的大多数中餐馆都可以吃到这道菜。

7 蒜泥白肉——肥美多汁、鲜香味美

蒜泥白肉选用新鲜的五花肉，煮熟后切成薄片，再将蒜泥、盐、香油、味精等调料兑在一起，浇在肉片上拌好即成。这道菜吃起来蒜味香浓，肥而不腻，深受游客的喜爱。

发源地和推荐餐厅

蒜泥白肉起源于四川民间，在成都的大多数中餐馆都可以吃到。

8 成都火锅——麻辣过瘾

成都火锅起源于重庆，比起重庆火锅的麻辣，成都火锅显得更为"温柔一些"。成都火锅兼顾众人口味，一半是热辣的红锅，另一半是清淡的汤锅，即使不能吃辣，也能体验一把吃火锅的乐趣。此外，成都还有滋补类、鱼头火锅等许多品种。

发源地和推荐餐厅

成都火锅起源于重庆，琴台路的皇城老妈、芳草街的三只耳、川江号子和玉林中路的老码头都是不错的吃火锅的地方。

特色购物

★ 蜀锦——四大名锦之首

　　蜀锦是我国四大名锦之一，早在汉朝时期，成都的蜀锦织造就已十分发达。它采用平纹、浪花纹等多种组合图案，织造出来的花鸟虫鱼、山水人物等各种图案无不精美绝伦，其色彩鲜艳、质地坚韧，具有很高的纪念和收藏价值。

购物地点推荐

　　在成都西郊浣花溪畔的杜甫草堂附近有一家专门生产蜀锦的厂家，其产品包括衣料、被面和各种装饰锦。

交通：在市内乘坐35、47、85路公交可达。

★ 蜀绣——中国四大名绣之一

蜀绣是以成都为中心的刺绣产品的总称，它和苏绣、湘绣、粤绣一起被称为中国四大名绣。

蜀绣以软缎和彩丝为主要原料，采用晕针、飞针、滚针等刺绣针法将花鸟动物等各种图案绣在锦缎丝绸上，既表现出绘画的神韵，又不露针线的痕迹，十分精美。

购物地点推荐

在成都的很多旅游纪念品商店都可以买到蜀绣，在位于锦里的卓尚蚕丝坊可以买到正宗的蜀绣。

交通：在成都市内乘坐29、53、57路公交到南郊路站下车可达。

★ 成都瓷胎竹编——精美的竹编艺术品

成都瓷胎竹编又叫竹丝扣瓷，它是以纤细的竹丝和柔软的竹片紧扣瓷器编织而成。纤细或柔软的竹丝围绕着瓷器环绕交叉，在竹编艺人独具匠心的编织之下，精美的瓷器穿上由竹丝编织的、带有精美图案的外衣。带有浓厚民间艺术色彩的竹编兼具实用和收藏价值，是非常具有成都特色的旅游纪念品之一。

购物地点推荐

在成都解放北路一段有一家瓷胎竹编工艺厂，在那里可以买到很多精美的瓷胎竹编工艺品。

交通：在市内乘坐1、64、99路公交到解放路站下车可达。

★ 成都金银制品——高水准工艺品

成都金银制品历史悠久，经过长时间的发展，其制作工艺已经相当精湛。银丝工艺品在制作时抽白银成丝，运用填、垒、穿、搓等技法，不用胎胚即成型。制作出来的成品造型优美，玲珑剔透，堪称一绝。

购物地点推荐

在成都草堂路的金银制品厂可以买到正宗的金银制品。
交通：在市内乘坐35、59、82路公交在草堂路口下车可达。

★ 青城贡茶——茶中圣品

四川自古出产好茶，其独特的地理环境和气候条件非常适合茶叶的生长，位于成都的青城山更是有名的茶叶产地。就连茶圣陆羽在品尝青城茶叶之后也大加赞赏，视其为茶中珍品。

购物地点推荐

在都江堰和成都的众多超市、旅游纪念品商店都可以买到青城贡茶。不过最好在游览青城山时在当地购买。
交通：在成都西门车站可以乘坐旅游专线直接前往青城山景区。

★ 青城老腊肉——肉味鲜美

青城老腊肉是将喂养至少一年的猪屠宰后用泉水清洗干净，然后加入精盐、花椒腌制，最后放在柴灶上并用青冈木、杉木、花生壳等至少熏制两个月而成。

青城老腊肉的外观呈黄黑色，层次分明、肉皮金黄，可用于蒸、炒、煮等各种加工方法，吃起来鲜香美味，令人回味无穷。

购物地点推荐

在成都的许多超市都可以买到，不过要买到正宗的青城老腊肉不是很容易，如果到青城山游玩的话，在当地的农家饭馆就可以品尝到正宗的青城老腊肉。
交通：在成都西门车站可以乘坐旅游专线直接前往青城山景区。

成都——行前必读的轻松秘籍

★ 郫县豆瓣——川菜之魂

郫县豆瓣选用新鲜的辣椒、豆瓣、食盐等原料经过多道工序加工而成。它香味醇厚，色泽油润，在制作川菜上，郫县豆瓣是不可缺少的调味品，被称作"川菜之魂"。

购物地点推荐

在成都的很多超市都可以买到正宗的郫县豆瓣，正宗的郫县豆瓣色泽红润，香味浓烈，非常好辨认。

★ 老成都牛肉干——成都人的心头爱

老成都牛肉干是成都人最喜爱的零食之一，包括五香、麻辣等多种口味。它不仅富含人体所需的各种矿物质和氨基酸，而且可以保存很久也不会变质。吃起来很有嚼劲，适合带给亲朋好友品尝。

购物地点推荐

在成都市内的许多超市都可以买到正宗的老成都牛肉干。

购物注意事项

1.辨别蜀绣真伪。蜀绣是一种手工极高的艺术品，在市场上的蜀绣不分真伪，只能从一些细节辨识蜀绣的优劣。品质低劣的蜀绣一般图案呆板，刺绣表面也没有光洁度，而且所用的丝线也存在粗细不匀的现象。在购买时只要稍加辨认就可以分辨出来。

2.鉴别金银器。在购买金银器时可以根据产品的颜色、重量以及声音来进行鉴别，一般来说在手里掂一掂，就可以大致区别真伪。由于个人的鉴定水平毕竟有限，最好的方法就是到正规的金银制品店购买，这样就可以基本保证商品的质量。

3.成都大虚度大型商场、超市一般都在晚上10点左右关门，如果需要在晚上购物一定要把握好时间。

4.郫县豆瓣。郫县豆瓣有很多厂家都生产，所以包含很多个品牌的产品。在购买时，只要认准色泽红亮、味道香浓的产品购买即是正宗。其实只要是在大型超市购买，一般都不会出现质量问题。

黄金假期超HOT之旅

春秋两季是最适合到成都旅游的季节，特别是"五一黄金周"的成都周边，其优美的自然风光更是吸引了不少游客的目光。根据成都的最佳旅游季节以及游客的实际需要，下面我们设计两种游程推荐给游客，以供参考。

★ 3天2夜——清明节/劳动节畅游之旅

时间	景点	行程亮点	交通提示
DAY1上午	宽窄巷子	欣赏明清仿古建筑，逛逛景区内的特色小店，体验老成都的闲适生活	在市内乘坐340路公交到长顺中街站下车可达
DAY1下午	青羊宫	了解川西道教文化	从宽窄巷子步行至金河路站乘坐58路公交到青羊宫站下车可达
DAY1晚上	文化公园	在文化公园的蜀风雅韵茶馆欣赏变脸、吐火、滚灯等老四川民间艺术表演	文化公园与青羊宫距离较近，步行可达
DAY2上午	天府广场	体验成都休闲氛围，欣赏各种雕塑	从文化公园步行至青羊宫站，乘坐58路公交到人民公园站下车可达
DAY2下午	武侯祠	参观著名三国遗迹	从天府广场步行至人民南路一段站，乘坐334路公交在武侯祠站下车可达
DAY2晚上	锦里	逛成都最美的夜市，品尝各种风味小吃	锦里就在武侯祠附近，从武侯祠步行即可到达
DAY3上午	杜甫草堂	参观诗圣故居，品味众多文化遗迹	从锦里步行至武侯祠站，乘坐82路公交到草堂寺站下车可达
DAY3下午	文殊院	参观著名佛教圣地，在素菜馆品尝素食，在文殊院内的茶馆体验热闹氛围	从杜甫草堂步行至草堂北路南站，乘坐47路公交到中医附院站下车，然后换乘42路公交在大安西路西站下车可达
DAY3晚上	春熙路	逛街购物，感受百年金街的魅力	从文殊院步行至人民中路三段站，乘坐98路公交到春熙路北口站下车可达

★ 7天6夜——国庆/春节畅游之旅

时间	景点	行程亮点	交通提示
DAY1上午	杜甫草堂	参观草堂遗迹，品赏西蜀园林之美	在成都市内乘坐35、47、85、901路公交在杜甫草堂站下车可达
DAY1下午	青羊宫	成都年代最久远的道教宫观，在此感受道教文化的精粹	从杜甫草堂步行至草堂寺站，乘坐59路公交到青羊宫站下车可达
DAY1晚间	文化公园	在公园内的蜀韵风雅会馆观看四川民间艺术表演	从青羊宫步行即可到达文化公园
DAY2上午	武侯祠	参观刘备墓园，拜谒蜀相诸葛亮，感受三国文化	从文化公园步行至青羊宫站，乘坐503路公交到武侯祠站下车可达
DAY2下午	锦里	参观成都最古老的商业街，在此品尝各种成都小吃	从武侯祠步行即可到达锦里

(续　表)

DAY2晚间	玉林酒吧区	在经典酒吧区感受成都酒吧文化	从锦里步行至南郊路站，乘坐109路公交在人南立交西站下车可达
DAY3上午	宽窄巷子	欣赏仿古式川西民居建筑	从玉林酒吧区步行至玉林南路站，乘坐109路公交到商业街口站下车可达
DAY3下午	天府广场	体会成都休闲魅力	从宽窄巷子步行至长顺上街站，乘坐62路公交到天府广场西站下车可达
DAY3晚间	廊桥	廊桥是成都最美的一座桥，其夜景相当漂亮	从天府广场步行至天府广场西，乘坐38路公交到芷泉街站下车可达
DAY4上午	春熙路	逛成都最繁华的商业街	从安顺廊桥步行至九眼桥西站，乘坐56路公交到春熙路南站站下车可达
DAY4下午	文殊院	参观成都著名佛教寺院，在旁边的文殊院品尝特色美食	从春熙路步行至春熙路南口站，乘坐55路公交到万福桥站下车可达
DAY5上午	金沙遗址	参观成都地区迄今为止发现的规模最大的商周时期文化遗址	从文殊院步行至江汉路东站，乘坐7路公交在青阳大道北站下车可达
DAY5下午	成都大熊猫繁育基地	拜访国宝大熊猫	从金沙遗址步行至青阳大道北站，乘坐83路公交到昭觉寺公交站下车，然后换乘532路公交到一里轩站下车可达
DAY6上午	洛带古镇	感受川西客家文化，品尝伤心凉粉等特色美食	从大熊猫繁育研究基地步行至一里轩站，乘坐532路公交到龙潭寺上街站下车，换乘860路公交到西河镇政府站下车，然后换乘219路公交到洛带客运中心站下车可达
DAY6下午	黄龙溪古镇	参观历史悠久的川西古镇，感受古蜀民居文化	在洛带客运中心站乘坐219路公交到东虹路口站下车，换乘411路公交到二环路得胜上街口站下车，再换乘819路公交到双流二医院站下车，最后换乘821路公交到黄龙溪站下车可达
DAY7上午	都江堰	参观当今世界年代最久远的水利工程，探访众多治水遗迹	由于黄龙溪古镇没有直达都江堰的班车，所以可以在黄龙溪古镇乘坐808路公交到久居福站下车，步行至锦华路二段站乘坐306路公交到新南路的旅游集散中心下车，然后乘坐到都江堰的大巴可达，到达都江堰市后可乘坐1、4路公交到达景区
DAY7下午	青城山	参观道教洞天福地，欣赏青城自然美景	由于都江堰景区没有直达青城山的公交，所以可以选择租车前往

购物注意事项　根据游客朋友们的不同口味，下面我们将介绍几条不同类型的景点线路，以供游客在黄金假期出游时作为参考，更加灵活自由地安排行程。

畅游成都逛街淘宝线路： 荷花池—骡马市—总府路—春熙路—送仙桥古玩艺术市场
这条线路以逛街淘宝为主，从品种繁多的商品批发市场到白领消费的热点区域、商厦林立的商业中心，一定会淘到让你满意的商品。

畅游成都仿古线路： 杜甫草堂—青羊宫—武侯祠—锦里—宽窄巷子—文殊院—大慈寺
这条线路上荟萃了成都众多的历史文化遗迹，无论是诗人旧居，还是历史悠久的佛教寺院，都一定会让你对成都倍加留恋。

畅游成都美食、休闲游线路： 锦里—文化公园—天府广场—春熙路
在这条线路上，你可以品尝到成都地道的特色小吃，观赏精彩的川剧表演，感受成都的休闲文化。

PART 1

成都市区

成都市区

金牛区

青羊区

成华区

成都市中心

武侯区

锦江区

N

NO.1 锦江区

锦江区位于成都市区东南部，是成都市城区之一。"濯锦之江，源远流长"，锦江区自古就是人文荟萃之地，杜甫、李白、苏轼等文人墨客都曾在此写下动人的诗篇。名扬中外的"震旦第一丛林"大慈寺、"中国白酒第一坊"水井坊遗址以及世界上最早的纸币"交子"的诞生地都在这一区域内。悠久的历史文化和别样的风土人情演绎出锦江区的风采，值得每一个来到成都的游客细细品味。

锦江区景点分布图

锦江区

活水公园
成都蜀都大厦宾馆
夫总妻赖汤片片
成都广播电视塔
钟水饺
府路
成都王府井商务公寓
九龙广场
韩包子
悦来茶馆
张烤鸭
春熙路
王府井百货
半岛酒店
欧莱特咖啡厅
泰华服装城
太平洋百货
锦江区
上岛咖啡
伊藤拉手
大慈寺茶馆
白家肥肠粉
良木缘
龙抄手华堂
大慈寺
紫气东来
锦江之星
成都世代锦江国际酒店
半打酒吧
成都花园饭店
外滩一号
成都滨江饭店
蜀府宴语
寻常故事私家菜馆
合江亭
廊桥
水井坊
府南河
九眼桥酒吧一条街
塔子山公园
第四城花园餐厅

锦江区游玩预算

在锦江区旅游，所花费用不会太高。这一区域的大部分景点都是免费的公园，如天府广场、塔子山公园等，而游览成都广播电视塔则需要80元的票价，到成都艺术中心观看相关演出至少需要200元的门票。因此游客如果要游览完所有景点，大概需要花费300元。

住宿方面，如果住在一般的经济型酒店，价格大约是300元/晚；美食方面，锦江区的小吃店特别多，这些小吃的价格都不是很贵，此外，这里的特色川菜馆、火锅店等参观价格也有高有低，具体费用视个人消费情况而定；购物方面，锦江区的大型商厦特色多，有些还是针对高消费群体的百货商场，在此处购物的花费一般都比较多，不过最终消费还是依个人情况而定。

总之，如果两个人在锦江区游玩一天，游完大部分景点，并且住宿在较好的酒店，费用约为900元。

锦江区旅行锦囊

旅游特色

锦江区是成都的核心城区，这里商贸繁荣，云集太平洋、伊势丹、王府井、伊藤洋华堂等知名品牌的春熙路、盐市口商圈都位于这一区域。对于喜欢购物、淘宝的游客来说，这里绝对是行程中不可错过的一站。

节庆活动

每年端午，锦江区都会举办一年一度的龙舟赛。届时，盛大的水上祭祀、锦江欢歌以及名人端午表演都会在九眼桥至河心村的河堤上展开，场面非常热闹。

锦江区重要公交站点与公交线路信息

大慈寺站：3、4、58、81、98A路
合江亭站：18、56、82、335路
九眼桥西站：56、82、343路
游乐园站：7、28、42、45、49、61、65、75、166、535路
猛追湾站：6、76、342路
塔子山站：2、4、10、58、71、81、91、92、101、533、536、819、855路
三环路娇子立交桥东站：56、332、343、533、541、542路
总府路站：4、8、55、56、58、81、98路
春熙路北口站：58、81、98路
春熙路南口站：47、55、56、104、298路
盐市口站：1、8、43、45、47、48、55、56、62、99、104、298路

太升南路站：3、45、53路
磨子村站：6、49、55、62、76、77、92、102、112、298、503路
河心村站：51、52、52a、79、97、114、304、411、503、521、522、817路
牛王庙站：10、18、43、47、68、104、152、335路
纱帽街站：10、43、47、56、68、76、104、301、335路
东风大桥站：3、4、58、76、81、98、98专、301路
南大街站：1、26、306、334、335路
黄土村站：32、78、197路

热闹繁华的百年金街春熙路，蜿蜒流淌的锦江，闻名中外的大慈寺，高大挺拔的电视塔……这些景观装点着美丽的锦江区，让这个成都的中心城区增添了一份别样的城市魅力。

赏在锦江区

大慈寺

震旦第一丛林

　　成都大慈寺俗称太慈寺，古称"震旦第一丛林"。它修建于7世纪，唐玄宗赐匾"敕建大圣慈寺"，大慈寺之名也由此而来。

　　相传，大慈寺建于隋唐时期，这里曾经楼阁耸立，佛像、神像众多，向来为人熟知的唐玄奘法师也曾在此学习佛教经论。遗憾的是，在一次大火中，寺院的许多建筑都遭到毁灭，如今的大慈寺是在清朝顺治以后逐渐重建起来的，主要建筑包括说法堂、藏经楼、大雄宝殿等，虽然规模和人气都不及当年，但是仍以其深厚的历史底蕴，吸引着众人的目光。置身其中，绿意盎然的百年银杏，红墙黑瓦的寺院建筑，栩栩如生的雕塑，以及细腻景致的楼阁无一不让游客为之惊叹。

旅行建议

1.大慈寺内有著名的成都老字号茶馆，里面的茶相当便宜，而且提供有美味的佐茶小菜供游客品尝。

2.大慈寺内的素斋馆提供有各种清新可口的佛门素斋，味道相当不错，而且价格不是很贵，如果到成都大慈寺游玩不妨好好品尝一下，而且用素菜做的仿荤菜吃起来也相当美味。

攻略要点

🔼 **推荐指数：**★★★★★

🔖 **游玩亮点：**佛寺建筑、佛教文物

🏠 **地址：**锦江区大慈寺路23号

🚌 **交通：**在市区乘坐4路公交到大慈寺站下车可达

💴 **门票：**3元

🕐 **开放时间：**8:00-17:30

☎ **咨询电话：**028-86658341

府南河
成都的"母亲河"

府南河又称锦江，是岷江流经成都市区的两条河流，南河和府河的合称。南河是李冰修建都江堰水利工程时从岷江干流上分流出来的一条支流，而府河则是都江堰市崇义镇从检江分流出来的一条支流。它们分别环绕成都的西南和北方，汇合后经乐山、宜宾流入长江。千百年来，不仅滋养了巴蜀市民，还孕育了一座风光秀美的历史名城。马可·波罗曾在其游记中以"竟似一海"来描述她。作为成都的母亲河，府南河在一段时期内曾经遭到严重污染，成为远近闻名的"臭水"，后来经过近10年的整治，不仅恢复了碧绿的河水，沿河两岸也新增了不少小公园和绿化带。在城市日益发展的今天，为成都注入了新的生机和活力。

攻略要点

🏠 **推荐指数：** ★★★★★
📷 **游玩亮点：** 沿河城市景观
🏠 **地址：** 成都市合江亭附近
🚗 **交通：** 在市区乘坐301（301路公交是从百花中心站出发沿府南河行驶的观光车）、343路公交到合江亭站下车可达
💰 **门票：** 免费　　⏱ **开放时间：** 全天开放

合江亭

品茗观景的胜地

合江亭位于成都府河和南河的交汇处，最早是在唐朝贞观元年由川西节度使韦皋修建的，距今已有1200多年的历史。在很长的一段历史时期内，合江亭都是达官宴饮、市井游玩的热闹场所，直到南宋末年，合江亭在战火中遭到损毁，如今，我们所见的是1989年重建的亭阁，10根亭柱支撑着连体双亭，造型优美，意味隽永。现在，很多成都市民都喜欢到这里品茶、下棋，观赏两江交汇的美景。

> **攻略要点**
>
> ⬆ **推荐指数：**★★★☆☆
> 🔖 **游玩亮点：**观景品茗
> 🏠 **地址：**锦江区滨江东路
> Ⓤ **交通：**在市区乘坐18、56、68、82路公交到合江亭站下车步行166米可达
> ¥ **门票：**免费
> ⊙ **开放时间：**全天开放

廊桥

锦江上最美的桥

廊桥是府南河上除锦江之外的另一道亮丽的风景线。最初，廊桥是锦江上一处重要的水码头，许多来往的船只都要从这里经过。而今，廊桥是一座明清风格的两层三孔仿古桥，反映成都文化的浮雕以及名家书写的诗词歌赋点缀在这座美丽的桥上，为其增添不少文化内涵。站在桥上凭栏远眺，静静流淌的河水、秀美的锦江风光、徐徐吹拂的清风都让人感到心旷神怡。

> **攻略要点**
>
> ⬆ **推荐指数：**★★★☆☆　🔖 **游玩亮点：**廊桥夜景
> 🏠 **地址：**锦江区滨江东路66号　Ⓤ **交通：**在市区乘坐56路公交到九眼桥西站下车步行530米可达
> ¥ **门票：**免费　⊙ **开放时间：**全天开放

活水公园

戏水赏景

位于锦江河畔的活水公园是世界上第一座以"水保护"为主题的公园，它将府河的水引入公园，依次流经厌氧池、流水雕塑、兼氧池、植物塘等水净化系统，向大众展示了自然环境中的水由浑变清的过程。

公园里的荷花、菖蒲、芦苇等绿色植物构成了养眼的绿色景观，各种鱼类、昆虫为公园平添几分生机，多种以水为主题创作的雕塑特别吸引人的眼光。一串形似花瓣、叶子的石雕池子高低起伏，水流穿过池子，淙淙作响，形成无数雪白的水花，十分美丽。公园里像这样的水景雕塑还有很多，如水滴形状的"一滴水"、仿"黄龙五彩池"等，在给人视觉享受的同时也能提醒大家保护环境的重要性。

在公园里，人们可以到戏水池和亲水活动场所尽情地玩耍，在亲近水的过程中体会"爱惜水，保护水，把清水送还大自然"的理念。

旅 行 建 议

活水公园最热闹的时候一般是清晨和傍晚，这里一般都是老人散步、小孩戏水玩耍的地方，如果是家庭出游，比较适合带小孩子来这里。

攻略要点

🏆 **推荐指数**：★★★☆☆
📷 **游玩亮点**：水景雕刻
🏠 **地址**：锦江区华星路
🚍 **交通**：在市区乘坐7、28、42、61路公交到游乐园站下车步行213米可达
¥ **门票**：1元
🕐 **开放时间**：8:00−18:00
☎ **咨询电话**：028-86924981

Cheng Du, GO GO GO

完全自游成都一本就GO

成都广播电视塔
成都的标志性建筑

　　成都广播电视塔位于锦江河畔，塔高339米，是全世界排名第七的建筑物。整个电视塔由塔座、下塔楼、塔身、上塔楼和天线桅杆5部分组成。除了发射电视节目信号和休闲餐饮之外，它最重要的功能就是观光娱乐。塔里的观光电梯可以在一分钟内将人带入两百多米的高空，此时，成都的城市风貌都能尽收眼底，特别是到了晚上，霓虹闪烁的城市夜景更具观赏价值。

攻略要点

- 推荐指数：★★★☆☆
- 游玩亮点：塔顶观光
- 地址：成都市猛追湾街９４号
- 交通：在市区乘坐6、76、342路公交到猛追湾街站下车步行143米可达
- 门票：80元（电梯观光票）
- 开放时间：9:00-23:30

塔子山公园
品山林野趣

　　塔子山公园占地面积约为400亩，公园内遍植桂花、桃树、雪松、银杏、玉兰等花木和近80亩的翠竹，楼阁、小径、池塘点缀其间，形成了一个颇具野趣的山林公园。游人可以在公园的野炊区内进行烧烤和野炊活动，尽情体验美景和美食带来的乐趣。此外，公园每年都会举办热闹的迎春灯会，届时，公园将举行猜灯谜、小吃一条街和大型歌舞表演活动，场面十分热闹。

攻略要点

- 推荐指数：★★★☆☆
- 开放时间：8:00-21:30
- 游玩亮点：烧烤、野炊、植物景观
- 地址：成都市锦江区下沙河铺街43号
- 交通：在市区乘坐2、4、81路公交在塔子山公园站下车可达
- 门票：免费（公园举行活动时会收取门票）
- 咨询电话：028-84743878

水井坊

中国白酒第一坊

从四川出土的众多历史文物中不难发现，这里有着悠久的酿酒历史，但是，这些发现一直没有得到更加有力的证明。直到1998年，一家酒厂在准备扩建改造生产车间时，发现了一个大型的古代酿酒遗迹，这就是水井坊。

在水井坊遗址中，考古专家们发掘出了大量的明朝瓷器碎片以及明朝以后的酿酒灶台、晾堂、酒窖和大量的酿酒器具。通过分析，专家推测这里可能是古代生产贡酒的地方，中国最古老的白酒酿造技术就是在这里不断发展并走向高峰的。

如今，展示这一重大发现的水井坊博物馆正在筹建中，不过附近的水井街已经变成了成都非常有特色的仿古文化街区，感兴趣的朋友可以前去逛逛。

旅行建议

虽然水井坊的旅游还没有被真正开发出来，但是其周边的街巷早已变得热闹起来，新开辟的仿古文化街区内，各种特色的旅游纪念品商店和出售成都土特产的小店还是很值得一逛的。此外，在水井坊街区附近就是府南河畔的合江亭和安顺廊桥，可以一起游览。

攻略要点

推荐指数：★★★★☆

游玩亮点：仿古建筑、旅游纪念品购买

地址：成都东门大桥外水井坊社区

交通：在市区乘坐56、82、343路公交到九眼桥西下车步行108米可达

门票：免费

开放时间：全天开放

三圣乡度假村

休闲赏花胜地

　　三圣乡位于成都市三圣街道，这里的村民世代以种花为生，是西南地区最早发展花卉产业的地区之一。如今，三圣乡在花卉种植的基础上，开发出以花卉观赏为主的乡村生态旅游基地。

　　在三圣乡，以幸福梅林、荷塘月色、东篱菊园等为主的5个村落各具特色，每到春暖花开的时节，村里的农家宅院就会变得异常热闹，许多游人来到这里只为感受一下春天的气息，体会一下农家劳作的乐趣。

　　对于爱喝茶又爱打麻将的成都人来说，当地的农家乐绝对算是理想的休闲之地。在宽敞的农家院落里，放上桌椅，泡上茶，晒着太阳，打着牌，这样的生活才够休闲惬意。到了中午，还可以在此品尝地道的农家美味，如果觉得不过瘾，在离开时还可以在农家的菜地或者果园里采摘一些新鲜的蔬果带回家品尝。

旅行建议

三圣乡的豆花饭、豆瓣鱼、回锅肉等都是地道的农家常风味，不仅美味，而且价格便宜。另外，当地的许多农家乐也可以提供住宿。

攻略要点

- **推荐指数**：★★★★☆
- **游玩亮点**：赏花、农家乐休闲
- **开放时间**：全天开放
- **地址**：成都锦江区三圣街道
- **交通**：在市区乘坐56路公交到三环路娇子立交桥东站下车步行840米可达
- **门票**：免费

锦江区是成都繁华的商业区，区内著名的春熙路、盐市口商圈商贸历史悠久，商业气息十分浓郁。这里，云集了仁和春天、北京华联、摩尔百盛等十几家大型购物商厦，每天到这里消费的人群络绎不绝。

逛在锦江区

总府路
成都最繁华的商业街之一

总府路与春熙路毗邻，是成都市中心最繁华的商业街之一。王府井百货、太平洋百货等大型商厦和国内外顶级品牌店铺让这里成为购物休闲的黄金口岸。除了商场众多之外，这里还是成都的金融中心，林立的各大银行分行让总府路更加具有城市商业街的魅力。

攻略要点
- 推荐指数：★★★★★
- 推荐理由：成都最繁华的商业中心
- 地址：成都市锦江区蜀都大道旁
- 交通：在市区乘坐4、8、58路公交到总府路站下车可达
- 附近景点：春熙路、天府广场、四川科技馆

王府井百货
时尚购物之选

王府井百货位于成都总府路，集商场、酒店、餐饮、娱乐于一体，特别是王府井百货商场，它包含了众多的时尚消费品牌，档次突出，特点鲜明，深受都市白领一族的喜爱。此外，这里的王府井影城也是全市档次最高的国际化影城之一，非同凡响的试听效果一定能带给你不一样的观影体验。

攻略要点
- 推荐指数：★★★★★
- 推荐理由：最负盛名的购物场所之一
- 地址：锦江区总府路15号
- 交通：在市区乘58路公交到春熙路北口站下车步行40米可达
- 附近景点：天府广场、春熙路

春熙路
成都的"王府井"

　　号称"百年金街"的春熙路始建于1924年，当时的四川督办杨森兴建了一条由南而北的商业街，并以自己的头衔"森威将军"为其命名为"森威路"。后来，人们根据《道德经》中的"众人熙熙，如登春台"之句，最终将它定名为春熙路。

　　如今，春熙路已经成为成都魅力的代名词、时尚与潮流的汇集地。如果说到了北京不能不去王府井，那么到了成都就不得不到春熙路。胡开文、亨得利、王府井、太平洋百货……无论是百年商铺还是新兴时尚百货，在这条街上都可以找到。熙来攘往的人群彰显着春熙路繁华的景象。如果逛累了，你还可以到春熙路上有名的中山广场坐一坐，广场上的露天水池和绿化带为人们提供了良好的休息场所。

　　此外，春熙路上最不容错过的是各色美味的成都小吃，赖汤圆、钟水饺、龙抄手、夫妻肺片等老字号成都小吃云集此此，一定能让你大饱口福。

> 🛍 **特色购物**：时尚百货、成都特色美食　　📱 **淘宝真经**：春熙路上商铺众多，从大型的购物商场到各色小店，商品类型众多，商品质量参差不齐，购买时要注意辨别

攻略要点

- 🔼 **推荐指数**：★★★★★
- 🌸 **推荐理由**：成都最大的商业中心
- 🏠 **地址**：锦江区总府路旁
- 🚌 **交通**：在市区乘坐104、47、58路公交到春熙路南口站下车步行120米可达
- 🏞 **附近景点**：天府广场

太平洋百货
老牌购物名店

　　位于成都春熙路上的太平洋百货是台北太平洋SOGO百货集团事业之一，自1993年进入成都发展至今，它已经成了人们心目中购物的理想之地。除了购物环境良好之外，最主要还是其丰富多元的商品足够吸引人，各种品牌的服装、家电、化妆品、女鞋、时尚女包、流行饰品等琳琅满目的商品能够满足不同人群的消费需求。

特色购物：中高档女性用品

淘宝真经：这家太平洋百货主要以女性消费者为服务对象，其中的商品以女性用品居多

攻略要点

推荐指数：★★★★★
推荐理由：老牌购物名店　**地址**：锦江区总府路12号
交通：在市区乘坐4路公交到总府路站下车步行300米可达　**附近景点**：天府广场、春熙路

伊藤洋华堂
淘宝胜地

　　伊藤洋华堂最早创立于1920年，是日本著名的零售企业，位于成都春熙路上的伊藤洋华堂也是它的下属企业之一。其商品的经营范围包括家居用品、数码产品、服饰箱包、化妆品和食品等，是成都市民理想的购物之地。

特色购物：中档百货

淘宝真经：商场地下一层的超市是人气最旺的地方，晚上一般都会有酬宾活动

攻略要点

推荐指数：★★★★★
推荐理由：大型综合性百货商场
地址：春熙路北段大科甲巷8号
交通：在市区乘坐4、47、104路公交到春熙路南口站下车步行460米可达
附近景点：天府广场、春熙路

泰华服装城
潮流商品大卖场

成都的泰华服装城和九龙广场类似，这里主要经营的是时下一些流行的服饰、箱包和鞋类等商品。这里的服装价格都比较便宜，只要花费很少的钱就能买到比较流行的商品。不过，和一般大型商场不同，虽然这里的商品品种繁多，但是质量却参差不齐。

特色购物：便宜的衣服、箱包、鞋类

淘宝真经：虽然价格便宜，但是商品质量参差不齐，而且部分店铺的服务态度也不是很好

■ 攻略要点 ■

推荐指数：★★★☆☆
推荐理由：淘便宜商品的好地方
地址：锦江区上东大街101号
交通：在市区乘坐47路公交到盐市口站下车步行50米可达
附近景点：天府广场、春熙路

九龙广场
大型服装市场

九龙广场是一个于1999年正式营业的大型服装广场，自开业至今，一直是追求时尚的年轻人青睐的淘宝胜地。该服装广场一共有9个楼层，其货品主要包括衣服、皮具、箱包，款式从休闲款到职业款，在这里几乎都可以找到。其中，一些商品还囊括了韩、港、京等地服装的精品，值得一逛。

■ 攻略要点 ■

推荐指数：★★★★☆
推荐理由：大型服装市场
地址：锦江区青年路16号
交通：在市区乘坐4、47路公交到盐市口站下车步行420米可达
附近景点：天府广场、春熙路

特色购物：各类服饰、箱包　**淘宝真经**：九龙广场不仅有香港等地的精品服装，也有许多参差不齐的品牌，在购买时要注意辨别质量

食在锦江区

成都小吃早已在外界打响了名号，美味的龙抄手、担担面已经成为成都美食的代名词。但是，除了这些非常熟悉的小吃之外，成都美食还有很多，下面就为大家介绍几家不错的美食餐馆，以供参考。

钟水饺

成都饺子之最

钟水饺是成都大名鼎鼎的美食之一。它始创于清朝光绪年间，最早的店铺位于成都的荔枝巷，当时称为荔枝巷水饺，由于其创始人姓钟，所以又有"荔枝巷钟水饺"的名号。后来，钟水饺越做越大，并最终将店铺搬到了现在的提督街。

钟水饺选用自制的饺子皮，包上新鲜的净肉馅料，吃起来皮薄馅儿香，让人回味无穷。其中，最美味的可能要算当中的红油水饺了，在煮好的水饺上淋上香喷喷的辣椒油、酱油、蒜泥、芝麻调料，吃起来辣中带甜，风味独特。

此外，除了红油水饺、清汤水饺外，钟水饺还创制了三鲜水饺、海味水饺、蒸饺等40多个品种，绝对让你吃到大呼过瘾。

- 🌸 **推荐理由**：老牌成都小吃
- 🍴 **推荐美食**：红油水饺
- 🎫 **适宜场合**：随便吃吃

攻略要点

- 🏠 **地址**：提督街7号
- 🚌 **交通**：在市区乘坐53路公交到太升南路站下车步行200米可达　💰 **人均消费**：15元
- ⏰ **营业时间**：10:00~22:00
- ☎ **咨询电话**：028-86511940

龙抄手
皮薄味美的四川馄饨

　　龙抄手是四川人对北方馄饨的特殊称谓，其做法则大同小异。位于成都的龙抄手是一家老字号小吃店，它用薄薄的面皮包上新鲜的猪肉馅儿，吃的时候根据口味不同，可以放上辣椒油拌着吃，当然，如果吃不惯辣椒，这里还有清汤、海味、炖鸡、酸辣等多种口味可供选择。

🍴 **推荐理由**：成都名小吃
🍵 **推荐美食**：龙抄手
🍶 **适宜场合**：随便吃吃

攻略要点

🏠 **地址**：锦江区城守街63号
Ⓜ **交通**：在市区乘坐47路公交到春熙路南口站下车步行190米可达
¥ **人均消费**：15元
⏰ **营业时间**：10:00~23:00
☎ **咨询电话**：028-86666947

赖汤圆
香甜味美

　　赖汤圆始创于1894年，从初创之时起，其创始人赖元鑫就秉承物美价廉的原则，做出来的汤圆馅料香甜，美味非常。经过长时间的发展，终于成为成都小吃的又一名片。如今，赖汤圆不仅包括玫瑰馅儿、桂花馅儿、樱桃馅儿、枣泥馅儿等十多个品种，而且形状也是多种多样，给人视觉和味觉上的双重享受。

🍴 **推荐理由**：成都老字号美食
🍵 **推荐美食**：赖汤圆
🍶 **适宜场合**：随便吃吃

攻略要点

🏠 **地址**：锦江区总府街27号
Ⓜ **交通**：在市区乘坐4、58路公交到总府路站下车可达
¥ **人均消费**：10元
⏰ **营业时间**：11:00~22:00
☎ **咨询电话**：028-86629976

夫妻肺片
川菜经典

　　夫妻肺片的创始人是成都的一对夫妇，丈夫是一家肉铺的伙计，他每天将肉铺中废弃的边角料带回家，与妻子一起用精心配制的调料拌好后沿街叫卖，由于物美价廉，逐渐卖出名气，后来还开了自己的店铺，并最终取名"夫妻肺片"。

　　位于总府路的夫妻肺片是成都最正宗的一家店面，这里上桌的肺片色彩鲜红油亮，味道麻辣鲜香，到了成都不妨来品尝一下。

- 推荐理由：享誉全国的经典美食
- 推荐美食：夫妻肺片
- 适宜场合：朋友聚餐

攻略要点

- 地址：总府路23号
- 交通：在市区乘坐4路公交到总府路站下车步行320米可达
- 人均消费：20元
- 营业时间：11:00-22:00
- 咨询电话：028-86697137

韩包子
成都包子之最

　　韩包子是一家创业将近百年的小吃名店，这家店最出名的就是他们所创的包子。它选用上等面粉加上白糖、猪油等原料做成包子皮，再包上用酱油、料酒、姜汁等调料精心制作的馅儿一起蒸熟而成。韩包子吃起来鲜香绵软，油而不腻，还带着一股特殊的胡椒香味，吃的时候再配上店里的海带鸡汤，味道简直一绝。

- 推荐理由：成都最好吃的包子
- 推荐美食：韩包子
- 适宜场合：随便吃吃

攻略要点

- 地址：锦江区蜀都大道总府路12号
- 交通：在市区乘坐4路公交到总府路站下车步行300米可达
- 人均消费：15元
- 营业时间：9:00-22:00
- 咨询电话：028-86780784

白家肥肠粉

酸辣爽口，回味无穷

白家肥肠粉起源于成都双流白家镇，距今已有100多年的历史。它以马铃薯、红薯等为原料，加工成细腻爽滑的粉丝，煮熟后淋上鸡汤，加入肥肠、酱油、醋、葱、姜、蒜、香菜等调料，吃起来麻辣鲜香，令人回味无穷。

- 推荐理由：成都老字号小吃
- 推荐美食：肥肠粉
- 适宜场合：随便吃吃

▶ 攻略要点

- 地址：锦江区青石桥北街成物大厦底35号
- 营业时间：10:00-20:00
- 交通：在市区乘坐47、48路公交到盐市口站下车步行200米可达
- 人均消费：10元

第四城花园餐厅

独具情调的餐厅

第四城花园餐厅是一家中高档的新式川菜馆，除了经营传统川菜之外，新式川菜、湘菜以及粤菜也属于其经营范畴，虽然特点不是特别鲜明，但是"不太辣"的口味迎合了大多数人的需求，对于吃不惯四川辣椒的朋友而言，这里应该是不错的选择。此外，在餐厅里就餐还可以看见东湖公园的湖景，非常漂亮，所以就餐环境还是非常不错的。

▶ 攻略要点

- 推荐理由：美味，有情调
- 推荐美食：四城第一罐
- 适宜场合：情侣约会、商务宴请

- 地址：锦江区二环路东五段99号东湖公园内
- 交通：在市区乘坐62路公交到磨子村站下车换乘503路到河心村站下车步行300米可达
- 人均消费：100元
- 营业时间：10:00-23:00
- 咨询电话：028-84527333

蜀府宴语

新派川菜的代表

对于吃不惯辣椒的朋友而言，去蜀府宴语是不错的选择。该餐厅主要以经营新派川菜为主，温和的麻辣口味比较能满足大部分食客的胃口，而且蜀府宴语的菜肴制作精巧，追求创新，让人一吃难忘。感兴趣的游客不妨亲自去品尝一下。

推荐理由：成都名餐馆

推荐美食：水煮鱼

适宜场合：朋友聚餐、商务宴请

攻略要点

- **地址**：锦江区宏济路27号
- **营业时间**：11:00—22:00
- **咨询电话**：028-84545111
- **交通**：在市区乘坐38、47路公交到牛王庙站下车步行20米可达
- **人均消费**：55元

张烤鸭

地道川式烤鸭

张烤鸭是成都一家特色家常菜馆，其招牌烤鸭尤其值得推荐。和北京的烤鸭不同，这家店的烤鸭做好后都是浸在卤水中，吃起来肉质鲜美，味道香浓，而且吃再多也不会觉得腻。此外，店中还有各色美味的家常川菜可供选择，感兴趣的话不妨前去试试。

推荐理由：家常名菜馆

推荐美食：烤鸭

适宜场合：朋友聚餐

攻略要点

- **地址**：锦江区青年路89号
- **交通**：在市区乘坐104、47路公交到纱帽街下车步行620米可达
- **人均消费**：35元
- **营业时间**：10:00—22:00
- **咨询电话**：028-86728088

紫气东来
成都高档川菜馆的代表

紫气东来是成都高档川菜馆之一，在紫色基调的装饰下，宽敞的就餐大厅显得富丽堂皇，气派非凡。餐馆主营的"新概念川菜"做法讲究，口味独特，是一个不错的就餐之地。虽然价格相对贵一些，但也是值得的。

- 推荐理由：环境优雅
- 推荐美食：熏烤香猪、板兔
- 适宜场合：旅游用餐、商务宴请

▶ 攻略要点 ◀

- 地址：锦江区天仙桥北街2号东门大桥桥头金海岸3楼
- 人均消费：200元
- 交通：在市区乘坐4路公交到东风大桥下车步行370米可达
- 营业时间：11:00-23:00
- 咨询电话：028-86677576

寻常故事私家菜馆
品私房美味

寻常故事私家菜馆是一家极具小资情调的餐厅，时尚且现代的装饰风格营造出良好的就餐环境。餐馆主推的私家菜肴别具创意、制作精美，吃起来口味独特，是一家非常值得品尝的餐馆。

- 推荐理由：口味独特的私家菜
- 推荐美食：寻常鸡、鱿鱼卷
- 适宜场合：朋友聚餐、商务宴请

▶ 攻略要点 ◀

- 地址：锦江区黉门街街口36号
- 交通：在市区乘坐26路公交到南大街站下车步行480米可达
- 人均消费：40元
- 营业时间：10:00-20:00
- 咨询电话：028-85564999

品在锦江区

成都是一座休闲的都市，遍布大街小巷的咖啡厅和茶馆都是游览之余不错的休闲之地。坐在里面，看一看车水马龙的城市风景，品一品悠然闲适的都市生活，这也算是了解成都的一种方式。

良木缘

成都本土著名咖啡店

良木缘咖啡店是成都较早成立的咖啡馆之一，它主要以经营咖啡、饮料和西餐为主，现煮的咖啡，舒缓的音乐，柔软的沙发，以及精美的食物让这里成为众人休闲小憩的最爱。如果你逛累了，不妨来这里坐坐，感受一下良木缘咖啡馆舒适惬意的氛围。

推荐理由：环境优雅的老牌咖啡店

适宜场合：休闲小憩、商务洽谈

攻略要点

地址：锦江区东大街6号春南商场2楼

交通：在市区乘坐104路公交到春熙路南口站下车步行130米可达

人均消费：30元

营业时间：10:00~23:00

咨询电话：028-86652866

上岛咖啡
成都老牌咖啡馆

上岛咖啡是成立于20世纪90年代的老牌咖啡馆,在成都已经开有多家分店,总体来说环境还是比较安静舒适的。柔和的灯光、舒缓的音乐和淡淡的咖啡香味让人不知不觉就放松下来,对于喜欢聊天的朋友来说,这里是不错的选择。

推荐理由:老牌咖啡店
适宜场合:休闲小憩、朋友聚会

攻略要点
地址:锦江区人民南路1段97号
交通:乘坐61路公交到人民南路一段站下车步行410米可达
营业时间:10:00-23:00
人均消费:40元　咨询电话:028-86722085

欧莱特咖啡厅
休闲好去处

欧莱特咖啡厅位于成都繁华的大业路上,走进里面,满大厅的绿色植物营造出良好的休闲环境,让人几乎忘记身处热闹喧嚣的市中心。咖啡厅除了提供各种咖啡和茶水外,还特地聘请多位名厨,为大家烹制美味的传统西餐、川菜和粤菜。如果感兴趣的话不妨前去品尝一下。

推荐理由:环境良好
适宜场合:朋友聚会、商务洽谈

攻略要点
地址:锦江区大业路16号大地城市脉搏5楼
交通:在市区乘坐47、48、104路公交到盐市口站下车步行300米可达
人均消费:50元
营业时间:10:00-24:00
咨询电话:028-86710088

大慈寺茶馆
成都最有名的茶馆之一

　　成都大慈寺内的茶馆是成都最热闹的露天茶场之一。古旧的茶桌、竹椅，随意摆放在露天的坝子里，三三两两的茶客们坐着聊天、打牌、品茶、嗑瓜子，穿着布鞋、提着茶壶的"茶博士"来来往往穿行其间……这些场景无不体现出成都最休闲的一面。此外，这里还是很多蜀中文化名人经常出没的地方，如果你对成都的茶馆文化颇感兴趣，不妨到这里坐坐，相信你会得到更加深刻的体会。

攻略要点

- 地址：锦江区东风路一段大慈寺
- 营业时间：9:00-20:00 　人均消费：10元
- 交通：在市区乘坐4路公交到大慈寺站下车步行130米可达
- 推荐理由：成都老字号茶馆
- 适宜场合：休闲小憩、朋友聚会

悦来茶馆
与川剧那一段不解之缘

　　对于成都的川剧迷来说，悦来茶馆是一个再熟悉不过的地方。清朝末年，这里是四川省戏剧行业公会的所在地，各路戏班经常在此演出。慢慢地这里就从做一些小的茶水生意发展成了如今的悦来茶馆。

　　从当时一直到现在，悦来茶馆始终和川剧保留着千丝万缕的联系。当年，著名的川剧艺术团体三庆会就是在这里成立的，期间，精彩纷呈的川剧表演经常在这里上演，关于川剧的革命性变革可以说也是从这里开始的。虽然，今天的悦来茶馆已经不复当年的盛况，但是这里留下的众多川剧遗迹依然给人无限的退想。

攻略要点

- 地址：锦江区华兴正街（近王府井大厦）
- 交通：在市区乘坐78路公交到黄土村公交站下车步行780米可达
- 人均消费：10元
- 营业时间：10:00-20:00

- 推荐理由：成都历史悠久的茶馆，川剧票友的聚会之地。如果运气好的话，很可能会遇上川剧表演
- 适宜场合：休闲小憩

其他咖啡厅、茶馆推荐

仙踪林
地址：锦江区春熙路阳光百货3楼
交通：在市区乘坐43、47路公交到春熙路南口站下车步行290米可达

蜀都茶楼　地址：锦江区人民东路暑袜北三街20号蜀都大厦4楼
交通：在市区乘坐43、47、104路公交到东御街站下车步行330米可达

约客咖啡馆　地址：锦江区春熙路南段28号
交通：在市区乘坐47、104路公交到春熙路南口站下车步行120米可达

雷玛帝诺　地址：锦江区东大街188号时代华章广场216号
交通：在市区乘坐43、47、104路公交到纱帽街站下车步行340米可达

娱在锦江区

成都的休闲魅力不只体现在多种多样的茶馆和咖啡厅上,时尚、现代感强烈的酒吧依然代表着成都魅力。下面就为大家介绍几家锦江区的特色酒吧,以供参考。

半打酒吧
成都老牌酒吧的代表

半打酒吧的前身是一家PUB啤酒馆,经过改造后,在延续原来啤酒馆风格的基础上增添了许多时尚元素,炫目的灯光、潮流的音乐无不让人为之兴奋。如果你感兴趣的话,不妨到这里来感受一下热闹的气氛。

娱 行 体 会

在这里总能感觉到浓浓的啤酒文化氛围。

攻略要点

☀ **风格**:啤酒馆风格的酒吧
🏠 **地址**:滨江路锦江宾馆后门
🚍 **交通**:在市区乘坐16路公交到锦江宾馆站下车步行70米可达
⏰ **营业时间**:19:30—次日2:00
☎ **咨询电话**:028-81855595

外滩一号
成都最好的慢摇吧

成都外滩一号位于成都南门大桥附近,走进酒吧,炫目的灯光、劲爆的音乐和活力四射的舞者都让酒吧气氛HIGH到不行。对于喜欢夜店生活的年轻人来说,这里也是一个不错的选择。

攻略要点

☀ **风格**:时尚慢摇吧
🏠 **地址**:南门大桥南浦东路万里号码头
🚍 **交通**:在市区乘坐26路公交到南大街站下车步行350米可达
⏰ **营业时间**:19:00—次日2:00
☎ **咨询电话**:028-85552222

九眼桥酒吧一条街

酒吧汇聚地

九眼桥酒吧一条街是成都最热闹的酒吧圈之一，大大小小、风格各异的酒吧均聚集在此，每到晚上，闪烁的霓虹和来来往往的俊男靓女构成了一道靓丽的风景线。如果你也是一个热爱泡吧的人，那么九眼桥就是一个不错的选择。

娱行体会

这里是成都最热闹的酒吧圈之一，林立的酒吧常常让人不知如何选择。

其他娱乐场所推荐

电影院

万达国际影城
地址：锦江区大业路6号财富广场4楼
交通：乘坐48、62路公交到锦兴路西站下车步行160米可达

王府井电影城
地址：锦江区总府路15号
交通：乘坐4路公交在总府路站下车步行300米可达

酒吧

Jah bar
地址：老南门大桥簧门街36号附18号
交通：在市区乘坐26路公交到南大街站下车步行480米可达

麻糖酒吧
地址：下东大街东门大桥18-32号东方时代商城3楼
交通：在市区乘坐47、104路公交到东门大桥站下车步行160米可达

蓝莲花
地址：锦江区合江亭酒吧一条街（廊桥附近）
交通：乘坐56路公交到九眼桥西站下车步行430米可达

苏格俱乐部
地址：锦江区一环路九眼桥好望角广场2楼
交通：乘坐56路公交到九眼桥西站下车步行560米可达

宿在锦江区

锦江区地处繁华的市中心，住宿条件自然不错。针对在此住宿的游客，我们将酒店按照星级向大家推荐几家不错的住宿之地，以供参考。

成都王府井商务公寓

地处购物黄金地段的酒店

成都王府井商务公寓是成都王府井商贸大厦的重要组成部分，优越的地理位置、完善的配套设施以及贴心的服务，为游客提供了一个良好的入住环境。

攻略要点

- ⌂ **地址**：华兴正街9号
- Ⓤ **交通**：在市区乘坐53路公交到太升南路站下车步行500米可达
- ⌂ **客房**：单人间、豪华大床间、标准间、标准套房
- ¥ **房价**：168元起
- ☎ **咨询电话**：028-86511718

半岛酒店

毗邻繁华商圈，紧靠历史古迹

成都的半岛酒店是一家于2006年开业的商务型连锁酒店，它距离春熙路只有一步之遥，附近的钟水饺、龙抄手等成都著名小吃店更是一家挨着一家。此外，酒店与成都著名景点大慈寺仅一街之隔，参观起来也十分方便。酒店完善的配套设施和贴心周到的服务一定可以让你拥有一个完美的住宿体验。

餐饮资讯

酒店拥有餐厅、阳光茶楼等相关配套设施，在这里你可以品尝地道的美味川菜。

攻略要点

- ⌂ **地址**：大慈寺路76号
- Ⓤ **交通**：在市区乘坐4路公交到大慈寺站下车步行340米可达
- ⌂ **客房**：标准间、大床房、商务房
- ¥ **房价**：260元起
- ☎ **咨询电话**：028-86538888

成都滨江饭店
温馨舒适的住所

　　成都滨江饭店是四川省人民政府下属的一家涉外三星级酒店,简洁舒适的环境、温暖贴心的服务以及完善的配套设施为游客提供一个理想的下榻之地。此外,饭店距离城市中心天府广场也很近,如果夜晚出游也十分方便。

餐 饮 资 讯

饭店的餐厅主要经营正宗川菜、粤式夜宵,每天开到凌晨两点。

攻略要点

- 🏠 **地址**:滨江中路16号
- 🚍 **交通**:在市区乘坐61路公交到锦江宾馆站下车步行390米可达
- 🛏 **客房**:单人间、行政单间、高级单人间、豪华单人间
- ¥ **房价**:155元起
- ☎ **咨询电话**:028-86651565

成都花园饭店
花园式饭店

　　成都花园饭店是一座庭院式的星级旅游饭店,饭店内绿树成荫,小桥流水,一派安静清幽的景象,虽然地处市区,但是一点也不会让人觉得喧嚣嘈杂。在这里住宿,一定是一个不错的选择。

餐 饮 资 讯

饭店有一个可容纳200人就餐的中餐厅,主要提供各式川菜。

攻略要点

- 🏠 **地址**:蜀都大道东风路27号
- 🚍 **交通**:在市区乘坐4路公交到水碾河站下车步行170米可达
- 🛏 **客房**:大床房、标准间、豪华大床房、豪华标准间、华商务房
- ¥ **房价**:178元
- ☎ **咨询电话**:028-84442929

成都世代锦江国际酒店
高标准商务酒店

成都世代锦江国际酒店是一家按照四星级标准修建的商务酒店，它邻近繁华的人民南路，交通便利，利于出行，酒店内住房、餐饮、娱乐等完善的配套设施以及优质而人性化的服务一定可以让你满意。

餐饮资讯
酒店6楼的中餐厅主要提供各式特色川菜。

攻略要点

- 地址：下南大街59号
- 交通：在市区乘坐26、334路公交到南大街站下车步行130米可达
- 客房：商务标间、豪华双套间
- 房价：588元起
- 咨询电话：028- 86090753

成都蜀都大厦宾馆
地理位置得天独厚

成都蜀都大厦宾馆位于成都主干道蜀都大道中心地段，距离天府广场、春熙路近在咫尺，交通十分便利。酒店除了客房及相关配套设施之外，还有酒吧、保龄球馆、芬兰浴等休闲娱乐场所，是商贸活动、旅游观光的理想住所。

餐饮资讯
酒店的旋转餐厅在整个西南地区都是首屈一指的，特聘大厨精心烹制，菜肴品种相当丰富。

攻略要点

- 地址：暑袜北三街20号
- 交通：在市区乘坐4路公交到总府路站下车步行140米可达
- 房价：480元起
- 客房：普通标准间、豪华单间、行政单间、行政标间、豪华标间
- 咨询电话：028- 86753888

锦江之星

出行便捷

锦江之星是成都地区一家知名的连锁酒店,位于东风大桥的该酒店紧邻繁华的春熙路商业步行街,从酒店周边出发,到杜甫草堂、武侯祠等成都著名景点都非常方便。如果你来到成都,不妨选择到这里入住。

餐饮资讯

酒店餐厅可以提供一日三餐,餐厅菜肴主要以中餐为主。

攻略要点

🏠 **地址:** 东风路二段15号　📞 **咨询电话:** 028-84452594
🚇 **交通:** 在市区乘坐4路公交到东风路站下车步行280米可达
🛏 **客房:** 商务间、单人间、标准间　¥ **房价:** 169元起

其他住宿推荐

酒店、宾馆

成都汉庭连锁酒店
地址:锦江区大慈寺路20号
电话:028-86763555

成都新青年酒店公寓
地址:梓潼桥西街2号正成财富
ID一单元1306室
电话:028-86610880

成都香森宾馆
地址:春熙路东段2号
电话:028-86678933

心怡成都酒店公寓
地址:王府井后梓潼桥西街2号
财富ID一单元1208室
电话:028-66312320

旅社、客栈

成都旅行家客栈
地址:春熙路正科甲巷科甲大厦1108
电话:028-6699012

成都灵隐客栈
地址:大业路六号财富中心A座

成都同星居客栈
地址:梓潼桥西街2号正成财富ID大厦一单元
1719房间　电话:028-65589880

成都交通青年旅舍
地址:临江中路6号　　电话:028-85450470

成都名望青年旅舍
地址:梨花节8号　　电话:028-66820966

成都乐浮国际青年旅舍
地址:太升北路10号　　电话:028-86950016

NO.2 成华区

　　成华区位于成都市东北部，是成都的5个中心城区之一，也是成都市最大的城区，其名字取"成都之精华"而来。

　　成华区自古就作为蜀国国地而存在，至今已经经历了2000多年的发展历史。悠久的历史造就了成华区丰富的历史文化内涵，经过不断建设，兼具现代化城市魅力以及深厚历史文化背景的成华区展现在众人面前，吸引了无数游人的目光。

成华区景点分布图

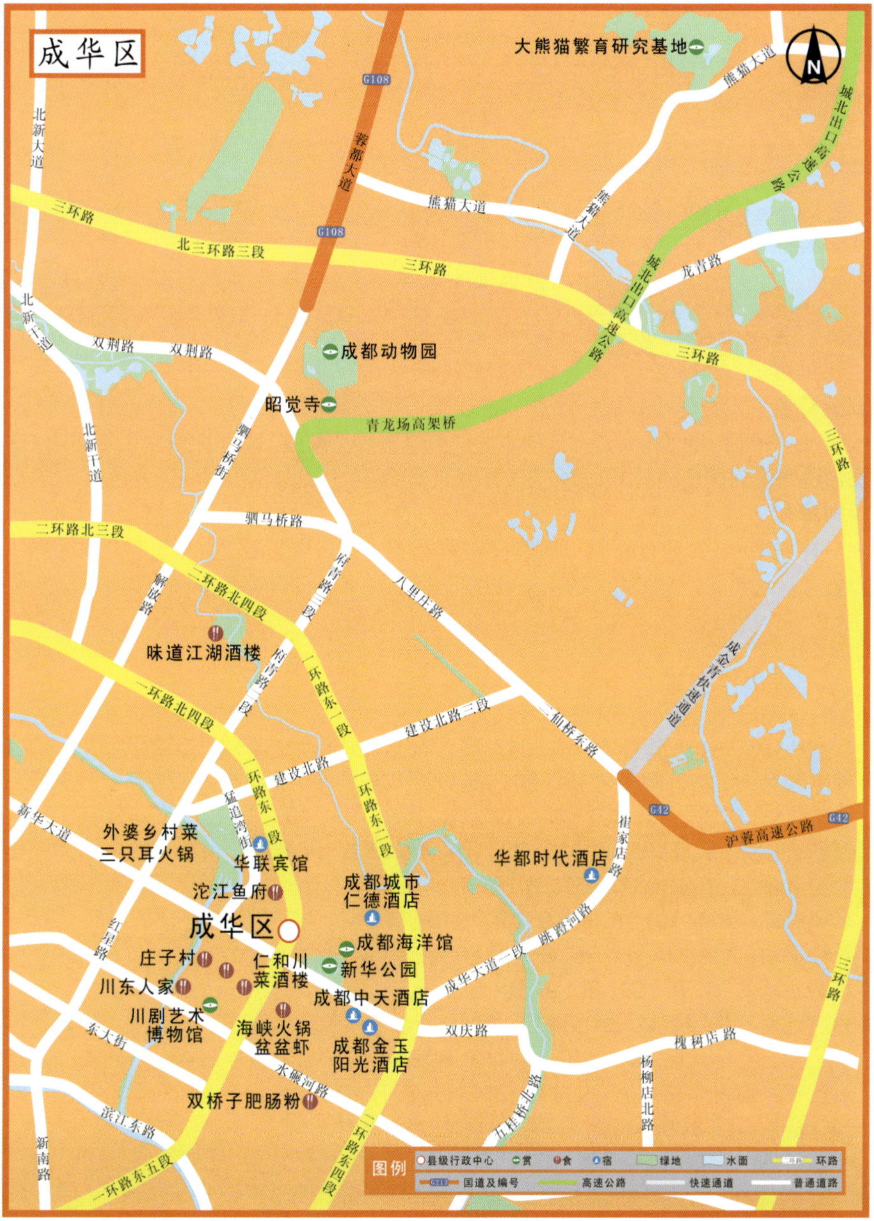

成华区

大熊猫繁育研究基地

N

成都动物园

昭觉寺

青龙场高架桥

味道江湖酒楼

华都时代酒店

外婆乡村菜
三只耳火锅

华联宾馆

沱江鱼府

成都城市
仁德酒店

成华区

成都海洋馆

庄子村

仁和川
菜酒楼

新华公园

川东人家

成都中天酒店

川剧艺术
博物馆

海峡火锅
盆盆虾

成都金玉
阳光酒店

双桥子肥肠粉

沪蓉高速公路

图例

县级行政中心　赏　食　宿　绿地　水面　环路
国道及编号　高速公路　快速通道　普通道路

成华区游玩预算

在成华区旅游,所花费用不会太高。如果游完这一区域的所有景点,票价在150~200元之间。

住宿方面,如果住在一般的经济型酒店,价格大约是300元/晚。

美食方面,成华区的特色川菜馆、小吃店以及火锅店的价格和成都其他区域都差不多,具体花费视个人消费情况而定。

购物方面,成华区的购物场所一般是大型的购物商厦,具体花费视个人消费情况而定。

总之,如果两个人在成华区游玩一天,住在一般的经济型酒店,那么需要花费800元左右。

成华区旅行锦囊

旅游特色

相对于锦江区来说,成华区的商业气息没有那么浓烈,这里的旅游景点主要以动植物生态公园居多,特别是大熊猫生态繁育研究基地,是非常值得一游的地方。

特别推荐

建设南新路、建设西街、新鸿南路、祥和里街都是成华区很有特色的几条街道,它们或展现城市历史文化风貌,或彰显市井饮食文化,是非常值得一逛的地方。

成华区重要公交站点与公交线路信息

昭觉寺公交站: 1、49、53、63、64、69、71、83、156、198、527、532路

梁家巷站: 1、27、28、32、34、64、73、80、106、113、154、412、802路

动物园站: 9、18、25、39、52a、70、166、193、198、403、527、532、650路

新华公园站: 5、8、65、71、75、80、101、112、182、301路

熊猫基地站: 198、532、867、902路

东风路站: 3、4、10、58、81、98a路

双桥子站: 2、4、10、65、75、81、92、97、98a、106、114、402、541路

水碾河路站: 4、10、58、81、98a路

一环路新鸿路口南站: 34、34专、72路

李家沱公交宿舍站: 18、53、65、113、902路

人民南路四段北站: 16、99、118、300、303、504路

西体路站: 42、109路

小龙桥站: 114路

成华区是成都最大的中心城区，悠久的历史加上现代化的都市风情，让这里更加与众不同。古老的寺院、美丽的生态公园、热闹繁华的街景等景象组合在一起，完美地展示着成华区的魅力。

赏在成华区

昭觉寺
西蜀名寺

　　昭觉寺最早是汉代眉州司马董常的宅院，在唐朝时被改建为寺庙，并最终定名为昭觉寺。明朝时期，昭觉寺曾经被战火所毁，直到清朝康熙年间，寺庙才得以重建。

　　历史上，昭觉寺一直是名僧辈出的地方，在中外文化交流史上也曾作出极大的贡献。著名高僧圆悟所写的《圆悟心要》和《碧岩录》被列入日本的大正藏，对日本禅学的影响相当深远。此外，日本和东南亚的许多佛教寺院也将昭觉寺视为祖庭。

　　如今，我们所见的昭觉寺主要建筑包括天王殿、观音阁、藏经楼、八角亭等。其规模宏大壮丽，寺中收藏了许多珍贵的佛经和历史文物，包括画家张大千的绘画手迹、玉佛像和碑碣等。

攻略要点

- **推荐指数**：★★★★★
- **游玩亮点**：佛寺建筑、佛教遗迹
- **地址**：成都市北门外青龙场
- **交通**：在市内乘坐53、64路公交到昭觉寺公交站下车步行440米可达
- **门票**：2元
- **开放时间**：8:00-17:30
- **咨询电话**：028-87303522

成都动物园

奇妙的动物王国

　　成都动物园是我国西南地区最大的动物园，位居北京、上海、广州之后，是全国的第4大动物园。

　　在竹影婆娑、湖光潋滟的成都动物园内，栖息着一大群或可爱，或凶猛的珍稀动物。除了人尽皆知的四川大熊猫之外，这里还有狮子猫、九节狼、雪豹等西南地区所产的动物。当然，这里也生活着金钱豹、麋鹿、金丝猴、小熊猫、阿拉伯狒狒等珍稀动物，只要你愿意，就可以和它们来一次亲密接触。

　　此外，动物园还根据不同动物生活习性，建造了适宜它们生存的栖息环境。例如，在大熊猫居住的熊猫馆内，工作人员种植了大量的慈竹、凤尾竹、观音竹等竹类，成片的竹林就是大熊猫们嬉戏玩耍和觅食的地方，漫步于此，常常可见大熊猫躺在竹林里嚼着它最爱的竹子，非常可爱。

旅行建议

1.在动物园的主要交叉路口设有动物园展区导航图。

2.在南区水禽湖和北区大鹿园旁设有特色茶园，在此可以品尝特色小吃和四川特有的盖碗茶。

攻略要点

🏆 **推荐指数：**★★★☆☆　🏠 **地址：**昭觉寺南路234号

📷 **游玩亮点：**各类珍稀动物观赏

🚌 **交通：**在市内乘坐64路公交到梁家巷站下车，换乘25路公交到动物园站下车步行340米可达

¥ **门票：**16元　⏰ **开放时间：**8:00-18:00

☎ **咨询电话：**028-83516953

成都海洋馆
畅游色彩斑斓的海洋世界

和泰国的芭堤雅海底世界一样，成都海洋馆也是由新加坡著名的私人财团——虎豹集团投资兴建的。它占地面积约为6700平方米，是集观赏、科普教育、休闲娱乐和餐饮于一体的多功能水族馆。它分为热带雨林区、海洋厅和海底隧道等多个区域，向人们展示了奇妙的海洋世界。在海洋馆内，你不仅可以漫步在像水晶一样的海底隧道内，近距离地观察各种奇特的海洋生物，还可以来到馆内的生物展示区，观看来自世界各地的珍稀海洋生物，其中包括稀有的水母、海龟、鳄鱼、珊瑚鱼、中华鲟等。当然，如果你觉得这些不够过瘾，还可以参加海洋馆的潜水活动，在专业潜水员的指导陪同下，深入色彩斑斓的海底世界，与各种海底生物进行亲密接触。

旅行建议

在成都海洋馆，除了可以观赏色彩斑斓的海底生物，参加潜水活动之外，还有海底世界浪漫婚纱摄影、鲨鱼隧道海底晚餐以及海底世界个人艺术摄影等项目可以参加。

攻略要点

- **推荐指数：**★★★★☆
- **游玩亮点：**观赏海底生物，潜水
- **地址：**成华区双林路87号，新华园内
- **交通：**在市内乘坐71路公交到新华公园站下车步行170米可达
- **开放时间：**9:00-18:00
- **门票：**100元
- **咨询电话：**028-84388898

大熊猫繁育研究基地

探访国宝大熊猫

只要是见过大熊猫的人，几乎都会被它憨态可掬的样子打动，但是遗憾的是，目前世界上大熊猫的数量已经降到1000只以下，而且数量在不断减少。而四川就是大熊猫的主要栖息地之一。

位于成都北郊的大熊猫繁育基地是国内开展大熊猫等国内珍稀濒危野生动物异地保护的主要基地之一。基地内绿树成荫、鸟语花香，各种野生动物悠闲自在地生活在这里，大熊猫和小熊猫就是其中最主要的野生动物之一。目前，基地内建有大熊猫兽舍、大熊猫纪念馆、饲料室和实验楼，并且模拟大熊猫的野外栖息环境，种植了上万丛竹子和灌木，为大熊猫营造了较好的生活环境。每天，这里都有来自世界各地的研究者和参观者到此探访可爱的大熊猫。

攻略要点

- **推荐指数：** ★★★★★
- **游玩亮点：** 探访国宝大熊猫
- **地址：** 成都外北熊猫大道1375号
- **交通：** 在市内乘坐64路公交到昭觉横路站下车，换乘198路公交到熊猫基地站下车步行110米可达
- **门票：** 30元
- **开放时间：** 8:00－18:00
- **咨询电话：** 028-83507901

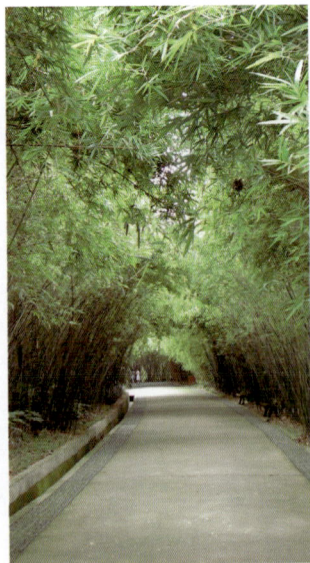

新华公园
城市休闲公园

　　新华公园是一座运用现代造园手法建造的, 集园林、建筑、游乐、休闲于一体的综合性公园。

　　新华公园在传统城市园林的基础上, 融合异国风情特色, 兴建了一大片欧式风格的建筑, 这里也是众多婚纱摄影的外景基地。公园里宽广的草坪、大面积的海棠、苏铁林等绿色树木营造出一个美丽的绿色空间, 设计新颖的喷泉为公园带来生机和活力。

　　此外, 新华公园也是孩子们玩乐的天堂, 旋转木马、天空飞车、海盗船、碰碰车等游艺设施吸引了不少小朋友的目光。在公园的水族馆内, 游客们可以观看色彩斑斓的海洋生物在水中自由地游弋, 而在公园新建的立体四维魔幻城, 游客们将体会到有惊无险的奇幻世界。值得一提的是, 目前成都最壮观的瀑布——云崖飞瀑也在新华公园内, 感兴趣的朋友不妨亲自去观看。

旅行建议

1. 每年春季和秋季, 新华公园内都会举办各类花展。
2. 公园内还有各类茶园, 可供休闲品茗。

攻略要点

　🏠 **推荐指数**: ★★★★☆
　🏠 **地址**: 双林路87号
　📷 **游玩亮点**: 欧式建筑、海盗船等游乐设施
　🚍 **交通**: 在市内乘坐8、71路公交到新华公园站下车可达
　¥ **门票**: 免费　　⊙ **开放时间**: 7:00-23:00
　☎ **咨询电话**: 028-84311643

川剧艺术博物馆

川剧艺术展示

　　川剧是在四川本地车灯戏的基础上，融入外省戏曲唱腔而形成的一种剧目，它是四川文化的一大特色。成都早在唐朝时期就有"蜀戏冠天下"的说法，可以说，成都是典型的戏剧之乡。为了向世人展示博大精深的川剧艺术，国内首家川剧艺术博物馆于2001年在成都成立。

　　川剧艺术博物馆分为"蜀曲流芳"、"梨园簇锦"和"奇葩烂漫"3个部分，以实物、文献和照片等形式，展示了川剧的发展历史和艺术成果。其中，"蜀曲流芳"主要展示了四川戏曲的发展历史，"梨园簇锦"主要展示了川剧剧目、服装以及道具等，"奇葩烂漫"则主要介绍了国家对川剧艺术的关怀、川剧艺术的复苏以及创作演出的繁荣等。

攻略要点

🏠 **推荐指数**：★★★☆☆

📷 **游玩亮点**：川剧文物、道具展示

🏠 **地址**：成都市东风路北一巷3号

🚌 **交通**：在市内乘坐4路公交到东风路站下车步行290米可达

¥ **门票**：免费

🕐 **开放时间**：8:00-18:00

☎ **咨询电话**：028-85310723

食在成华区

肥肠粉、冷锅鱼、串串香等带有浓厚成都色彩的美食是游客成都之行不可错过的,下面就来推荐几处不错的美食品尝地,以供参考。

双桥子肥肠粉
麻辣爽滑的美味

肥肠粉是成都非常常见的一种小吃,它选用晶莹剔透的红薯粉煮熟后,淋上骨头汤,放上辣椒油、醋、炒豆子以及香菜等调料而成,吃起来麻辣爽滑,十分过瘾。

位于成都双桥子的这家肥肠粉店是成都众多美味小食店之一,特别是这里的肥肠粉做得相当正宗,感兴趣的朋友一定要前去品尝。

攻略要点

- ⌂ 地址:水碾河路14号
- Ⓤ 交通:在市区乘坐4路公交到双桥子站下车步行180米可达
- ¥ 人均消费:8元
- ⏰ 营业时间:9:00-20:00

- 🈯 推荐理由:特色小吃店
- 🍴 推荐美食:肥肠粉、素椒刀削面
- 🈺 适宜场合:旅游用餐、随便吃吃

海峡火锅盆盆虾
美味干锅

海峡火锅盆盆虾是一家干锅系列菜式的特色餐馆,菜品选用新鲜的食材精心烹制而成,其各色干锅色泽红亮,兼具麻、辣、香的特点,吃完后令人回味无穷。

- 🈯 推荐理由:美味干锅店
- 🍴 推荐美食:盆盆虾、芋儿鹅掌
- 🈺 适宜场合:朋友聚会

攻略要点

- ⌂ 地址:双桥路227号
- Ⓤ 交通:在市区乘坐4路公交到水碾河路站下车步行850米可达
- ¥ 人均消费:50元
- ⏰ 营业时间:10:00-22:00
- ☎ 咨询电话:028-84338888

沱江鱼府
特色冷锅鱼

　　沱江鱼府是一家以经营自助冷锅鱼火锅为主的餐馆，它选用新鲜的河鱼，将其经过爆、炒、熬等多道工序烹调后，和火锅底料一起装锅便可。这样做出来的鱼吃起来鲜嫩入味，非常可口。

推荐理由：知名鱼火锅店
推荐美食：黔鱼
适宜场合：朋友聚会

▶ 攻略要点 ◀

地址：一环路新鸿路口
交通：在市区乘坐34路公交到一环路新鸿路口南站下车可达
人均消费：30元
营业时间：11:00~23:00
咨询电话：028-85539895

三只耳火锅
冷锅鱼之最

　　三只耳冷锅鱼的创造者是出生于中医世家的聂志伟，他一改火锅必须现烧现煮的传统，将鱼和汤底分别烧好后一起装入锅中，锅是冷的，鱼是热的，"冷锅鱼"便由此而来。经过多年的发展，三只耳火锅在成都已经家喻户晓，如果要吃冷锅鱼，就一定要到三只耳火锅店。三只耳火锅店的锅底有特辣、微辣等几种口味，吃完以后，再把锅底煮沸，放上新鲜的蔬菜烫熟，特别好吃。

推荐理由：热锅冷吃的独特风味
推荐美食：冷锅鱼
适宜场合：朋友聚会

▶ 攻略要点 ◀

地址：成华区玉双路天台大酒店内
交通：在市区乘坐4路公交到东风路站下车步行560米可达
人均消费：50元
营业时间：10:00~23:00
咨询电话：028-84462191

味道江湖酒楼
品新式川菜

　　味道江湖酒楼是成都一家很有特色的川菜馆，主要以经营新式川菜为主，脆皮兔、白肉蘸酱等创新菜肴颠覆了人们对川菜一贯的以麻辣为主的印象，甜中带辣的独特口味让人一吃难忘。如果感兴趣的话，不妨亲自去品尝。

- 推荐理由：特色新派川菜馆
- 推荐美食：晾衣白肉、脆皮兔
- 适宜场合：朋友聚会

攻略要点

- 地址：成华区李家沱泰兴路36号
- 交通：在市区乘坐53路公交到李家沱公交宿舍站下车步行270米可达
- 营业时间：10:00-22:00
- 人均消费：50元
- 咨询电话：028-83241111

庄子村
新派川菜的代表

　　成都庄子村是成都众多新派川菜馆中口碑较好的一家，餐馆在注重创新的基础上，既保持了符合四川人口味的麻辣系列，又加入了更适合大众口味的清淡精致的菜肴，无论是谁，都一定能在这里找到符合自己口味的菜品。

- 推荐理由：新派川菜的代表
- 推荐美食：糯米鸭
- 适宜场合：朋友聚会

攻略要点

- 地址：成华区玉双路9号
- 交通：在市区乘坐300路公交到人民南路四段北站下车步行149米可达
- 人均消费：40元
- 营业时间：10:00-22:00
- 咨询电话：028-84323225

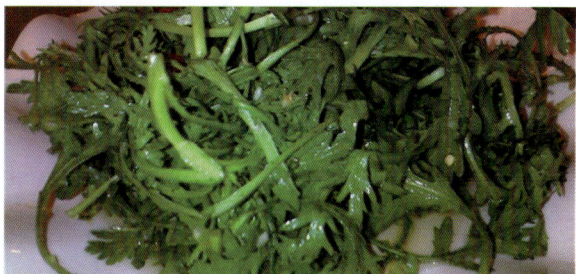

仁和川菜酒楼
老牌餐饮名店

仁和川菜酒楼是一家于1995年开业的川菜馆，原名为"仁和鲶鱼庄"。经过10多年的发展，餐馆在融合各地菜肴精华的基础上不断创新，菜肴口味鲜美，令人回味无穷。特别是餐馆的经典名菜——鲇鱼，无论是红味还是白味，都非常美味。

🍴 **推荐理由**：老牌餐饮名店 🍴 **推荐美食**：鲇鱼、竹荪三鲜

🍴 **适宜场合**：家庭聚会、商务宴请

攻略要点

🏠 **地址**：成华区玉双路1号玉双大厦1楼

🚌 **交通**：在市区乘坐4路公交到东风路站下车步行830米可达

💴 **人均消费**：60元

⏰ **营业时间**：10:00-22:00

📞 **咨询电话**：028-84387678

外婆乡村菜
独特的乡村风味

外婆乡村菜是一家以经营特色川菜为主的餐馆，其菜肴带着浓浓的乡村风味，其代表菜之一的笋子烧鸡就是采用新鲜的竹笋和乌鸡烹制而成，很有农家风味。而菜式总体上都较为麻辣，不过分量很足，味道也很不错，非常实惠。

🍴 **推荐理由**：独特乡村风味

🍴 **推荐美食**：外婆乡村鸡

🍴 **适宜场合**：朋友聚餐

攻略要点

🏠 **地址**：成华区玉双路7号天台大酒店内

🚌 **交通**：在市区乘坐109路公交到西体路站下车步行30米可达

💴 **人均消费**：40元

⏰ **营业时间**：11:00-23:00

📞 **咨询电话**：028-84305881

PART ① 成都市区 ▶ NO.2 成华区

川东人家
古色古香的就餐环境

　　川东人家是一家很有特色的川菜馆，原木色调的桌椅、竹编的灯罩、木制的门窗等营造出一个古色古香的就餐环境。这里的菜肴以麻辣口味的川菜为主，虽然做法粗犷，但是味道很不错，值得一尝。

攻略要点

- 推荐理由：就餐环境良好
- 推荐美食：鸡杂、醉豆花
- 适宜场合：朋友聚餐、随便吃吃

- 地址：成华区望平街44号
- 交通：在市区乘坐4路公交到东风大桥站下车步行430米可达
- 咨询电话：028-84475232
- 人均消费：30元
- 营业时间：10:00~22:00

其他餐厅推荐

重庆毛哥老鸭汤
地址：成华区玉双路60号附1号建川商厦一楼
交通：在市区乘坐4路公交到水碾河站下车步行660米可达

诸葛烤鱼
地址：建设路26号第五大道（电子科技大学旁边）
交通：在市区乘坐61路公交到建设南新路站下车步行200米可达

金味小厨
地址：玉双路3号附28号
交通：在市区乘坐4路公交到东风路站下车步行850米可达

兰女牌酸萝卜鱼
地址：成华区驷马桥路
交通：在市区乘坐53路公交到高笋塘站下车步行220米可达

根据游客不同的消费需求，我们按照星级和房价向游客介绍成华区几家不错的酒店，以供参考。

宿在成华区

成都城市仁德酒店
舒适的住处

　　成都城市仁德酒店是一家位于成都新鸿路的一家三星级酒店，酒店紧邻工业文明博物馆，地段繁华，交通便利。酒店内拥有舒适豪华的客房、宽敞明亮的大厅以及相关的配套设施，是一个理想的下榻之地。

餐饮资讯

就餐中餐厅主要提供特色川菜，并提供送餐服务。

攻略要点

⌂ **地址**：成都市成华区新鸿路38号
¥ **房价**：268元起　**交通**：在市区乘坐114路公交到小龙桥站下车步行110米可达
⌂ **客房**：商务房、豪华商务房、行政商务房　**咨询电话**：028-84389351

华联宾馆
临近景点的住宿地

　　华联宾馆位于繁华的建设路十字路口，毗邻游乐园、活水公园等成都著名的旅游景点，交通十分便利。此外，宾馆内拥有126间舒适的客房以及会议室、商务中心等相关配套设施，是一家集吃、住、行、娱乐、购物于一体的现代化宾馆。

餐饮资讯

宾馆的丰顺川菜酒楼主要以经营精品川菜为主。

攻略要点

⌂ **地址**：建设路55号　¥ **房价**：328元起
交通：在市区乘坐61路公交到建设路口站下车步行80米可达　⌂ **客房**：行政客房、商务客房、商务套房
咨询电话：028-66100958

成都金玉阳光酒店
商务型休闲酒店

　　成都金玉阳光酒店是一家以丝绸文化为背景，再现古丝绸之路风采的商务型休闲酒店，酒店坐落于沙河河畔，是成渝、成南、成绵高速公路的必经之地，周围交通十分便利。酒店内拥有商务中心、会议室、中餐厅等相关配套设施，是休闲、商务活动的理想住宿之地。

餐饮资讯

酒店拥有中餐厅和西餐厅，提供自助式早餐。

攻略要点

🏠 **地址**：双林路88号
🚌 **交通**：在市区乘坐8路公交到双林路东站下车步行90米可达
🛏 **客房**：商务单人房、商务大床房
¥ **房价**：368元起
☎ **咨询电话**：028-66138888

成都中天酒店
交通便利

　　成都中天酒店是一家四星级标准的商务酒店，占地面积约为8000多平方米。酒店内拥有100多间客房，多功能会议室、茶餐厅、商务中心等配套设施完善，最重要的是，从这里租车前往双流国际机场仅需40分钟的时间，而到繁华的春熙路仅需要十几分钟的车程，交通非常方便。

餐饮资讯

酒店茶餐厅提供相关餐饮服务。

攻略要点

🏠 **地址**：双林路116号
🚌 **交通**：在市区乘坐8路公交到双林路东站下车步行180米可达
🛏 **客房**：普通标间、普通单人间、商务标间
¥ **房价**：290元起
☎ **咨询电话**：028-84351905

华都时代酒店

高档精品酒店

　　成都的华都时代酒店是一家四星级标准的高级酒店，酒店外观为经典欧式风格，客房设计时尚简约，别具一格，完善的配套设施，贴心周到的服务，一定能让你住得满意。此外，酒店还拥有环境典雅的咖啡厅和茶室，是商务洽谈、朋友聚会的理想场所。

餐饮资讯

酒店拥有咖啡厅、西餐厅和茶室，可以提供中西餐饮服务。

攻略要点

🏠 **地址：** 成华大道崔家店路576号
🚍 **交通：** 在市区乘坐8路公交到十里店站下车步行160米可达　📍 **客房：** 高级单间、高级标间、豪华单间
¥ **房价：** 480元起　☎ **咨询电话：** 028-66000840

其他住宿推荐

客栈、旅舍

晶川商务客栈
地址：成华区站北东街96号
电话：028-83125268

鸿门客栈
地址：成华区二仙桥东一路1号

成都驴友记青年旅舍
地址：星辉西路任家湾23号
电话：028-83222271

酒店

如家快捷酒店（新鸿路店）
地址：一环路东三段192号

成都莫泰168酒店（双桥酒店）
地址：成华区一环路东三段11号

四川美麓会议酒店
地址：成华区二环路东二段3号
电话：028-84330888

成都怡东国际酒店
地址：华区二仙桥东三路1号
电话：028-65561111

成都汇融花园酒店
地址：成华区二环路北四段9号
电话：028-68917003

NO.3 武侯区

　　武侯区位于成都市中心城区南面，因著名旅游景点武侯祠坐落在区域内而得名。

　　"千年武侯，人文厚土"，武侯区历史源远流长，早在秦朝时期就是蜀郡所在地。悠久的历史造就了区域内丰富的人文古迹和历史文化内涵，武侯祠、望江楼等名胜早已享誉中外，老成都民俗公园、锦里、华西坝、耍都、欧洲风情街等旅游景观吸引着来自四面八方的游客。

🎈 武侯区景点分布图

🧮 武侯区游玩预算

在武侯区旅游，所花费用不会太高。到武侯祠游览的门票是60元，望江楼公园文物保护区门票是20元，而其余景点几乎都是不收门票的，所以游完所有景点门票费用在100元左右。

住宿方面，如果住在一般的经济型酒店，价格大约是300元/晚。

美食方面，武侯区的川菜馆、小吃店、火锅店都很多，价格有贵也有便宜，具体消费情况视个人而定。

购物方面，武侯区的锦里是比较有名的旅游购物场所，这里的小吃、旅游纪念品都比较多，具体花费视个人购物情况而定。

总之，如果两个人在武侯区游玩一天，游完大部分景点，并且住在经济型的酒店，需要花费700元左右。

💰 武侯区旅行锦囊

旅游特色

　　武侯区有着3000多年的发展历史，区域内的历史人文景点相对较多，其中武侯祠、望江楼公园是其中较为著名的两个人文古迹，是武侯区的必游景点。

特别推荐

　　这里的玉林生活广场是成都酒吧、美食较为集中的地方之一，在这里可以体会地道的成都酒吧文化和美食文化。

🚌 武侯区重要公交站点与公交线路信息

武侯祠站：1、57、82、334、335、503路

南郊路站：1、57、82、109、334、335路

望江楼公园站：35路

华西坝站：8、16、45、61、78、99、118、298、300、303路

人南立交桥南站：16、99、118、300、504路

一环路南三段站：10、12、19、34、34专、45、72、78、904路

高升桥站：1、8、19、27、34、57、59、77、82、153、213、306、335路

新南门汽车站：28、48、48a、102、298、301、306路

火车南站西路站：300、304、406、501、521、542、545、816路

玉林北路站：12、59、61、109、115路

人民南路四段南站：16、300、501、504、809路

人南立交北站：16、99、118、300、504路

二环路玉林南路口站：51、52、52a、92、93、522、805、809路

玉林西路站：153路

芳草东街口站：59、61、109、115路

章灵寺站：6、49、55、62、76、77、92、102、112、298、503路

神仙树南路站：12、26、542、801路

金河路站：5、13、43、47、58、64、78、81、163路

玉林南路站：59、61、76、109、115、153路

龙爪村站：8、21、70、100、542、840路

神仙树路口站：51、52、52a、92、93、522、805、809路

新蓉路站：26、28、78、93、153、340路

洗面桥横街站：503路

赏在武侯区

武侯区历史悠久，人文丰厚，著名的旅游景点——武侯祠早已蜚声海外。不过是，长久的历史发展所遗留下来的景点远不止武侯祠一个，华西坝、望江楼、锦里等景点在现代化的都市景观中散发着其独有的魅力，下面就为游客进行介绍。

武侯祠

诸葛丞相纪念地

提到武侯祠可能并不为人所熟知，但是说到诸葛亮肯定大多数人都知道，目前在全国范围内有很多纪念诸葛亮的祠庙，其中最具影响力的就是成都武侯祠。它建于唐朝之前，最早与祭祀刘备的汉昭烈庙相邻，明朝时期将武侯祠并入"汉昭烈庙"，形成了现存的君臣合祀的祠庙。如今我们所见的武侯祠是清朝康熙年间重建的，它坐北朝南，青石板的道路串起了二门、刘备殿、过厅、诸葛亮店等主要建筑。祠内古柏森森，殿宇高大雄伟，显示出不凡的气魄，祠堂内陈列着许多蜀汉文物的复制品和三国时期的历史图片，众多的名人字画和书法手迹一定会让你大开眼界。

汉昭烈庙最早是为纪念刘备而修建的庙宇。明朝初年，成都纪念诸葛亮的祠堂大都遭到损毁，只有汉昭烈庙旁边的一座武侯祠依然香火旺盛，而汉昭烈庙却极为冷清。后来经过多次变动，最终将两座纪念性庙宇合并在一起，组成了武侯祠。如今，武侯祠内有刘备殿、刘备墓等主要历史遗迹供游人参观。

东汉末年，国力衰退，群雄争霸，出现了魏、蜀、吴三国鼎立的格局，而三国文化陈列室主要展示的就是这个战乱年代的政治、经济和军事等多方面的状况。它主要分为战争风云、民俗采风、流风遗韵和农桑一瞥等5个展馆，以文物实体、模型展览等形式展示了三国时期的历史概况，其主要展品有诸葛亮的"八阵图"、蜀地的织锦和汉代歌舞套陶俑等。

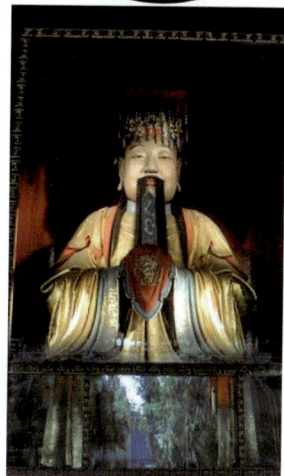

完全自游成都 一本就GO

耍都

休闲胜地，娱乐天堂

耍都是位于彩虹桥头的休闲娱乐区域，它主要由广场、美食主题街、河畔观景街以及酒吧主题街等部分组成。在耍都的广场上有一个宽大的图腾戏台，白天舞台上有精彩的三国故事表演，而晚上戏台前的露天茶座就成为茶客们的舞台，大家聚集在此，喝茶聊天，尽享闲适生活的乐趣。

耍都不仅是休闲的乐土，更是美食的天堂。麻辣火锅、鱼头火锅、海鲜火锅、羊肉火锅、药膳火锅等特色火锅受到了成都人和国内外游客的欢迎。除此之外，这里还有成都人夏天爱吃的"冷啖杯"，大大小小的碗碟中放满了卤鸭掌、鹅翅膀、卤鸡脚、煮毛豆、拌黄瓜等小吃，人们坐在这里，一边喝着啤酒，一边品尝美食，好不惬意。酒足饭饱过后，你还可以到这里的酒吧主题街去看看，感受一下成都丰富多彩的夜生活。

旅行建议

旅行建议：耍都和成都锦里之间的距离大约是200米，"白天逛锦里，晚上玩耍都"是不错的选择。

▶ 攻略要点 ◀

🏠 **推荐指数**：★★★★☆

🆔 **游玩亮点**：品尝各色美食

🏠 **地址**：成都城南彩虹桥头，武侯祠附近

🚉 **交通**：在市内乘坐57路公交到南郊路站下车步行190米可达

¥ **门票**：免费

望江楼公园
唐代女诗人纪念地

望江楼公园和唐代著名的才女薛涛紧密联系在一起。

薛涛自幼跟随做官的父亲来到成都，她聪颖好学、才智出众，不仅能诗善文，而且精通音律，是当时有名的乐伎，位于锦江南岸的这座公园就是为了纪念她而修建的。和武侯祠、杜甫草堂一样，作为成都重要的历史文化古迹之一，望江楼公园每年都吸引了大量中外游客到此参观。

望江楼是公园里最重要的景观之一，它始建于清朝光绪年间，高39米，共4层，每层的屋脊、雀替都饰有精美的禽兽泥塑和人物雕刻，十分精美。登楼远眺，锦江的美丽景色尽收眼底，让人流连忘返。

此外，公园还有另外一大特色，就是一丛丛青翠的竹子。因为薛涛爱竹，所以公园里种满了紫竹、实心竹、人面竹、方竹、佛肚竹等各种竹子，亭台楼阁掩隐其中，构成了幽篁如海、清趣无穷的园林景观。

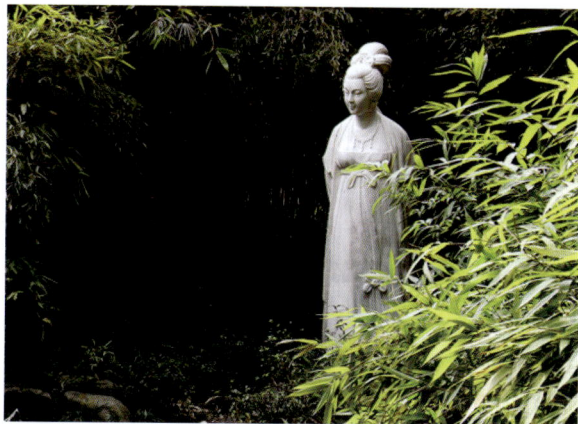

旅行建议

在望江楼公园的沿江一带有大片的休闲娱乐区，其中包括茶馆、酒吧、餐厅儿童乐园、钓鱼区等可供游人休闲娱乐。

攻略要点

推荐指数：★★★★☆　地址：武侯区望江路30号
游玩亮点：园林景观、望江楼
交通：在市内乘坐35路公交到望江楼公园站下车步行37米可达　门票：园林开放区免费，文物保护区20元
咨询电话：028-85223389

华西坝
人文荟萃之地

　　早在1905年，美、英、加三国的基督教会利用教案所得的赔款在老成都的乱坟场修建了一所华西协和大学，自此，成都人就把这一带叫做华西坝。由于有很多外国人来到这里，许多当时人们不曾见过的电灯、自行车、西装等新奇事物被引入成都，得到了很多人的关注。后来在抗战时期，齐鲁大学、燕京大学等名校为避战乱，纷纷迁入成都的华西坝，一时间，这里成为远近闻名的人文荟萃之地。如今，华西坝成为著名的华西医科大学的所在地，校园至今还保留着钟楼、苏道璞纪念堂、万德堂等许多中西合璧的历史建筑，它们可以说是华西坝历史变迁的最好见证。

旅行建议

1.如今的华西坝除了是四川大学的一部分之外，这里也是成都市民喜欢的休闲公园，每逢周末，来到这里写生、钓鱼、乘凉、聊天的人群很多，尽情感受成都的休闲气息。

2.华西坝的许多教学楼已经被列为成都市文物建筑，它们是钟塔、图书馆及博物馆、事务所、万德堂、赫斐院、教育学院、生物楼和苏道璞纪念堂等。其中，大部分建筑的年龄都接近百年，很有参观价值。

攻略要点

🏠 **推荐指数**：★★★★☆　　¥ **门票**：免费
📷 **游玩亮点**：中西合璧的建筑
📍 **地址**：人民南路三段17号　　🚍 **交通**：在市内乘坐61路公交到华西坝站下车可达

老成都民俗公园

再现旧时成都民风民俗

对于外地游客来说，如果想要了解老成都的民风民俗，老成都民俗公园是一个不可错过的地方。该公园分为成都民俗文化雕塑休闲区、成都老桥老街文化艺术区等5大区域，以塑像、浮雕等多种表现手法，展现了斗鸡、掏耳朵、滚铁环、推鸡公车等老成都的民风民俗。此外，在公园附近的一块石碑上还刻有老成都的地图，感兴趣的朋友可以前去看看，感受一下成都的巨大变化。

攻略要点

- 推荐指数：★★★☆☆
- 游玩亮点：各类民俗雕塑
- 地址：人民南路立交桥下
- 交通：在市内乘坐300路公交到人南立交桥南站下车步行220米可达
- 门票：5元

四川省体育馆

成都的"红馆"

四川省体育馆位于成都市人民南路，如王力宏、莫文蔚、张靓颖、蔡琴等这样的大牌明星都曾在这里举行过演唱会，因此它也获得了"成都的红馆"这样的美誉。体育馆内不仅有能容近万人的观众席，而且有先进的照明设备、音响和电视转播等设施。如今，四川省体育馆已经经过进一步改造，将来很有可能会在这里举行金鸡奖颁奖典礼、亚洲音乐节等大型盛典。

攻略要点

- 推荐指数：★★★☆☆
- 游玩亮点：大型演唱会
- 地址：人民南路四段8号
- 交通：在市内乘坐10、12、19路公交到一环路南三段站下车步行200米可达
- 门票：免费
- 咨询电话：028-85583362

在成都武侯区还有很多特色街区，它们或集聚成都的特色小吃，或以仿古建筑展示成都的历史……不管是哪一种，其独特的魅力都让无数逛街爱好者为之神往。下面就为游客介绍武侯区几处逛街购物的好地方。

逛在武侯区

锦里

西蜀第一街

锦里是由武侯祠博物馆恢复修建的特色商业步行街，它依托武侯祠，以秦汉、三国精神为灵魂，仿古明清建筑外表，以川西民风、民俗作内容，扩大了三国文化的外延。

走进锦里，白墙黑瓦的仿古建筑、大红的灯笼、青石板的街道勾勒出浓浓的古意。在街道两旁，遍布着各类手艺人，有吹糖人的，有捏泥人的，有编草编、绳编的……这些不禁让人怀想起过去的悠悠时光。

在锦里的"小吃区"，三大炮、酸辣粉、军屯锅魁等成都特色小吃让人目不暇接。此外，在锦里还有很多富有特色的餐馆、酒吧、茶楼和购物小店，在这里喝茶聊天，品尝美食美酒，选购特色商品，都是感受锦里魅力的一种方式。

旅行建议

1.锦里有不少出售蜀锦、蜀绣等四川特产的小店，是不错的购买旅游纪念品的地方。

2.锦里的三顾园餐厅和好吃街都非常有名，是品尝美食的好地方。

3.四方街、喜福汇、曹营坝是锦里很有特色的酒吧。

攻略要点

推荐指数：★★★★★

推荐理由：仿古建筑、特色小吃、旅游纪念品

地址：成都市武侯祠大街

交通：在市内乘坐57路公交到武侯祠站下车步行110米可达

附近景点：武侯祠、武侯祠横街、耍都、成都购书中心

武侯祠横街
民族用品一条街

成都的武侯祠横街素有"成都的小拉萨"之称，作为西藏驻成都办事处的所在地，武侯祠横街的两旁布满了各种藏族商铺，据说，这些商铺都是藏区厂商设在成都的门市部，所以其销售的各种藏族饰品、服饰之类是可以保证质量的。走在街道上，满眼的藏族店铺，不时擦肩而过的藏族同胞，真让人有一种置身藏区的错觉。

攻略要点
- ⬆ **推荐指数**：★★★☆☆
- 🏆 **推荐理由**：藏式服装、饰品汇集地
- 📍 **地址**：成都市武侯祠横街
- 🚌 **交通**：在市内乘坐57路公交到武侯祠站下车步行330米可达
- 🌏 **附近景点**：锦里、武侯祠、耍都、成都购书中心

成都购书中心
购书理想之选

成都购书中心位于一环路南三段，是西南地区最大的图书批发零售中心。这里没有主题书店的精巧别致，却有着大型书店的特色。人文、社科、哲学、科技等类型的书籍和相关的音像制品在这里都可以找到，品种齐全是书店最大的亮点。此外，书店里还设有文化用品馆和旧书馆，即使不买书，也可以到这里来逛逛，感受一下书店的文化氛围。

攻略要点
- ⬆ **推荐指数**：★★★☆☆
- 🏆 **推荐理由**：成都最大的图书销售中心
- 📍 **地址**：武侯区高升桥路口
- 🚌 **交通**：在市内乘坐57路公交到高升桥站下车步行220米可达
- 🌏 **附近景点**：武侯祠、锦里、耍都、武侯祠横街

太平新巷
成都老房子集中地

太平新巷位于九眼桥头、致民路与锦江之间，这里是成都的旧城区，大量的古老建筑物和街肆景观反映了老成都的风貌。如今，太平新巷的老院落经过修葺改造，已经成为更加富有特色的"文化风情商业街"。走进太平新巷，一排排青砖灰瓦，木制门窗的老房子优雅地矗立在街巷两旁，向人们展示着成都的历史风貌。

▶━━ 攻略要点 ━━◀

⬆ **推荐指数**：★★★☆☆　🎫 **推荐理由**：城市古建筑　🔄 **附近景点**：望江楼公园、锦江
🏠 **地址**：致民路旁　🚇 **交通**：在市内乘坐48路公交到新南门汽车站下车步行570米可达

欧洲风情街
体验独特的欧式风情

欧洲风情街全长1.8公里，其中有350米风雨廊，采用高低错落的柱式结构体现出浓浓的欧洲风情，街道上欧式的广场、露天的咖啡吧、欧式购物店等营造出浪漫迷人的欧式风采，走在街道上，满眼都是充满异国情调的元素，让人仿佛有种置身异国他乡的错觉。来到这里，在街边的咖啡馆坐坐，欣赏一下街头画像、街头演奏等充满欧式情怀的表演，在作为休闲之都的成都感受一下别样的异国风情也是相当不错的选择。

▶━━ 攻略要点 ━━◀

⬆ **推荐指数**：★★★☆☆　🔄 **附近景点**：华西坝
🎫 **推荐理由**：充满异国情调的特色街区　🏠 **地址**：武侯区桐梓林北路、桐梓林东路
🚇 **交通**：在市内乘坐300路公交到火车南站西路下车步行480米可达

成都美食丰富多样，特色小吃、麻辣火锅、地道川菜是来到成都不可不尝的美味。但是遍布大街小巷的美食餐馆让人眼花缭乱，不知该如何选择。下面我们就精心挑选了武侯区的特色餐馆，以供参考。

食 在武侯区

担担面

百吃不厌的美味面食

担担面是成都著名的小吃之一，至今已有百余年历史，相传1841年，一位名叫陈包包的自贡小贩挑着担子沿街叫卖这种面食，担子的一边装着炉子和锅，一边装着碗筷和调料，就这样在街边逐渐卖出了名气，人们也亲切地称之为"担担面"。

它将面条煮熟后，放入鲜香的肉臊，加入辣椒油、葱花、味精等调料制作而成，面条吃起来咸香味美，令人回味无穷。

如今，担担面在重庆、成都、自贡都有，其中以成都的担担面最有特色。在成都武侯祠大街有一家担担面馆，他们做的担担面味道相当地道，感兴趣的朋友可以到那里品尝一下。

- 推荐理由：成都名小吃
- 推荐美食：担担面、红油抄手、燃面
- 适宜场合：随便吃吃

攻略要点

- 地址：武侯祠大街242-5号
- 交通：在市区乘坐57路公交到武侯祠站下车步行220米可达
- 人均消费：8元
- 营业时间：9:00－21:00
- 咨询电话：028-85541099

老码头火锅
成都热门火锅店之一

老码头火锅是成都口碑较好的一家火锅店，店内雕梁画栋的门窗和色彩绚丽的宫灯营造出富丽堂皇的就餐环境。该火锅店的火锅锅底油亮麻辣，煮沸之后散发出诱人的香味，其菜品相当丰富，油碟蘸料也有一种特别的香味。用长长的筷子在大大的铜鼓里烫涮各种美味的菜肴，吃出四川火锅地道的火辣辣的滋味，很是过瘾。

- 推荐理由：口碑好
- 推荐美食：牛肉、香菜丸子、黄喉
- 适宜场合：朋友聚餐

攻略要点

- 地址：玉林中路27号
- 交通：在市区乘坐61路公交到玉林北路站下车步行270米可达
- 营业时间：9:00-21:00
- 人均消费：50元
- 咨询电话：028-85550728

谭鱼头
经典鱼头火锅

成都市是谭鱼头火锅的发源地，到了成都，当然不能错过品尝正宗谭鱼头的机会。位于人民南路的这家谭鱼头火锅店选用新鲜的鱼头，加上四川特产的辣椒、花椒等调料一起精心调制出香辣味浓的锅底烹煮而成。鱼头吃起来鲜嫩入味，很是美味。除了红汤以外，店里还有营养鲜美的清汤鱼头可供选择。

- 推荐理由：鱼头火锅之最
- 推荐美食：鱼头、鱼泡
- 适宜场合：朋友聚餐

攻略要点

- 地址：人民南路四段49号1楼
- 交通：在市区乘坐300路到人民南路四段南站下车步行450米可达
- 营业时间：10:00-22:00
- 人均消费：70元
- 咨询电话：028-85222266

高记重庆盆盆虾
老牌川菜馆

　　高记重庆盆盆虾是一家老牌大众化川菜馆,其菜品多种多样,且大多麻辣鲜香,很有川菜的特色。特别是其招牌菜盆盆虾,肉质鲜嫩,麻辣过瘾。此外,这里的就餐环境很有大排档的感觉,特别是就餐高峰时期,生意更是火爆非常,如果要到这里吃饭最好提前预订位置。

🉐 **推荐理由**: 老牌川菜馆
🍴 **推荐美食**: 盆盆虾、鸡汤白菜
🈴 **适宜场合**: 朋友聚餐、随便吃吃

攻略要点
🏠 **地址**: 武侯区玉林北路6号
🚍 **交通**: 在市区乘坐61路公交到玉林北路站下车步行120米可达　💴 **人均消费**: 40元
⏰ **营业时间**: 11:00-22:00　☎ **咨询电话**: 028-85562206

老房子
主题川菜馆

　　老房子是一家以四川民俗民居文化为主题的菜馆,其中的青竹花溪酒楼是老房子川菜馆旗下做得非常不错的一家。青竹花溪酒楼主要以经营新派川菜为主,菜品精致,口味清淡,酒楼里小桥流水的装修风格让环境显得非常典雅,是一个不错的就餐之地。

🉐 **推荐理由**: 特色主题菜馆
🍴 **推荐美食**: 沸腾鱼、毛血旺
🈴 **适宜场合**: 朋友聚餐、商务宴请

攻略要点
🏠 **地址**: 武侯祠大街243号
🚍 **交通**: 在市区乘坐57路公交到武侯祠站下车步行可达
⏰ **营业时间**: 10:00-22:00
💴 **人均消费**: 80元
☎ **咨询电话**: 028-85098822

巴国布衣
川西特色酒楼

巴国布衣是一家老牌川菜酒楼，带有川西地方特色的装饰风格营造出别致的就餐环境，这里的菜肴制作在传统川菜的基础上加入新元素，成菜既有川菜的麻辣鲜香，也有新派川菜的精致爽口，味道相当不错。此外，晚上到这里就餐，还可以欣赏到精彩的川剧表演，感兴趣的朋友不妨到这里试试。

推荐理由：享誉全国的特色餐厅
推荐美食：辣子脆肠
适宜场合：商务宴请

攻略要点

地址：武侯区广福桥北街8号附19号
交通：在市区乘坐300到人南立交北站下车步行390米可达
营业时间：10:00-23:00
人均消费：70元
咨询电话：028-85095777

俏江南
精品川菜馆

俏江南是一家闻名全国的精品川菜馆，来到这里吃饭主要是享受餐厅的就餐环境。明暗适度的灯光、精致的餐具、设计时尚的桌椅以及随处摆放的鲜花盆栽让餐厅显得时尚而别具情调。这里的菜肴做工精巧，口味独特，虽然已经不太像传统的川菜，但是值得品尝。

推荐理由：独具小资情调
推荐美食：石锅肥牛、晾衣白肉
适宜场合：商务宴请

攻略要点

地址：武侯区紫荆北路18号紫荆电影院2楼　　人均消费：110元
交通：在市区乘坐51路公交到二环路玉林南路口站下车往西步行193米可达
营业时间：10:00-22:00
咨询电话：028-85171122

成都映象
品尝老成都的味道

成都映象是风格独特的川菜馆，走进餐馆，大大的木门、古朴的檀木桌椅、精美的雕花窗以及墙壁上的黑白照片，无一不让人怀念起老成都的风情。餐馆主要以经营新派川菜为主，清淡滑润的口感以及精致的卖相让人食欲大开。在这里吃完饭，还可以到地下一层观看川剧民俗表演，或者到4楼的茶楼里和朋友喝茶聊天，享受一天的惬意时光。

- ⊛ 推荐理由：环境别致的好吃处
- ☉ 推荐美食：水煮鱼、椒麻鸡
- ☝ 适宜场合：旅游用餐、商务宴请

攻略要点

- ⌂ 地址：武侯区紫荆北路元华二巷紫荆春天1栋 ¥ 人均消费：100元
- 🚍 交通：在市区乘坐111路公交到紫荆北路站下车步行280米可达
- ⌚ 营业时间：10:00-22:00
- ☎ 咨询电话：028-85145678

三顾园
三国文化主题餐厅

三顾园是一家以三国文化为主的主题餐厅，红木的桌椅、精致的餐具、古色古香的窗子和廊柱无不细心地融入三国文化的元素，就连餐厅的服务员也都身着汉服穿行在餐厅里为顾客服务，让人仿佛有种穿越时空的感觉。餐馆以经营川菜为主，精致的做法加上用三国故事起的菜名，非常吸引人。

- ⊛ 推荐理由：特色主题餐馆
- ☉ 推荐美食：草船借箭
- ☝ 适宜场合：旅游用餐

攻略要点

- ⌂ 地址：武侯区章武街1号
- 🚍 交通：在市区乘坐57路公交到武侯祠站下车步行120米可达
- ¥ 人均消费：110元
- ⌚ 营业时间：9:00-21:00
- ☎ 咨询电话：028-66311388

无论是环境优雅的咖啡厅，还是热闹的茶楼，来到成都的你一定要抽时间去坐坐，在饮咖啡或者品茶的同时，好好地感受一下成都的悠闲生活。

品 在武侯区

提诺咖啡

享受午后的惬意时光

提诺咖啡是一个不错的休闲之地，大大的落地玻璃窗以及满眼的绿色植物让人一看就觉得很舒适。咖啡馆整体的装修风格简约而时尚，坐在里面，一边品尝着香浓的咖啡，一边享受午后的阳光，十分惬意。此外，该咖啡馆还有免费的网络，感兴趣的话不妨到这里坐坐。

🌱 **推荐理由**：环境优雅舒适的咖啡店

👐 **适宜场合**：朋友聚会、商务洽谈

攻略要点

🏠 **地址**：武侯区玉林西路169号

🚌 **交通**：在市区乘坐153路公交到玉林西路站下车可达

¥ **人均消费**：23元

⏰ **营业时间**：11:00-次日2:00

☎ **咨询电话**：028-85122225

三国茶园
喝出成都老茶馆的味道

　　三国茶园是一家位于锦里入口的特色茶馆，无论是外观还是其内部装修都充满古色古香的味道。茶园内大大的八仙桌配上大竹椅以及提着长嘴茶壶穿梭来往的茶博士，很容易让人想起成都老茶馆的味道。坐在茶园，一边品茶一边欣赏锦里的街景，也不失为一种不错的休闲方式。

🌸 **推荐理由**：风格独特的老茶馆

🎭 **适宜场合**：朋友聚会、旅游休闲

攻略要点

🏠 **地址**：武侯祠大街231号

🚍 **交通**：在市区乘坐57路公交到武侯祠站下车步行120米可达

¥ **人均消费**：30元

⏰ **营业时间**：10:00~23:00

📞 **咨询电话**：028-80070833

天域茶楼
独具成都特色的休闲茶馆

　　天域茶楼是一家非常具有成都休闲特色的茶楼。传统与现代装饰风格结合的茶楼里，人们三三两两地聚集在一起，品茶、聊天、打牌……似乎完全忘却了时间，在这里，你只要端一杯茶，和朋友闲聊片刻，就会体会到成都休闲生活的魅力，感受地道的成都休闲文化。

🌸 **推荐理由**：成都特色休闲茶馆

🎭 **适宜场合**：朋友聚会、旅游休闲、商务洽谈

攻略要点

🏠 **地址**：玉林中路16号

🚍 **交通**：在市区乘坐61路公交到芳草东街口站下车步行150米可达

¥ **人均消费**：20元

⏰ **营业时间**：10:00~21:00

📞 **咨询电话**：028-85560158

子云亭茶坊
特色休闲商务茶楼

　　子云亭茶坊是一家集休闲娱乐、商务聚会于一体的特色茶楼，它将文化休闲与品茗结合起来，以弘扬川茶文化为己任，加上茶楼里优雅舒适的环境，一直吸引着不少茶客到此品茶。此外，子云亭茶坊所处的地理位置正是成都繁华的饮食服务商圈内，品茶之余，你也可以到此寻觅成都的特色美食。

攻略要点

🌸 **推荐理由**：成都著名茶楼之一
🍵 **适宜场合**：朋友聚会、商务洽谈

🏠 **地址**：盛隆街3号宏城商务中心一楼
💰 **人均消费**：25元
📞 **咨询电话**：028-85199896
🚇 **交通**：在市内乘坐62路公交到章灵寺站下车步行820米可达
⏰ **营业时间**：10:00~23:00

亲情树茶楼
休闲聚会的好去处

　　亲情树茶楼是一家位于武侯区的小茶馆，茶馆虽然不大，但是店主经营起来一点也不含糊。精致的装修，良好的服务，美味的茶点……每一样都做得很用心。坐在这里，喝喝茶，聊聊天，感受一下成都人的休闲生活，也是非常不错的放松方式。这里推荐茶楼2楼的包厢，环境舒适优雅，是和朋友聚会聊天的好地方。

攻略要点

🏠 **地址**：武侯区神仙树紫杉路70号
🚇 **交通**：在市区乘坐26路公交到神仙树南路站下车步行140米可达
💰 **人均消费**：30元
⏰ **营业时间**：10:00~22:00
📞 **咨询电话**：028-66275125

🌸 **推荐理由**：环境优雅的茶楼
🍵 **适宜场合**：朋友聚会、商务洽谈

其他咖啡馆、茶馆推荐

翡翠湾休闲茶楼
地址：武侯区新光路5号附15号
交通：在市内乘坐61路公交到紫竹北路站下车步行220米可达

圆缘园
地址：武侯区一环路南一段47号川音大厦2楼
交通：在市内乘坐62路公交到磨子桥站下车步行690米可达

圣天露茶楼
地址：武侯区玉林北路3号
交通：在市内乘坐61路公交到芳草东街口站下车步行140米可达

咖啡地带
地址：武侯区外双楠置信逸都花园云影路2-5号
交通：在市内乘坐57路公交到高升桥站下车步行180米可达

鸿咖啡
地址：武侯区人民南路四段12号附9号
交通：在市内乘坐300路公交到人民南路四段北站下车步行40米可达

娱在武侯区

武侯区的玉林小区是成都酒吧业最为繁华的地方之一，无论是独具格调的白夜酒吧，还是因为张靓颖而走红的音乐房子，都早已在成都闻名。当然，酒吧聚集的地方不会只有一种格调，下面我们将精心选取较具特色的酒吧进行介绍，以供参考。

白夜酒吧

独具格调的酒吧

白夜酒吧由诗人翟永明于1998年5月创办，和印象中喧嚣热闹的酒吧不同，白夜酒吧似乎更多了一份宁静的文化气息。酒吧的墙上贴满了画家卡罗、作家斯坦因、伍尔芙的黑白摄影照片，边上放着各种书籍、杂志，酒吧的角落里还放着鲜花及其他装饰物。在这里，客人们不仅可以品酒，还可以喝咖啡、聊天，非常适合朋友的聚会。如果你喜欢白夜酒吧这样安静且兼具文化气息的酒吧，不妨到这里来坐坐。

娱行体会

这家酒吧比较适合不喜欢热闹的人。

攻略要点

- 风格：综合性酒吧
- 地址：玉林西路85号
- 交通：在市区乘坐13路公交到金河路站下车步行470米可达
- 营业时间：18:00~23:00
- 咨询电话：028-85594861

音乐房子
品赏音乐、美酒

　　音乐房子为大家所熟知的大部分原因都是因为张靓颖曾经在此驻唱。音乐房子的主人是一个怀揣音乐梦想的青年，这里每周都有很多热爱音乐的歌手在此表演，酒吧每两周的主题音乐活动更是吸引了不少热爱音乐者到此取经。正如酒吧的名字"音乐房子"一样，这里是各种音乐汇聚交流的平台。此外，酒吧还提供各种酒水和美味的西式餐点，是品赏美酒与音乐的好地方。

娱行体会
对于真正喜欢音乐的人来说，音乐房子是一个非常不错的泡吧之地。

攻略要点
☀ **风格**：音乐酒吧
🏠 **地址**：玉林南路15号玉林生活广场3楼
🚌 **交通**：在市区乘坐61路公交到玉林南路站下步行70米可达
🌙 **营业时间**：19:00~次日2:00
📞 **咨询电话**：028-85574366

莲花府邸
独特的庭院式酒吧

　　莲花府邸和音乐房子一样也是一家非常有名的音乐酒吧，为大家所熟知和喜爱的谭维维、郁可唯等超女都曾经在这里驻唱。每天晚上，酒吧时尚的音乐响起时，人们就在美丽的夜色中享受着音乐带来的欢乐。而白天，酒吧则呈现出另外一番景致，在酒吧的庭院里，丛丛翠竹掩映着肆意堆叠的假山，放眼望去尽是一片幽静的天地。人们可以坐在这里喝茶聊天，欣赏古筝演奏，尽情享受美好的闲暇时光。

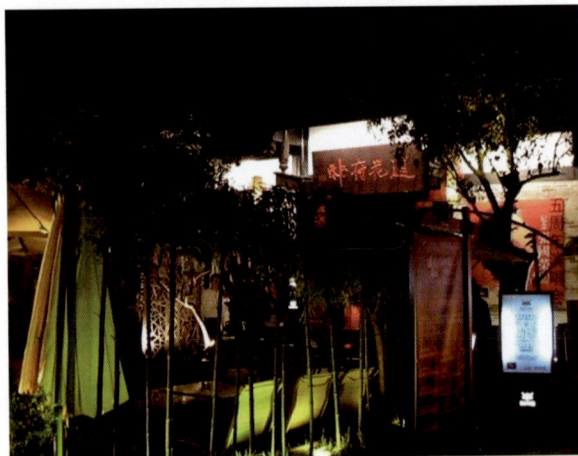

娱行体会
在这里可以感受到不同于别处的异国酒吧文化。

攻略要点
☀ **风格**：音乐酒吧
🏠 **地址**：武侯祠大街231号附12号
🚌 **交通**：在市区乘坐57路公交到武侯祠站下车步行270米可达
🌙 **营业时间**：19:00~次日1:00
📞 **咨询电话**：028-88015173

坐标风情酒吧街
感受异国酒吧风情

　　坐标风情酒吧街位于成都玉林小区内，在这条街上集合了6个不同国家风情的酒吧。而且酒吧都是以分布在世界不同地区的几个主要城市进行命名的。在这里，每一家酒吧都可以让你感受到不一样的异国风情，无论是芭堤亚的热带风情，还是花都香榭丽舍大街的浪漫情怀，相信一定不会让你失望。

娱 行 体 会

在这里可以感受到不同于别处的异国酒吧文化。

攻略要点

☀ **风格：**异国特色酒吧街
🏠 **地址：**玉林西路玉林小区沙子堰中巷
🚌 **交通：**在市区乘坐61路公交到玉林北路站下车步行430米可达　⏱ **营业时间：**18:00~24:00　☎ **咨询电话：**028-85577799

小酒馆
成都摇滚酒吧的典范

　　小酒馆是成都非常有名的一家摇滚酒吧，每到晚上，这里都有非常精彩的乐队表演，对于喜爱摇滚乐的年轻人来说，这里就是一个泡吧的好地方，在这里，既能享受摇滚音乐带来的震撼，也能交到许多志同道合的朋友。不过，如果你不喜欢太过喧嚣热闹的地方，这里还是不太适合。

娱 行 体 会

小酒馆是一家创办10多年的老牌酒吧，其摇滚特色已经发展得相当不错。

攻略要点

☀ **风格：**摇滚音乐酒吧　🏠 **地址：**玉林西路55号　🚌 **交通：**在市区乘坐61路公交到玉林北路站下车步行320米可达
⏱ **营业时间：**19:00~次日2:00
☎ **咨询电话：**028-85568552

其他娱乐场所推荐

KTV

月亮村KTV
地址：武侯祠下南大街6号
交通：在市内乘坐1、26路公交到南大街站下车步行20米可达
钱柜（KTV）
地址：武侯祠大街243号3楼
交通：在市内乘坐57路公交到武侯祠站下车步行240米可达

酒吧

老四方街酒吧
地址：武侯祠大街锦里内
交通：在市内乘坐57路公交到武侯祠站下车步行260米可达
岸吧
地址：临江中路6号交通饭店
交通：在市内乘坐904路公交到旅游集散中心公交车站下车，步行10米可达

宿在武侯区

为了方便游客更加方便合理地安排旅游行程，我们精心挑选了武侯区几家不错的住宿酒店，按照其类型及星级进行介绍，以供参考。

成都交通青年旅舍

方便舒适的住处

成都交通青年旅舍位于美丽的府南河畔，整洁舒适的居住环境一直吸引着众多驴友到此住宿。从这里到春熙路、武侯祠等成都著名的旅游景点也非常方便，而且从这里出发只需步行2分钟，就可到达成都旅游集散中心，那里有到达九寨沟、都江堰、青城山等四川著名旅游景点的班车，出行非常方便。

餐饮资讯

旅舍餐厅可以为顾客提供早餐。

攻略要点

🏠 **地址**：成都市临江中路6号

🚌 **交通**：在市区乘坐49路公交到新南门下车步行370米可达

🛏 **客房**：普通双人间、标准双人间、标准三人间

¥ **房价**：140元起

☎ **咨询电话**：028-85450470

成都龙湾假日酒店
出行方便的住处

　　成都龙湾假日酒店地处成都外双楠的繁华地带，从这里出发到天府广场、武侯祠、杜甫草堂等成都著名的旅游景点只需要步行短短十余分钟的时间。而且在酒店周边还有伊藤洋华堂等大型购物商场，对于出行逛街来说也十分方便。

攻略要点

地址： 武侯区外双楠龙华北路7号
交通： 在市区乘坐8路公交到龙爪村站下车步行310米可达　**客房：** 商务标间、商务单间
房价： 278元起　**咨询电话：** 028-65510666

成都锦里客栈
锦里古街内的特色住处

　　成都锦里客栈位于成都著名的古街锦里内，客栈以清末民初的建筑为主，由客栈、隐庐和芙蓉第三座风格各异的建筑组成，客栈庭院内小桥流水，绿色成荫，环境十分清幽。客栈的房间装修古朴而典雅，配套的仿古红木家具、高级卫浴、网络光纤等一系列设施十分完善。此外，成都锦里客栈距离成都武侯祠等著名景点也很近，游览起来十分方便。

餐饮资讯

酒店提供特色健康粗粮早餐，且送餐到房。

攻略要点

地址： 武侯祠大街231号　**客房：** 单人间、高级间
交通： 在市区乘坐57路公交到武侯祠站下车步行210米可达
房价： 240元起　**咨询电话：** 028-66311333

长盛帝都国际酒店
武侯祠旁的住处

　　长盛帝都国际酒店是一家位于成都武侯祠旁的豪华酒店，餐厅、茶楼、商务中心、国际会议中心等一系列配套设施完善，各种温馨、典雅的客房为住客提供了舒适的居住条件。此外，酒店地理位置优越，从这里到武侯祠等成都著名历史人文景点仅需十几分钟的时间，非常方便。

餐饮资讯

位于酒店二楼的长盛食府主要提供特色川菜和精品粤菜。

攻略要点

地址： 永丰路45号
交通： 在市区乘坐26路公交到新蓉路站下车步行220米可达
客房： 普通单间、豪华标间、商务套房
房价： 318元起
咨询电话： 028-65515555

成都富豪首座酒店
豪华五星酒店

　　成都富豪首座酒店是位于成都南站黄金地段的豪华五星级酒店,酒店配备了无线高速网络、300多套豪华客房以及多元化的餐饮娱乐设施。此外,酒店距离桐梓林商业、娱乐和美食、购物中心也十分近,对于住客来说出行非常方便。

餐饮资讯

酒店内拥有5种不同类型的餐厅,可以提供粤菜、西餐、特色糕点以及各式饮料。

攻略要点

- **地址**: 武侯区人民南路四段48号
- **交通**: 在市区乘坐300路公交到人民南路四段北站下车步行200米可达
- **客房**: 豪华客房、至尊客房
- **¥房价**: 1150元起
- **咨询电话**: 028-88878888

其他住宿推荐

酒店、宾馆

成都百纳酒店
地址: 武侯区内双楠少陵横街5号
电话: 028-87050988

成都博尔特商务酒店
地址: 武侯区老马路9号
电话: 028-80386999

成都图腾印象酒店
地址: 武侯区浆洗街12号
电话: 028-65593355

成都海美伦酒店
地址: 武侯区二环路西一段92号
电话: 028-85057766

成都文翰宾馆
地址: 武侯区一环路南四段20号
电话: 028-85528888

旅舍、客栈

成都九龙鼎青年旅馆
地址: 武侯祠大街
电话: 028-85548131

成都梦之旅国际青年旅舍
地址: 武侯祠大街242号
电话: 028-85570314

成都锦里人家客栈
地址: 武侯区彩虹桥倒桑树街1号
电话: 028-85555111

NO.4 青羊区

青羊区位于成都市区中西部，因区域内驰名中外的道观"青羊宫"而得名。

青羊区历史悠久，早在公元前311年，张若筑成都城（大城），青羊区地域便已成为成都县城的西半部及近郊。长久的发展造就了青羊区深厚的历史文化底蕴，青羊宫、文殊院、杜甫草堂、宽窄巷子等著名的人文旅游景点都位于青羊区内。

在这里，你既能感受到成都悠久的发展历史，也能触摸到现代化都市的魅力。相信游览完这里，你会对成都拥有一个更加全面而深刻的了解。

青羊区景点分布图

青羊区游玩预算

　　青羊区的部分旅游景点是免费的，但是仍有很多景点需要购买门票才能参观。例如，四川科技馆的门票是30元，青羊宫的门票是10元，文殊院的门票是5元，金沙遗址的门票是80元，杜甫草堂的门票是60元。如果将上面所介绍的景点都游览一遍的话，门票费用至少在195元左右。

　　住宿方面，如果住在一般的经济型酒店，价格大约是300元/晚。

　　美食方面，青羊区宽窄巷子的特色美食店一般都比较昂贵，其他地方的火锅店、小吃店以及特色川菜馆的价格和成都其他区域的美食店价格都差不多，具体花费视个人消费情况而定。

　　购物方面，在该区域的送仙桥古玩艺术城是淘宝的好去处，其商品质量参差不齐，价格也有很大差别。此外，青羊区也有大型的购物商厦，具体花费视个人消费情况而定。

　　总之，如果两个人在青羊区游玩一天，游完大部分景点，并且住在经济型的酒店，那么大致需要花费900元左右。

青羊区旅行锦囊

旅游特色

在青羊区，有一大批历史悠久的人文景点。例如，宽窄巷子、青羊宫、杜甫草堂等都是早已为大家所熟知的名胜古迹，每天吸引着大量国内外的游客到此参观。你可以到青羊宫探访博大精深的道教文化，在宽窄巷寻找老成都的踪迹，到杜甫草堂感受诗歌的魅力。参观完这些以后，相信你对成都这个城市也会有更深一步的了解。

旅游节庆活动

每年1月左右，成都青阳区都会举办"成都金沙太阳节"和"成都诗圣文化节"等旅游节庆活动。前者一般在成都金沙遗址举办，期间会有金沙灯展、焰火表演以及美食一条街等丰富多彩的活动；而后者主要是在成都杜甫草堂举办，期间会举行草堂系列祈福活动以及唐风民间游艺活动，感兴趣的游客到时候不妨关注一下。

青羊区重要公交站点与公交线路信息

天府广场西站：26、61、62路
人民中路一段站：16路
长顺上街站：62、70、93、163、340路
人民公园站：5、13、43、47、53、58、62、64、78、81路
青羊宫站：11、19、27、34、35、42、47、59、82、151、165、170、309、319路
西安南路站：42、163路
中医附院站：5、11、13、27专、34、42、43、47、58、64、78、81、407、905路
百花西路站：170路
文殊院站：16、55、98a、298、300路
草堂北路南站：19、47、88、407路
金沙遗址站：163路
送仙桥站：19、35、47、58、59、82、88、165、170、309、319、407、503路
通惠门站：13、64、78、81、163路
八宝街站：4、5、7、37、54、56、57、62、109、300路
商业街口站：5、30、57、109、300路
中西顺城街站：1、26、48、48a、55、56、61、64、98a、99、118、298路
大石东路站：34专、53、70、115、153、343路
百花中心站：34专、88、115、151、153、165、309、319路

青羊区拥有厚重的历史文化底蕴、灿烂的古蜀文明、浓郁的民俗风情，杜甫草堂、青羊宫、文殊院、宽窄巷子等丰富的名胜古迹让青羊区成为众多旅游者的必到之地。博大精深的道家文化、金沙文化、诗歌文化、民俗文化让游人游览之后为之叹服。

赏在青羊区

天府广场
城市心脏

　　茵茵的绿草、鲜艳的花卉、12根绿色文化柱和广场中心太阳神鸟的标志性图案构成了天府广场独特的风景。这个位于市中心的天府广场对于成都的意义就像天安门广场对于北京的意义一样，它不仅是成都市民娱乐休闲的好去处，更是展示成都都市文化和巴蜀浪漫风情的平台。在广场的周围是具有百年历史的皇城清真寺、锦城艺术宫、省展览馆、四川美术馆等文化景观。此外，夜晚的天府广场在霓虹灯的照耀下也呈现出另一番美丽的景色。如果你来到成都，不妨到天府广场逛逛，感受一下成都的都市魅力。

旅行建议

1.在天府广场附近有痣胡子龙眼包子、青石桥肥肠粉、洞子口张凉粉等美食餐馆，在休闲的同时可以前去品尝一下。

2.天府广场周边是成都最为繁华的春熙路、盐市口商圈，太平洋百货、王府井百货、伊藤洋华堂等大型百货商厦大都汇集于此，可以好好去逛一逛。

攻略要点

⬆ **推荐指数：** ★★★★★
📷 **游玩亮点：** 广场雕塑、夜景
📍 **地址：** 成都市青羊区人民西路
🚍 **交通：** 在市内乘坐26、61、62路公交到天府广场西站下车步行38米可达
💰 **门票：** 免费

四川科技馆
展示四川高新科技之地

四川科技馆位于天府广场旁，占地面积约为4万平方米，馆内设有航空航天展区、机器展区、时光隧道展区、天地万象展区、生命科学展区、虚拟世界展区等20多个展区。在这里，你不仅可以看到很多四川独有的航空航天展品和亚洲风洞，还能参与并体验未来驾驶、航天指挥、虚拟驾马车等多个项目。

而毛主席塑像就立于四川科技馆前，为了修建"敬祝毛主席万寿无疆展览馆"，前四川省革命委员会组织修造了这尊塑像。使用汉白玉精心雕琢而成的塑像高约12米，基座上是7朵盛开的葵花，象征着当时四川的人口。基座上的毛主席塑像面带微笑，和蔼慈祥，一只手高高举起，似乎正在亲切地招呼大家，又似乎正在指引革命前进的方向。如今，矗立在天府广场旁的毛主席塑像已经成为成都的标志性建筑。感兴趣的游客不妨前来参观一番。

旅 行 建 议

1.在科技馆内参观时，很多项目还需要额外支付费用，如4D电影、未来驾驶、航空航天等参与性项目，除此以外的其他项目则向游客免费开放。

2.考虑到公共场所的安全问题，科技馆严格限制了每天进馆参观的人数。

攻略要点

📈 推荐指数：★★★☆☆ 　¥ 门票：30元
🎠 游玩亮点：先进科技展览
📍 地址：青羊区人民中路一段16号
🚌 交通：在市区乘坐16路公交至人民中路一段下车步行74米可达 　📞 咨询电话：028-86609999

宽窄巷子
老成都的记忆

在成都，如果要找一个地方来感受老成都的历史，那么这个地方一定就是宽窄巷子。

1718年，清朝政府为了平息准格尔部的叛乱，派了3000名官兵出征，叛乱平息后，这些官兵就留守成都，奉命修建满城——少城。如今的宽窄巷子便是当年少城的遗留部分，它由宽巷子、窄巷子、井巷子以及这些巷子之间的四合院组成。这条原汁原味的清代街区记录了老成都的沧桑历史，其建筑风格兼具川西民居与北方四合院的特点。巷子两边大大小小的院落三面环墙，临街的门面古朴沧桑，气派不凡。青黑的砖瓦，朱红的房檐，青石板铺成的街道，这些无一不让人对宽窄巷子昔日的模样浮想联翩。

不过，如果你以为这里就只有一排排老式的建筑，那就错了。经过改造后的宽窄巷子，不仅有风格古朴的茶馆、戏馆，还有装修时尚、风格独特的酒吧和特色商店等，是一条名副其实的文化商业街。坐在街边的小茶馆里，品一品地道的成都花茶，尝一尝成都的特色美味，感受一下老成都人悠闲而惬意的生活也是一种不错的选择。

旅行建议

1.位于宽窄巷子的龙堂盒子pizza餐厅、努力餐以及宽茶居都是成都很有名的餐饮店。如果你到宽窄巷子游玩，不妨到这些地方一品美食。

2.在宽窄巷子内有许多非常有特色的购物小店，有些还非常有纪念价值，如果你喜欢淘宝，不妨好好逛逛。

攻略要点

⬆ 推荐指数：★★★★★

🎡 游玩亮点：古建筑、美食　¥ 门票：免费

📍 地址：青羊区金河路

🚍 交通：在市区乘坐62、70、93路公交至长顺上街站下车步行129米可达

人民公园

成都最早的公园

　　清朝康熙年间，驻守成都的清军在成都修建了"少城"，专供满人和蒙古人居住。后来，部分满人的生活出现了困难，为了方便当时的八旗子弟谋生，当时驻守成都的将军便把一些庭院合并起来，增添一些亭榭，辟为公园，并在里面开设一些茶馆以赚取一些收入。后来，这里不断扩建，环境也变得愈加优美，于是就逐渐发展成为成都的人民公园。

　　如今公园内有银杏、梧桐等参天大树，也有海棠园、盆景园等供人观赏的园林景观，还有人工湖供人泛舟游玩，其优美的景致每天都吸引着许多市民前去游玩。此外，公园里还经常举办各种花卉展览和文艺演出，众多的休闲茶馆和特色小吃也吸引着不少来自各地的游客到此参观。现在，这里几乎已经成为成都市民打发闲暇时光的首选之地，如果感兴趣的话，不妨也到这里来参观一下吧！

旅行建议

1.人民公园内不仅有成都人非常喜欢的茶馆和小吃店，在其周边也分布着白家肥肠粉、廖老妈蹄花以及花溪牛肉粉等众多美食店，游玩时千万不要错过。

2.公园内还有为纪念辛亥革命前夕，四川爱国志士发动的保路运动的死难者而修建的纪念碑，这是成都市内珍贵的近代建筑之一。

攻略要点

- 推荐指数：★★★★☆　　门票：2元
- 游玩亮点：园林景观、老茶馆、特色小吃
- 地址：青羊区少城路12号
- 交通：在市区乘坐13、78、81路公交到人民公园站下车可达　　咨询电话：028-86139234

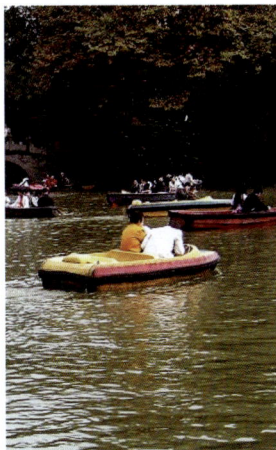

青羊宫

名扬中外的西蜀道观

青羊宫是成都市内规模最大、年代最久的道观，它坐落于成都西郊百花潭附近，古名青羊肆。传说老子骑青牛经过函谷关，为关令尹喜讲解《道德经》，讲到一半，老子有事要走，临走时对尹喜说"子行道千日后，于成都青羊肆寻吾"。千日后，老子如约而来，在这里继续为尹喜讲经说法，因而得名"青羊观"。后来，唐朝年间，黄巢起义爆发，当时的皇帝唐僖宗曾到成都避难，他驻留的地方就是成都的青羊观，等到起义平息之后，他便下诏将青羊观改名为青羊宫。

明末时期，青羊宫的大部分建筑都在战火中遭到损毁，如今所见的大都是清朝康熙年间以后陆续重建的，其主要建筑包括灵祖殿、混远殿、三清殿、八卦亭等，其中八卦亭和三清殿是青羊宫最具特色的建筑之一。八卦亭圆形的亭身和四方形的亭基象征着天圆地方，三清殿内的两只铜铸青羊据说是太上老君的爱物，左边的独角铜羊具有羊胡、鸡眼、牛身、龙角、蛇尾、虎爪等十二属相的形象特点，非常特别，据说，它是青帝的侍童所化，只要摸摸羊与自己身体相应的部位，这里的病痛便会减轻，很是有趣。

旅 行 建 议

每年的农历二月十五，青羊宫都会举办花会，届时赏花灯、品小吃等丰富多彩的活动都会在这里开展。感兴趣的话，不妨到这里来看看。

攻略要点

- 推荐指数：★★★★★
- 游玩亮点：宫观建筑、道教文物
- 地址：一环路西一段10号
- 门票：10元
- 交通：在市区乘坐47、59路公交到青羊宫站下车可达
- 咨询电话：028-87766584

十二桥遗址
古蜀文化遗址

　　十二桥遗址是商末至西周时期的历史遗迹。在这里，出土了商朝大型宫殿式木质结构建筑，以及一些骨器、陶器、石器、兽骨和铜器等文化遗物，这些文物的发现将古蜀文明的发展史推向了另一个高峰。目前，在成都十二桥路已经建成了十二桥遗址博物馆，在这里游客可以参观到相关文物。

攻略要点

推荐指数：★★☆☆☆

游玩亮点：遗址博物馆、考古文物

地址：十二桥路18号

交通：在市区乘坐42、163路公交到西安南路站下车步行158米可达

门票：免费

咨询电话：028-88222081

隋唐窑址博物馆
川内大型民窑

　　成都的制瓷业在隋唐时期十分兴盛，所以于20世纪50年代发掘出来的大型民窑便取名隋唐窑址。它大致可以分为作坊区、窑炉区和废品堆积区3个区域，这里曾经出土了许多陶器、瓷器和陶俑等古窑场遗物，其历史可以追溯到1000多年以前，极具考古和科研价值。2004年，隋唐窑址博物馆正式成立，用来展示窑址中出土的各种陶瓷制品。

攻略要点

推荐指数：★★☆☆☆

游玩亮点：陶瓷文物

地址：一环路西二段31号

交通：在市区乘坐47路公交到中医附院站下车步行110米可达

门票：免费

咨询电话：028-85599328

文化公园

成都灯会、花会的举办地

文化公园位于成都琴台路，最早修建于1951年，是一座以举办各种文化活动为主的综合性公园。公园里每年举行的成都灯会和花会吸引了不少人慕名前来，活动期间，各种文艺表演和特色小吃展销更是让人大饱眼福和口福。此外，公园里还有为成都解放做出贡献的36位烈士的陵墓，在苍松翠柏的掩映下显得格外庄严肃穆。

旅行建议

1.文化公园是成都茶馆的一个聚集之地，很多市民都喜欢在这里泡上一杯茶，享受美好的闲暇时光。

2.文化公园内的蜀韵风雅会馆在每天晚上8点都会上演精彩的川剧表演。

▶ 攻略要点 ◀

⬆ 推荐指数：★★★★☆
📷 游玩亮点：观灯、赏花
📍 地址：一环路西二段7号
🚌 交通：在市区乘坐11、19路公交到青羊宫站下车步行75米可达
¥ 门票：免费
☎ 咨询电话：028-87798543

百花潭公园

秀雅别致的园林

百花潭公园位于成都西门百花潭东路，因为浣花溪和西郊河在此汇集，波涛翻涌形成白色水花的深潭，百花潭公园因此而得名。今天的百花潭公园占地面积约为8万平方米，主要由盆景园、梅花林、银杏林和湖池区等部分组成。公园内，绿树成荫、花木繁茂，是一个不错的赏景胜地。其中，公园里仿九寨沟建造的大型瀑布十分壮观。

▶ 攻略要点 ◀

⬆ 推荐指数：★★★★☆
📷 游玩亮点：园林景观
📍 地址：一环路西一段175号
🚌 交通：在市区乘坐170路公交到百花西路站下车步行180米可达
¥ 门票：免费
☎ 咨询电话：028-87798543

杜甫草堂
诗圣旧居

　　杜甫是我国历史上最著名的诗人之一。唐朝"安史之乱"过后，杜甫颠沛流离来到成都，在好友的帮助下，于城西的浣花溪畔建起了一座茅屋，这就是后来的杜甫草堂。

　　在成都的4年期间，杜甫就一直居住在这里，期间他写下了《春夜喜雨》、《属相》、《茅屋为秋风所破歌》等200多首脍炙人口的经典诗作。

　　如今，经过多次整修重建的杜甫草堂其实早已不是最初的原样，它早已变成一座纪念性的优美园林。草堂占地面积约为20余万平方米，古朴典雅的亭台楼阁，成片的梅园、竹林，尽显中国园林的美态。草堂内的工部祠、诗史堂等主要建筑内的历代名人题写的书法、匾额为草堂增添了不少文化气息。此外，草堂的杜工部祠内除了供奉诗圣杜甫之外，还供奉着曾客居蜀地的宋朝大诗人陆游、黄庭坚等人的塑像。

｛攻略要点｝

🔺 **推荐指数：** ★★★★★
📷 **游玩亮点：** 园林景观、诗词楹联
🏠 **地址：** 青羊区草堂路1号　🚍 **交通：** 在市区乘坐47路公交到草堂北路南站下车步行600米可达
¥ **门票：** 60元　📞 **咨询电话：** 028-87319258

浣花溪公园

成都面积最大的森林公园

　　浣花溪公园是紧邻杜甫草堂的一座开放性城市森林公园,它因杜甫的诗句"浣花溪水水西头,主人为卜林塘幽"而得名。公园主要由梅园、白鹭园和万树园组成,高大繁茂的百年树木、争奇斗艳的各色花卉以及散发着青草香味的草坪组成了公园美丽的景观。

　　此外,公园还有一个非常吸引人的地方,那就是长达388米的诗歌大道。"念天地之悠悠,独怆然而涕下"、"我劝天公重抖擞"等流传千古的诗歌名句都被镌刻在脚下的大理石上。屈原、李白等25位历代著名诗人的雕像栩栩如生地立在大道两旁,这些都让人感受到中国古文化的厚重。在公园的河畔和山上,还设有诗歌典故园,"屈原涉江"、"关雎恋情"、"饮中八仙"等蕴涵着历史诗歌典故的8组雕像向人们展示着诗歌历史上重要的历史片段。在诗歌大道旁边,还有一条小径,上面刻着徐志摩、舒婷、艾青等一大批现代诗人的诗歌名句。感兴趣的朋友不妨亲自去看看。

攻略要点

- 🔺 **推荐指数**: ★★★★☆
- 🔟 **游玩亮点**: 诗歌大道
- ⌂ **地址**: 青羊区青华路送仙桥浣花溪畔
- 🚌 **交通**: 在市区乘坐47路公交到青羊宫站下车步行240米可达
- ¥ **门票**: 免费
- ☎ **咨询电话**: 028-87733454

文殊院

川西著名佛教寺院

　　文殊院是一座香火极其旺盛的寺院。相传是隋文帝之子，即蜀王杨秀的宠妃为当时的"圣尼"信相所建，最初也叫"信相寺"。后来到了明朝末年，信相寺在战火中遭到损毁，直到清朝康熙年间，寺院得以重建，并最终取名为"文殊院"。

　　文殊院坐北朝南，其主要建筑包括天王殿、三大士殿、大雄宝殿、说法堂、藏经楼等。这些大部分都是典型的清朝建筑，两旁配上禅、观、客、斋、戒以及念佛堂、职事房，形成一个封闭的四合院。在这些古老的建筑里保存着许多历史悠久的珍贵文物，如钟楼里悬挂的一口重达4500多公斤的铜铸大钟，堪称一奇；寺院内青铜铸造的观音大士像称得上是雕塑中的精品；还有民国年间从缅甸请回的一尊玉佛也是难得的珍宝。除此以外，文殊院还有院僧先宗用舌血书写的"舌血经书"，清朝杨遇春长女用自己的头发绣成的水月观音，唐僧玄奘顶骨等许多极其珍贵的文物，感兴趣的话不妨亲自前去参观一下。

旅行建议

1.寺内的文殊院茶园是成都的老牌茶园之一，在这里可以品尝四川特有的盖碗茶。

2.在文殊院内还可以品尝到特色素斋宴，所有菜肴都是现炒现做，可以说是色香味俱全的美味，游玩的时候不妨好好品尝一下。

攻略要点

🏯 **推荐指数：** ★★★★★
📷 **游玩亮点：** 佛教文物
🏠 **地址：** 文殊院大街15号
🚎 **交通：** 在市区乘坐16路公交到文殊院站下车可达
¥ **门票：** 5元　☎ **咨询电话：** 028-86952830

金沙遗址
让历史改写的考古发现

2001年2月，成都苏坡乡金沙村的建筑工人在挖掘大街工地时偶然发现了一大片大型古蜀文化遗址。根据之前的文字记载，成都建城历史最早可以追溯到战国晚期，然而金沙遗址的出现彻底改写了成都乃至四川的历史，它是继三星堆文明之后又一个古蜀国都邑的所在。

金沙遗址目前清理出的珍贵文物多达1000余件，众多精美的翡翠碧玉、青铜雕塑等文物无不让人为之震撼。在这些出土的文物中，最为著名的就是"太阳神鸟"金饰，"太阳神鸟"是一件圆形金箔，器身薄如纸片，它的内层分布着12条齿状的旋转光芒，外层是4只首足相接的飞鸟围绕着旋转的太阳飞翔。太阳神鸟反映了古蜀先民对太阳的崇拜以及对美好生活的向往，同时也反映出先民对自然规律的深刻认识。

目前，金沙遗址博物馆已经修建完成，游客可以在这里一睹古蜀王国的辉煌文明，同时还能远距离观看考古发现的过程，了解古蜀文明的发展史。

旅行建议

金沙遗址内有太阳神鸟漆器、金沙面具书签、蜀锦、蜀绣等特色旅游纪念品出售，是馈赠亲朋的不错选择。

攻略要点

- 推荐指数：★★★★★　门票：80元
- 游玩亮点：古蜀文物展示
- 地址：金沙遗址路2号
- 交通：在市区乘坐163路公交到金沙遗址站下车步行52米可达
- 咨询电话：028-87303522

逛在青羊区

在青羊区有几条特色街道是非常值得一逛的地方，不管是商厦众多的骡马市还是各种古玩聚集的送仙桥古玩艺术城，你都一定会找到值得购买的东西。下面就为游客详细介绍一下。

文殊坊

特色休闲旅游区

　　文殊坊是毗邻成都文殊院的特色旅游街区，带有浓郁川西民居特色的建筑构成了文殊坊独特的九街十院的空间肌理。它集旅游观光、餐饮美食、特色购物、古玩字画鉴赏收藏以及娱乐演出等功能于一体。这里没有高楼大厦和繁华的街道，有的只是幽静的禅院和古朴的建筑，在这里，游客最能感受到别样的都市风情。

攻略要点

- **推荐指数：★★★★★**
- **推荐理由**：旅游特色街区
- **地址**：青羊区文殊院街
- **交通**：在市区乘坐16路公交到文殊院站下车步行110米可达
- **附近景点**：文殊院

送仙桥古玩艺术城
淘古玩的好地方

　　与春熙路时尚、潮流的氛围相比，古玩艺术城似乎更具传统意味，并不是因为其历史有多悠久，而是因为这里的商品很多都是一些古玩艺术品。清代的瓷枕、镂空的雕花大床、鼻烟壶、蜀绣、连环画等物品一定会让你眼花缭乱，不知选购什么好。对于爱美的女士来说，逛逛这里一定会有所收获，这里有许多用紫水晶、石榴石等天然水晶制作而成的手链、项链等饰品，十分漂亮，爱美的你不妨前去逛逛。

🛍 **特色购物**：各类古玩艺术品
🏺 **淘宝真经**：在购买古玩时一定要注意辨别真伪

攻略要点

⬆ **推荐指数**：★★★★☆
🏺 **推荐理由**：特色古玩艺术城
🏠 **地址**：浣花北路22号
🚌 **交通**：在市区乘坐47路公交到送仙桥站下车步行160米可达
⛰ **附近景点**：杜甫草堂

琴台路
仿古景观商业街

　　琴台路地处成都浣花风景区，因这里曾是司马相如抚琴的琴台而得名。据传，西汉时期的蜀郡才子司马相如和名门之后卓文君曾在这里开了一家酒铺，所以今天的琴台路就是以他们的爱情故事为主线，以汉唐仿古建筑为特色，以蜀汉历史文化为主题的街区。走在琴台路上，"凤求凰"、"古琴"等大型雕塑和"石碑墙"、"古琴台"等书法名作无不让人惊叹。在横贯整条街的16万块画像砖上，汉代的礼仪、舞乐和餐饮浮雕向游客展示了遥远时代的风土人情。此外，琴台路上还会聚了皇城老妈、七宝楼、天和银楼等成都的餐饮和珠宝名店。在此，你一定可以收获不一样的逛街体验。

🛍 **特色购物**：珠宝饰品、各类旅游纪念品
🏺 **淘宝真经**：在购物过程中一定要注意辨别产品，特别是贵重的珠宝饰品。建议在选购时最好到比较有名的店铺，如七宝楼、天和银楼等，这样就可以避免买到假货

攻略要点

⬆ **推荐指数**：★★★★★　🏺 **推荐理由**：仿古商业街　⛰ **附近景点**：青羊宫、百花潭公园
🏠 **地址**：青羊区琴台路　🚌 **交通**：在市区乘坐13路公交到通惠门站下车步行210米可达

骡马市
成都三大商圈之一

　　骡马市是除了盐市口、春熙路之外成都的又一大商圈，早在清朝，这里就是繁华的骡马市场。20世纪70年代，骡马市的商业繁华程度已经可以和春熙路相媲美。随着时代的发展，如今的骡马市更是繁华的商业黄金地段，太平洋百货、五星电器、百盛商场、东渡国际等大型商业机构云集于此，娱乐购物、休闲美食几乎无所不包，不管是本地市民还是外来游客，都将这里当做逛街购物理想之选。

攻略要点

⬆推荐指数：★★★★☆ 🏠地址：青羊区青龙街
🎍推荐理由：成都三大商圈之一
🚌交通：在市区乘坐118路公交到东御河沿街站下车步行480米可达 🌳附近景点：宽窄巷子

太升路
通信产品一条街

　　太升路位于成都市中心地区，由南向北长约950米。在这条街上有数千家通信产品营销代理商，全球知名品牌的通信产品、数千种型号的手机及其配件在这里都可以找到。如果你感兴趣的话，不妨到这里逛逛。

攻略要点

⬆推荐指数：★★★☆☆
🎍推荐理由：通信产品一条街
🏠地址：青羊区太升路
🚌交通：在市区乘坐53路公交到太升路口站下车可达
🌳附近景点：文殊院、文殊坊、活水公园

💳特色购物：通信产品
淘淘宝真经：位于太升南路的赛格广场是这里最具影响力的卖场，购买时可到此选购

金沙遗址旅游餐饮特色街
品尝美食的好地方

　　金沙遗址旅游餐饮特色街其实并不是单独的一条街，它由金沙遗址路、金阳路、金凤路、青羊大道和同盛路等街道构成，在这些地方汇集了皇城老妈、金沙元年、御膳宫、滇西风味牛肉大滚锅、百度烤肉等知名餐饮企业和真爱年华商务会所、星光灿烂KTV、九莲亭茶楼、御香亭茶楼等休闲场所。无论是成都的特色美食还是各色川菜，在这里几乎都可以找到，店铺旗帜鲜明的装修风格和贴心的服务一定能让你有一个难忘的美食之旅。

攻略要点

⬆推荐指数：★★★☆☆
🎍推荐理由：美食特色街
🏠地址：青羊区金沙遗址附近
🚌交通：在市内乘坐163路公交到金沙遗址站下车可达
🌳附近景点：金沙遗址

食在青羊区

青羊区是成都一个美食云集的地方，各类火锅、小吃、川菜、汤锅一定能让你再次感受成都美食的诱惑。下面我们将分门别类地为游客介绍几处品尝美食的好地方，以供参考。

皇城老妈火锅

成都老字号火锅

皇城老妈火锅是成都非常有名的一家火锅店，在许多外地游客心中，它就是成都火锅的代名词。皇城老妈火锅最初开业于1986年，经过20余年的发展，它已经成为成都传统火锅的杰出代表。皇城老妈的汤底不算太辣，属于温和类型的火锅，但是其味道却是十分香浓的。特别是店里的滋补火锅，味道鲜美且营养丰富，特别适合不吃辣的朋友。

- 推荐理由：老字号火锅店
- 推荐美食：老妈牛肉片、老妈鸡肉片
- 适宜场合：朋友聚会

攻略要点

- 地址：琴台路106号
- 交通：在市区乘坐13路公交在通惠门站下车步行580米可达
- 人均消费：100元
- 营业时间：10:00~22:00
- 咨询电话：028-86148510

川江号子
时尚另类的火锅店

　　走进川江号子，就能感觉到一股年轻时尚的气息。强烈的装饰色彩、充满街头味道的绘画以及金属质感的包厢外墙设计都给人以酷辣时尚的感觉。店内的"绝代双椒锅"香辣带劲，而清油锅底则香而不腻，同样也能像其装修一样带给人不一样的体验。

🍵 推荐理由：富有时尚特色的火锅
🍜 推荐美食：毛肚、牛肉
🍱 适宜场合：朋友聚会

攻略要点

🏠 **地址**：八宝街140号金色夏威夷广场A座2楼　🕐 **营业时间**：10:00-22:00
🚍 **交通**：在市区乘坐4路公交到八宝街站下车步行180米可达　¥ **人均消费**：55元
📞 **咨询电话**：028-86271998

自贡好吃客
自贡风味菜

　　自贡好吃客是成都的特色川菜馆之一，以经营自贡盐帮菜为主。辣椒加上姜丝的搭配营造出麻辣鲜香的口感，跳水蛙、自贡特产豆花等特色美味引得无数美食爱好者每天到此排队等候。如果你也想要一尝美味的话，最好早一点订位，去晚了就很难找到位置了。

🍵 推荐理由：川南特色风味
🍜 推荐美食：跳水蛙
🍱 适宜场合：朋友聚会、随便吃吃

攻略要点

🏠 **地址**：青羊区同盛路12号
🚍 **交通**：在市区乘坐62路公交到磨子村站下车步行80米可达
¥ **人均消费**：50元
🕐 **营业时间**：10:00-20:00
📞 **咨询电话**：028-87327665

朋辈餐

品味家常川菜

朋辈餐是一家普通的家常川菜馆，虽然菜肴在做法上没有太多讲究，看起来也不是那么精致，但是简单的菜式也能吃出可口的味道，而且这里的价格也非常合理，每天到这里来就餐的食客络绎不绝。

- 推荐理由：美味家常川菜
- 推荐美食：圆子汤、鸡米菜芽
- 适宜场合：朋友聚餐

攻略要点

- 地址：青羊区西华门街19号
- 交通：在市区乘坐57路公交到商业街口站下车可达
- 人均消费：25元
- 营业时间：10:00~21:00
- 咨询电话：028-86254218

宽庭

就餐环境优雅舒适

宽庭是一家隐于翠竹深处的餐厅，蜿蜒的回廊、轻拂的窗纱营造出古典雅致的意境。坐在餐馆的包间里，一推窗就是一个精致美丽的花园，艳丽的鲜花，碧绿的树木，无不让人的心情也变得格外好。餐馆主要以经营新派川菜为主，在传统川菜的基础上融入粤菜的制作手法，做出来的菜肴清淡美味。

- 推荐理由：就餐环境一流
- 推荐美食：宽庭龙须根、法式片皮鸭
- 适宜场合：商务宴请、旅游用餐

攻略要点

- 地址：青羊区光华大道四威南路18号
- 交通：在市区乘坐58路公交到瑞联路西站下车步行120米可达
- 人均消费：70元
- 营业时间：9:00~22:00
- 咨询电话：028-81706666

喻家厨房
精致、美味的私房菜

　　喻家厨房位于成都宽窄巷子，是一家以经营私房菜为主的特色餐馆。这里的菜式选料地道，做法讲究，每一道菜都能吃出与别处不一样的感觉。大部分菜品的口感都较为清淡，比较适合吃不惯辣椒的外地朋友。除了川菜以外，这里的小吃也是一大特色，尤其是这些小吃的外形相当精美，让人一见便食欲大开。

推荐理由： 特色私房菜馆　**推荐美食：** 熏豆腐干、凉粉烧鲍鱼
适宜场合： 商务宴请、旅游用餐

攻略要点

地址： 下同仁路宽窄巷子43号　**交通：** 在市区乘坐13路公交到通惠门站下车步行740米可达　**人均消费：** 200元　**营业时间：** 9:00-21:00　**咨询电话：** 028-86691985

龙凤瓦罐煨汤馆
美味的川式煲汤

　　瓦罐煨汤是民间传统的煨汤方法，它将食材放在陶制的瓦罐中，然后用火慢煨数小时而成。这样做出来的汤味道鲜美浓郁，且食材的营养成分也会充分地溶于汤中。

　　这家龙凤瓦罐煨汤馆就是采用这种方法来制作各色汤品的，特别是这里的"瓦罐排骨"可谓是店中一绝，到了这里一定要好好品尝一下。当然，除了各色煨汤之外，这里还经营各种地道的川菜，由于做法讲究，味道鲜美，所以每天到这里来用餐的食客都非常多，如果你也要来的话一定要提前订位才行。

攻略要点

地址： 清江东路61号　**交通：** 在市区乘坐13路公交到成温立交桥站下车步行60米可达　**人均消费：** 35元　**营业时间：** 10:00-21:00　**咨询电话：** 028-87337378

推荐理由： 川式煲汤　**推荐美食：** 瓦罐排骨　**适宜场合：** 随便吃吃

耗子洞张鸭子
老字号美食店

　　耗子洞张鸭子是一家开业于20世纪30年代的小店，至今已有近80年的发展历史了。店里的鸭子系列美食是其主要特色，樟茶鸭、白油板鸭、油淋鸭、京酱板鸭等品种早已在川内闻名。除了鸭子以外，店中还经营各色川菜以及特色小吃，感兴趣的游客不妨亲自去品尝一下。

攻略要点

地址： 石人南路41号　**交通：** 在市区乘坐61路公交到中西顺城街站下车向东步行183米可达　**人均消费：** 30元　**营业时间：** 10:00-22:00　**咨询电话：** 028-87333656

推荐理由： 老字号川菜馆　**推荐美食：** 樟茶鸭　**适宜场合：** 随便吃吃

上席

古色古香的院落、鲜美可口的菜肴

上席是一家位于宽窄巷子的特色餐馆，古朴而宽敞的院落和枝叶繁茂的梧桐树营造出优雅别致的就餐环境。餐厅只有10个包间，每一个包间的名字都取自《周易》。这家餐厅特别倡导"慢"的用餐理念，实行配菜制，而且用餐都需要提前一天预订。餐厅主要以经营新派川菜为主，口味相对来说比较清淡。

🏵 **推荐理由**：特色川菜馆

🍲 **推荐美食**：竹荪肝膏汤、青筒鱼

🍴 **适宜场合**：随便吃吃、旅游用餐

攻略要点

🏠 **地址**：宽窄巷子38号

🚌 **交通**：在市区乘坐13路公交到金河路站下车步行530米可达

¥ **人均消费**：380元

⌚ **营业时间**：10:00-22:00

☎ **咨询电话**：028-86699115

其他餐厅推荐

味当家纯粹川菜
地址：青羊区青龙街
交通：在市区乘坐16、300路公交到人民中路二段站下车步行340米可达

味志道食府
地址：青羊区马家花园路2号通锦大厦
交通：在市区乘坐109路公交到西体路站下车步行200米可达

瓦煲饭
地址：青羊区东通顺街55号
交通：在市区乘坐53路公交到太升北路站下车步行260米可达

惠慈山珍老鸭汤
地址：青羊区同盛路10号
交通：在市区乘坐88路公交到府南新区站下车步行150米可达

甜妹耙泥鳅（石人南路店）
地址：青羊区石人南路2号附8号
交通：在市区乘坐13路公交到成温路立交桥站下车步行220米可达

晶

在青羊区

在青羊区同样有很多值得一去的茶馆,它们有的展示着成都老茶馆的魅力,有的则为游客提供一个放慢脚步,体味都市别样风情的场所。而去过之后,相信这些都会成为你成都游程中一个难忘的部分。

金沙茗阁人文茶馆
品味浓郁巴蜀风情

金沙茗阁人文茶馆是一家非常富有老成都情调特点的休闲之处。老成都庭院式的装修风格和大型的中央水景造型营造出优雅别致的休闲环境。茶馆内设有巴蜀民风艺术走廊,在这里你可以尽情地欣赏相关书法和绘画等艺术作品,如果你感兴趣,也可以购买一两幅作品用来珍藏。

- 推荐理由:具有老成都情调的茶馆
- 适宜场合:朋友聚会、商务洽谈

攻略要点

- 地址:青羊大道209号金沙园30号2-3楼
- 交通:在市区乘坐13路公交到金阳路东站下车步行50米可达
- 人均消费:20元
- 营业时间:10:00~22:00
- 咨询电话:028-87365211

陕西会馆茶坊
老会馆里的茶坊

陕西会馆为当年到成都经商的陕西商人所建，当时主要用于祭祀祖先、商讨事务以及宴请听戏之用。如今，留存在成都市内的这座陕西会馆只剩下议事厅，里面设有供人休闲的茶坊，就是现在的陕西会馆茶坊。在这里一边品茶，一边了解陕西会馆的来龙去脉，也是不错的选择。

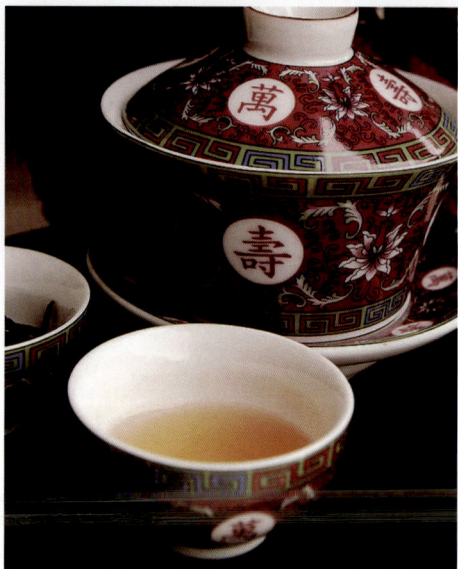

- 推荐理由：古老会馆内的茶坊
- 适宜场合：旅游休闲、朋友聊天

【 攻略要点 】

- 地址：青羊区陕西街130号蓉城饭店内
- 人均消费：30元
- 交通：在市区乘坐61路公交到人民南路一段站下车步行400米可达
- 营业时间：11:00~23:00

鹤鸣茶馆
成都最著名的老茶馆之一

鹤鸣茶馆在成都也算是小有名气。它始建于20世纪二三十年代，至今已经发展成为成都老茶馆的代表之一。来到成都，鹤鸣茶馆几乎是人们休闲品茶的必去之地。

位于人民公园的鹤鸣茶馆虽然有两层楼的仿古茶楼，但是许多茶客还是喜欢坐在有绿荫围绕并且可观赏湖景的露天茶座里品茶。在这里，花几元钱泡上一杯茶，和茶客们摆摆龙门阵，让茶楼边的小生意人为你挖挖耳朵，修修脚，这样的生活才够休闲惬意，才是地道的成都式休闲生活。

- 推荐理由：成都著名老茶馆之一
- 适宜场合：旅游休闲、朋友聊天

【 攻略要点 】

- 地址：青羊区少城路12号
- 交通：在市区乘坐13路公交到人民公园站下车步行140米可达
- 人均消费：25元
- 营业时间：10:00~20:00

岁月茶庄
休闲品茗的好地方

　　和众多都市中的休闲茶楼一样，岁月茶庄的特色显得并不是特别突出，但也是朋友聚会、商务洽谈的不错选择。茶庄主要以经营茶水、棋牌和小吃服务等为主，店内环境极为安静，而且离青羊宫等景点也很近，是一个不错的休闲之地。

攻略要点

🏠 **地址**：一环路西一段1号　🚍 **交通**：在市区乘坐58路公交到青羊宫站下车步行230米可达　¥ **人均消费**：30元　⏱ **营业时间**：11:00-23:00

🌸 **推荐理由**：安静舒适的休闲茶馆
🍵 **适宜场合**：朋友聊天、商务洽谈

文殊院露天茶座
成都又一老牌茶馆

　　坐落于文殊院内的文殊院露天茶座是成都人气最旺的老牌茶园之一。清一色的大竹椅、小方桌，三五成群的人围坐在一起饮茶、聊天、打麻将，好不热闹，提着茶壶的茶水师傅熟练地穿梭在茶客中间倒茶，偶尔还和大家说笑几句，场面十分和谐。在这里，你完全可以放下旅途的疲劳，好好享受半天的悠闲时光，喝喝茶，吃吃小吃，感受一下成都的休闲魅力。

攻略要点

🏠 **地址**：文殊院大街15号（文殊院内）　¥ **人均消费**：10元
🚍 **交通**：在市区乘坐16路公交到文殊院站下车可达
⏱ **营业时间**：10:00-20:00　📞 **咨询电话**：028-86662375

🌸 **推荐理由**：热闹的老牌茶园
🍵 **适宜场合**：朋友聊天、旅游休闲

其他咖啡馆、茶馆推荐

咖啡馆

现代咖啡馆　地址：浣花北路9号附15号
交通：在市区乘坐13路公交到清江东路站下车步行600米可达

"红"咖啡馆
地址：青羊区琴台路（近通惠门）　交通：在市区乘坐13路公交到通惠门站下车步行270米可达

摩洛可咖啡屋
地址：草堂路9号附2号
交通：在市区乘坐47路公交到草堂北路南站下车步行680米可达

福山咖啡馆
地址：青羊区提督街61号
交通：在市区乘坐53路公交到太升南路站下车步行230米可达

茶馆

里外院
地址：青羊区窄巷子8号
交通：在市区乘坐13路公交到金河路站下车步行330米可达

成都画院露天茶馆
地址：青羊区同仁路
交通：在市区乘坐13路公交到金河路站下车步行610米可达

蜀风雅韵
地址：青羊区琴台路23号文化公园内　交通：在市区乘坐13路公交到通惠门站下车步行530米可达

娱在青羊区

青羊区的酒吧风格各异，且各具魅力，作为成都酒吧的组成部分，在某种程度上也代表着这个城市夜晚的魅力。歌手、白领、诗人等各色人群聚集在灯光炫目的酒吧里，找寻着不同于白天的另外一种生活。

九拍乐府
特色音乐酒吧

九拍乐府是一家位于宽窄巷子的特色音乐酒吧，酒吧的建筑透露着浓浓的川西民居的风味，中国风的味道与时尚的夜店元素搭配在一起，让人一下就记住了这个独特的酒吧。和大多数音乐酒吧一样，这里都会有精彩的演出活动，悦耳的歌声、精彩的舞蹈再加上醉人的美酒，一定会让你拥有一个难忘的夜晚。

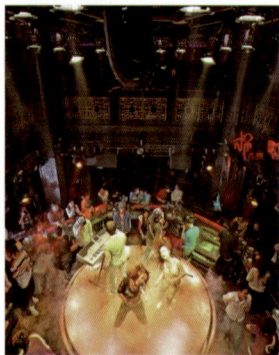

攻略要点
🌸 **风格**：特色音乐酒吧 🏠 **地址**：青羊区窄巷子31号
🚌 **交通**：在市区乘62、70、93路公交到长顺中街站下车步行227米可达
⏰ **营业时间**：19:00-24:00
🌐 **咨询电话**：028-66989898

娱行体会
九拍乐府会有很多原创音乐表演，其中一些还是用川普来说唱，非常有趣。

点醉酒吧
享受全天的酒吧生活

点醉酒吧位于宽窄巷子内，和别处不同的是，这里不只是晚上才有得玩，中午你可以在这里享受美味的西餐加红酒，午后则可以在院子里晒晒太阳，喝喝下午茶，尽情享受震撼的音乐以及醉人的美酒带给你的欢乐。

娱行体会
在酒吧内还设有专门的书吧区，在这里你可以像在家里一样看书、看电影，等到精彩的演出开场，你又可以加入其中，尽情享受热闹的酒吧氛围。

攻略要点
🌸 **风格**：融休闲娱乐为一体的酒吧
🏠 **地址**：青羊区窄巷子21号
🚌 **交通**：在市区乘13路公交到金河路站下车步行420米可达
⏰ **营业时间**：11:00-24:00

青鸟酒吧
驴友喜欢的聚会之地

　　青鸟酒吧位于青羊区百花东路，相对于大多数年轻人喜欢的酒吧来说，这里似乎更受驴友的欢迎。在酒吧的墙上贴满了来过这里的驴友们留下的风景照，在显眼处还有四川等地的旅游地图以及旅游装备介绍等饰物，墙角的书架上还摆放着供顾客参考的各类旅游图书。很多驴友们来到这里，一边喝着啤酒，一边畅聊旅途见闻，该是多么惬意的享受啊！

娱行体会

酒吧的主人也是一个热爱旅游的人，到了那里还可以和他交流心得。

攻略要点

☀ **风格：** 驴友聚会的酒吧
🏠 **地址：** 青羊区百花东路4号百花潭后门
🚌 **交通：** 在市区乘坐53路公交到大石东路站下车步行310米可达
🕐 **营业时间：** 18:00-23:00
☎ **咨询电话：** 028-87034530

旅人俱乐部
旅人活动的场所

　　和酒吧的名字相符，这也是一家以旅游为主题的酒吧。除了具有一般酒吧的设施之外，酒吧还会经常组织"驴友"外出登山、自驾旅游以及旅游摄影活动。在这里，你不仅可以欣赏到很多精美的旅游照片，还可以咨询机票、签证等相关问题，并且还能得到很多实用的旅游信息，是众多旅游爱好者非常喜欢的一家酒吧。

娱行体会

旅人俱乐部所在的芳邻路是一条以旅游为主题的酒吧街，除了上述两个以外，还有很多同类型的酒吧在此聚集。

攻略要点

☀ **风格：** 旅游主题酒吧
🏠 **地址：** 芳邻路12号百花潭公园旁
🚌 **交通：** 在市区乘坐88路公交到百花中心站下车步行330米可达
🕐 **营业时间：** 18:00-23:00
☎ **咨询电话：** 028-87055946

地下红酒窖

品尝醇美的红酒

听到这个名字你不要以为它真的只是一个普通的酒窖，其实这是一家风格独特的酒吧，泥质的墙壁、精致的油画和古朴的原木桌让整个酒吧充满欧式风情。那么为什么说在这里可以品尝到纯粹的葡萄酒呢？这是因为在酒吧有一个专门储藏葡萄酒的酒窖，满足了葡萄酒的特殊存储要求，其葡萄酒的口味自然十分醇正，爱喝葡萄酒的游客不妨前去品尝一下。

娱行体会

酒吧的葡萄酒是其一大特色，如果去的话一定要好好品尝一下。

攻略要点

风格：欧式古典酒吧

地址：青羊区窄巷子21号

交通：在市区乘坐13路公交到金河路站下车步行700米可达

营业时间：18:00-22:00

其他娱乐场所推荐

漂亮生活KTV
地址：青羊区锦里东路18号
交通：在市区乘坐57、109路公交到鸿雁路站下车步行230米可达

单行人丽人酒吧
地址：青羊区锦里中路
交通：在市区乘坐57、109路公交到鸿雁路站下车步行60米可达

半节巷5号酒吧
地址：青羊区青华路53号附4号
交通：在市区乘坐47路公交到草堂北路南站下车步行680米可达

听香
地址：青羊区宽窄巷子6号
交通：在市区乘坐13路公交到金河路站下车步行340米可达

风柏林西餐酒吧
地址：提督街99号国际大厦首层
交通：在市区乘坐61、64路公交到中西顺城街站下车步行260米可达

零点酒吧
地址：青羊正街1号附4号
交通：在市区乘坐13路公交到通惠门站下车步行830米可达

高地酒廊
地址：芳邻路2号附8号
交通：在市区乘坐88路公交到百花中心站下车步行330米可达

宿在青羊区

为了方便游客更加方便合理地安排旅游行程，我们精心挑选了青羊区几家不错的住宿酒店，按照其类型及星级进行介绍，以供参考。

星程金地饭店

出行便利的住处

星程金地酒店是一家优质舒适的新型酒店，它地处成都繁华的商业区，到春熙路、锦里、武侯祠等成都著名的旅游景点都有非常便利的公交车可以乘坐，地理位置优越，交通便利。从酒店出发只需步行2分钟便可到达著名景点巴金故居。此外，在酒店周围还有大型购物商厦，购物非常方便。

餐饮资讯

酒店拥有中餐厅及茶室，可以提供相关餐饮及送餐服务。

攻略要点

- 🏠 **地址**：青羊区新华大道德胜路89号
- 🚇 **交通**：在市区乘坐61路公交到德胜路站下车步行60米可达
- 🏨 **客房**：特价房、高级房、标准房、商务房、高级套房
- ¥ **房价**：180元起
- ☎ **咨询电话**：028-61139377

城市客栈
出游方便

城市客栈是一家商务型连锁酒店，该酒店位于著名景点宽窄巷子附近，从这里出发到天府广场、杜甫草堂、青羊宫、武侯祠等景点也只需要20多分钟的车程。酒店完善的配套设施和贴心的服务一定可以为你的旅程增添一份轻松和愉快。

餐饮资讯

酒店中餐厅主要提供特色川菜。

攻略要点

- **地址**：青羊区金河路78号
- **交通**：在市区乘坐13路公交到金河路站下车步行450米可达
- **客房**：高级房、豪华房、套房
- **房价**：398元起
- **咨询电话**：028-82000332

成都圆和圆佛禅客栈
领略佛禅意境

正如酒店的名字一样，成都圆和圆佛禅客栈将博大精深的佛教文化细心地融入酒店的各个方面。它充分遵循禅宗意境并结合中国传统审美，在酒店布局和设计上呈现出"左右逢源"的特点。此外，客栈里还珍藏了大量精美的唐卡和古老的庙画等古玩，可供游客观赏。

餐饮资讯

客栈的中餐厅由川、粤、湘菜系的名厨结合佛家养生食谱和中医理论，开发出营养的餐饮美食。

攻略要点

- **地址**：青羊区文殊坊文物保护区B6-6号院
- **交通**：在市区乘坐64路公交到省市政务中心站下车步行320米可达
- **客房**：高级房、豪华房、高级套房、豪华套房
- **房价**：380元起
- **咨询电话**：028-86929898

成都会馆
独特的川西院落式酒店

成都会馆坐落于千年古刹文殊院旁，它主要由16座明清时期的川式院落组成，白墙黛瓦的建筑尽显古色古香的韵味。虽然会馆外观古朴优雅，但是内部设施却和现代化的大酒店并无多大差别。个性化的客房设计以及商务中心、特色餐厅等相关配套的完善设施为住客提供了一个理想的休息之地。在这样一个古老的院落式酒店里住宿一晚，相信也是旅途中难忘的经历。

餐饮资讯

会馆拥有中国式、日式、韩式以及西式餐厅，可以提供各色美味的料理。

攻略要点
- 🏠 **地址**：文殊坊五岳宫街28号
- 🚍 **交通**：在市区乘坐16路公交到万福桥站下车步行540米可达
- ¥ **房价**：888元起 🔑 **客房**：豪华房、庭院套房
- ☎ **咨询电话**：028-86956688

成都城市名人酒店
高档次星级酒店

成都城市名人酒店位于成都人民南路，是一家五星级的高档酒店。酒店内拥有438间不同类型的客房，每间客房的装修都豪华别致，典雅大气。除此以外，酒店还拥有5种不同规格的会议室和桑拿按摩中心、大富豪娱乐会所以及有氧健身房等相关配套设施。而酒店还有一大优势就是距离成都市中心非常近，只需要步行十几分钟即可到达，非常方便。

餐饮资讯

酒店餐厅可以提供川菜、粤菜、西餐以及泰国菜等各色菜式。

攻略要点
- 🏠 **地址**：人民南路一段122-124号
- 🚍 **交通**：在市区乘坐61路公交到人民南路一段站下车步行160米可达
- 🔑 **客房**：豪华间、行政贵宾房、行政套房
- ¥ **房价**：888元起
- ☎ **咨询电话**：028-86833333

其他住宿推荐

青年旅舍
成都出发国际青年旅舍　地址：成都外西谢家祠贝森北路1号

成都四号工厂青年旅馆　地址：成都市同仁路小通巷4号　电话：028-86265770
成都龙堂国际青年旅舍　地址：青羊区宽窄巷子26号　电话：028-86648408
成都索玛花青年旅舍　地址：成都市南大街81号

酒店、宾馆
成都文殊坊祥平酒店　地址：青羊区金马街2号　电话：028-86958000
成都八宝大酒店　地址：青羊区八宝街28-32号　电话：028-86630956
成都浣花锦城酒店　地址：青羊区百花西路28号　电话：028-87018656

完全自游成都一本就GO

NO.5 金牛区

金牛区位于成都市西北部，自古以来，这里就是商贾云集、商贸繁荣的地方，中国最早的纸币"交子"就是在这里诞生的。如今，金牛区的建城发展历史已有200多年，区域内的欢乐谷、永陵、植物园等著名的旅游景点，每天都吸引着无数的中外游客到此参观。

当然，经过不断建设的金牛区也向人们展示着不一样的现代化都市魅力。经济和社会的发展也必将为其注入新的生机和活力。当你再次来到这里的时候，一定会为它日新月异的变化而惊叹。

金牛区景点分布图

金牛区旅游预算

　　在金牛区旅游，所花费用不会太高。到成都欢乐谷游览需要130元，植物园需要门票4元，永陵需要门票20元，而其他景点的门票则是免费或是费用不高，所以要在金牛区游完所有景点的话，门票的花费在150元左右。

　　住宿方面，如果住一般的经济型酒店，价格大约在300元/晚。

　　美食方面，金牛区的美食店非常多，其价格与成都其他区域都大同小异，具体花费视个人消费情况而定。

　　购物方面，金牛区的荷花池是一个比较大的购物场所，不过这里的商品价格一般都比较便宜，因此不会花费太多。此外，该区域还有很多大型的购物商厦，具体消费情况视个人而定。

　　总之，如果两个人在金牛区游玩一天，游完大部分景点，并且住在经济型的酒店，大致需要花费800元左右。

金牛区旅行锦囊

旅游特色

相对于成都其他行政区域来说，金牛区的旅游景点并不是特别丰富，但是位于这一区域的欢乐谷、永陵都是其中比较具有代表性的，游览之前可以多翻阅相关资料，选择想要游览的景点前往。

特别推荐

位于金牛区的羊西线美食街和"一品天下"是本地居民最好的品尝美食的好地方。特别是羊西线的美食街不仅包括了所有地道的川菜以及特色的小吃，而且包括了粤菜、湘菜以及韩式美食，如果你也是美食爱好者，到了成都一定要到这里好好品尝一下。

金牛区重要公交站点与公交线路信息

茶店子西口站： 4、43、62、63、100、108、116、117、221、403、405、409路
华侨城站： 88、93、95、119、161、339、362、365路
永陵路口站： 42路
明月村口站： 9、25、403、527、650路
植物园站： 25、403、650、663、680路
火车北站公交站： 2、9、16、27、34、36、51、54、65、69、73、80、98a、108路
沙湾路站： 3、56、93、101路
蜀汉路同和路口站： 7、30、54、63、82、83、96、111、305、311、320、341、405路
西南交大站： 3、48、48a、56、93、101、106、512路
抚琴西路站： 30、43、48、54、163、341路
马鞍北路站： 18、28、53、65路
簸箕街站： 1、64、73、80、99、106、902路
新会展中心站： 84、102、115、118、298路
蜀兴西街： 84路
营门口立交桥东站： 4、7、11、37、62、83、113、179、221、340路
西月城街站： 4、7、37、56、62、109、340路
人民北路一段站： 16、55、98a、298、300路
群星路西站： 75、340、342路

金牛区是一个有着2000多年悠久历史的城区，这里有年代久远的古代遗迹，也有现代化的娱乐设施，虽然景点相对来说并不是特别丰富，但是其多彩的人文魅力以及现代化的都市景观都是值得游客探访的美丽风景。

赏在金牛区

欢乐谷

玩乐的天堂

和深圳欢乐谷、北京欢乐谷一样，成都欢乐谷也是由欢乐谷连锁品牌创建。它占地47万平方米，包括欢乐时光、魔幻城堡、巴蜀迷情、飞跃地中海、加勒比旋风、飞行岛以及阳光港7个主题区域。在这里，你可以体验中国最长的双提升过山车、中国第一个顶仓旋转式飞行岛等游乐设施带来的惊险刺激，也可以在中国荧幕最大的4D影院感受震撼的观影效果。除了这些以外，欢乐谷还有非常精彩的歌舞表演，其中采用了影视特技特效实景表演的《加勒比海盗》、具有四川特色的枪战打斗表演《抓壮丁》以及大型歌舞晚会《指针》等表演尤为精彩。如果遇到举行狂欢节、音乐节等大型节庆活动的时候，这里就更加成为欢乐的海洋。如果来到成都，不妨到这里感受一下欢乐的气氛，享受一场真正的欢乐盛宴。

旅行建议

对于喜欢体验游乐设施的朋友而言，最佳的游玩时间是周一到周五，这样可以省去人多排队的麻烦。如果喜欢热闹的朋友可以选择在节假日到此游玩，此时欢乐谷一般都会有大型的文艺演出活动，如果恰逢黄金周，说不定会有大型的节庆活动开展。

攻略要点

- 推荐指数：★★★★★
- 游玩亮点：各项游乐设施、大型实景演出
- 地址：北三环一段与交大路交界处
- 交通：在市区乘坐4路公交到茶店子西口站转乘339路公交到华侨城站下车步行810米可达
- 门票：130元
- 开放时间：9:00-22:00
- 咨询电话：028-86878538

永陵

前蜀皇帝的陵墓

永陵位于成都市抚琴东路,是五代十国时期前蜀皇帝王建的墓地。

王建出身平民,在当时诸侯混战的情况下,他凭借自己的努力,逐步控制了四川、陕西和甘肃等地的一部分地区,并在唐朝灭亡后建立了前蜀国,定都成都。在他的精心治理下,前蜀成为当时最强大的国家之一,成都也成为当时最繁华的大都市。

永陵是五代十国时期遗留下来的少见的大规模帝王陵墓。王建的陵墓分为地下4层和地上5层,主要为砖石结构,其棺床、棺椁和王建石刻真容像至今还保存完好。值得一提的是,王建陵墓中的木门、石床、彩画、十二伎乐和棺床等物品,或制作精良,或雕刻精美,具有典型的皇家陵墓的特点。特别是二十四伎乐像,分别演奏琵琶、筝、鼓、笙等乐器,人物神态逼真,造型优美,是研究五代十国时期音乐史的珍贵文物和少见的艺术品。

旅行建议

目前在永陵附近的抚琴东路已经建成了永陵博物馆,这是一座国家专题博物馆,里面的陵墓墓室和文物展览每日对中外友人开放。此外,在博物馆内还可以品茶和欣赏蜀官器乐演奏表演,感兴趣的话不妨前去参观一番。

攻略要点

🎫 推荐指数:★★★★☆
📷 游玩亮点:二十四伎乐像、陵墓文物展览
🏠 地址:金牛区永陵路10号
🚌 交通:在市区乘坐42路公交在永陵路口站下车步行95米可达
💰 门票:20元
🕐 开放时间:8:30~16:30
📞 咨询电话:028-877444480

天回银杏园
赏银杏之美

　　天回银杏园建成于2006年，它位于成都的天回镇，是目前成都规模最大的银杏种植观赏园林。园内两万多株参天的银杏和夹杂其中的香樟、楠木、木芙蓉等观光林木组成了独具特色的森林景观。特别是每到秋天的时候，银杏叶子开始变黄，风一吹它们就从树枝上缓缓飘落，此时的场景就仿佛郭沫若笔下所描写的"蝴蝶已经死了的时候，你的碧叶要翻成金黄，而且又会飞出满园蝴蝶……"。这样的场景想想都觉得非常漂亮，对于摄影爱好者而言，这个时候应该是非常好的拍摄时机。

　　此外，园区还利用园内现有的农舍，并以在川内生活过的名人为主题，建成了古驿道、茅屋居、东坡院等8组景观。园内的"奇异瓜果园"目前已经开建，100多公斤的巨型南瓜，像葡萄一样挂满屋顶的小番茄，这些不仅可以作为游客观赏的景观，还可以亲自品尝这些神奇的瓜果。感兴趣的话不妨亲自前去体验一下吧。

旅 行 建 议

1.银杏园附近有很多大大小小的农家乐，其中的老天回豆腐庄和兴顺号茶楼都是百年老店，前去游玩的话不妨到那里品尝美食。
2.银杏的果实——白果是当地的特产，用来炖鸡是非常好的滋补食品。
3.虽然参观天回银杏园不收取门票，但是参观里面的"奇异瓜果园"则需要80元的门票。

攻略要点

- 推荐指数：★★★☆☆
- 游玩亮点：银杏、奇瓜异果园
- 地址：金牛区严家祠路（天回镇天回山向海社区）
- 交通：在市区乘坐9、25、650路公交在明月村口站下车步行235米可达
- 门票：免费
- 开放时间：9:00-18:00

完全自游成都 一本就GO

成都市植物园

观赏植物园林之美

　　成都市植物园位于成都北郊天回镇，占地774亩，是川内第一所综合性园林。园内的风景林区采用以川西植被为特色的建设方式，种植了银杏、香樟、红豆、野茉莉、马尾松等观赏性较强的林木。此外，植物园以植物为主体，建立了多层次、多结构、多功能的稳定的人工植物群落。目前，植物园内已经建成了木兰、樱花、海棠、梨花、山茶、桂花、梅花、柏木、楠竹、芙蓉、腊梅、藤本等12个观赏类园区。另外，园内还有千丈林、松林和香樟林等园林景观，繁茂的草木和艳丽的花卉构成了植物园美丽的风景。现在植物园内有木本栽培植物1000多种，园艺栽培品种800多个，其中包括银杉、珙桐、桫椤等国家级保护植物。一到春天，百花竞相绽放，绿树发出新芽，园区内环境优雅，景色宜人，很多市民都喜欢到这里春游，欣赏植物园里的美丽风景。

旅行建议

1.植物园所在地——天回镇的豆腐相当美味，如果到这里游玩不妨好好品尝一下。

2.如果选择到植物园春游，那么吃的东西最好在植物园外买好。虽然园区内也有，但是很多东西的价格都比较昂贵。

攻略要点

🏯 **推荐指数**：★★★☆☆
📷 **游玩亮点**：各色植物
🏠 **地址**：昭觉寺南路
🚌 **交通**：在市区乘坐25路公交到植物园站下车步行184米可达
💰 **门票**：4元
🕙 **开放时间**：8:00-18:00
☎ **咨询电话**：028-83516953

逛在金牛区

位于成都金牛区的荷花池是众多成都市民喜爱的淘货之地，虽然有时候买到的东西并不尽如人意，但是来到成都还是应该到这里来感受一下其热闹的商业气氛。当然，在金牛区逛街淘宝的地方不止荷花池一个，下面我们就为游客介绍两个不错的购物之地。

荷花池
淘宝好地方

作为西南地区最大的综合性批发市场，荷花池的声名早已远播。服装、鞋帽、建材、中药材、电子元器件以及钢材等各种批发市场云集在此，交易范围覆盖了整个大西南地区，乃至西藏、云南以及青海。每天，来自天南地北的生意人都在这里穿梭来往，忙里忙外。整个市场一整天都处于热闹繁忙的状态。

丰富的商品种类为游客构筑了一个理想的购物之地。但是，由于极少数商户不诚信的经营，荷花池蒙上了"卖假货"的名声。无可否认，在这个各类商品云集的大型批发市场，的确存在不少劣质产品，但是只要认真挑选，注意辨别，一样可以买到物美价廉的商品，如大成市场、蓝光金荷花国际时装城等大型的批发市场里面的商品质量还是可以得到保证的。

特色购物： 服装、鞋类等各色百货

淘宝真经： 在荷花池购物一定要注意辨别商品的质量，建议到大成市场、大正市场等几个比较正规的市场购买，这样质量可以得到保证。此外，在购物时一定要注意保管好自己的财物

攻略要点

推荐指数： ★★★★☆

推荐理由： 西南地区最大的商品批发市场

地址： 成都市金牛区北站东一街

交通： 在市区乘16路公交到火车北站下车步行670米可达

汇龙湾商业广场

休闲购物的好地方

汇龙湾商业广场位于一环路与沙湾路的交汇处，其总建筑面积达58006平方米，是集购物、餐饮、娱乐于一身的综合性商业广场，也是成都城市西北第一座大型商业购物广场。汇龙湾百货、易初莲花超市、国美电器等大型购物商厦云集在此，各类中高档次的服饰、箱包、化妆品以及金银饰品等百货在这里都可以买到。这里每天都是来往穿梭的人群，商业气氛非常浓厚，除此以外，这里的特色火锅店、咖啡馆、蛋糕店以及小吃餐馆也是一大亮点，如果游客逛累了，还可以坐下来好好品尝一下地道的成都美食。

到了晚上，这里依然是市民热衷的休闲之地，大家三三两两坐在广场上，聊天休息，缓解一天的疲劳，如果是夏天，还会有很多人在广场上伴着音乐跳着自己编排的集体舞。看到这样的场景，相信你会更能体会到成都这座休闲城市的魅力。

🔷 **特色购物**：各类中高档百货

🔶 **淘宝真经**：在汇龙湾商业广场购物并不能选到很有特色的东西，这里的商品和大多数百货商场都大同小异，不过如果你恰巧游览路过这里的话还是可以选购一番。位于广场周边的很多美食店也非常值得一试

攻略要点

⬆ **推荐指数**：★★★☆☆

🔖 **推荐理由**：大型购物广场

📍 **地址**：成都市金牛区沙湾路1号

🚌 **交通**：在市区乘坐93路公交到沙湾路站下车步行280米可达

🏞 **附近景点**：荷花池

食在金牛区

和成都其他区域一样，金牛区的美食一样是包罗万象的。下面我们精心挑选其中比较具有代表性的几家为游客进行详细的介绍，不管是火锅类的，还是特色川菜类的，相信你总能在这里找到喜欢的。

虾佬圣汤火锅
鲜香美味的海鲜火锅

虾佬圣汤火锅是一家以鲍鱼为主打的海鲜火锅店，店里精心配制的锅底鲜香浓郁，将新鲜的鲍鱼放在锅中煮熟，然后蘸上酱油加蒜茸的美味酱料，吃起来鲜嫩爽口，美味无比。当然，除了鲍鱼以外，店里还有其他品种繁多的各类海鲜，也是非常值得一尝的美味。

- 推荐理由：特色海鲜火锅
- 推荐美食：鲍鱼、扇贝
- 适宜场合：朋友聚会

攻略要点

- 地址：金牛区一品天下大街131号4楼
- 交通：在市区乘坐30路公交到蜀汉路同和路口站下车步行670米可达
- 人均消费：142元
- 营业时间：10:00~23:00
- 咨询电话：028-87577278

完全自游成都一本就GO

快乐老家
超辣的火锅

　　快乐老家是成都最辣的火锅之一，上好的花椒、火红火红的辣椒再加上纯牛油熬制而成的锅底红亮麻辣，将四川火锅麻辣的风味演绎得淋漓尽致。将各色菜肴放入麻辣锅中煮熟后，蘸上调料送入口中，一股麻、辣、烫的滋味在唇齿间蔓延，让人欲罢不能。如果你特别钟爱以麻辣为重的火锅，这家火锅店一定是你不错的选择。

推荐理由：带有浓郁四川风味的火锅
推荐美食：牛肉、鹅肠、鱼头
适宜场合：朋友聚会

攻略要点
地址：金牛区抚琴西路222号
交通：在市区乘坐30路公交到抚琴西路站下车步行170米可达
人均消费：45元
营业时间：10:00~22:00
咨询电话：028-87760598

甜妹耙泥鳅
美味的泥鳅火锅

　　甜妹耙泥鳅是将新鲜的土生泥鳅经过特殊的烹饪工序制成的一道美味。端上桌以后，红亮亮的辣椒油浮在一条条肉质鲜嫩的泥鳅上，让人食欲大开。夹起一条放入口中，只要轻轻一吮，泥鳅的肉和刺自然分离，香嫩麻辣的味道瞬间在唇齿间蔓延开来，令人回味无穷。为了满足不同人的口味需求，店里特制了葱香耙泥鳅、香辣耙泥鳅和鱼香耙泥鳅3种口味。吃完以后，再在锅底里放入各种蔬菜烫熟后吃，味道一样很不错。

推荐理由：特色泥鳅火锅
推荐美食：香辣鹅掌、耙泥鳅
适宜场合：朋友聚会

攻略要点
地址：金牛区交大银河路1号附31号
交通：在市区乘坐93路公交到交大站下车步行320米可达
人均消费：30元
营业时间：11:00~23:00
咨询电话：028-87609990

PART① 成都市区 ▶ NO.5 金牛区

红杏酒家
精品川菜酒楼

　　红杏酒家是成都一家非常有名的川菜馆，酒楼青砖粉墙、飞檐翘壁的装修风格非常具有特色。大堂环境宽敞明亮，就餐环境相当不错。店里主要经营的红杏鸡、鳝段粉丝等几样招牌菜早已深入人心，其菜肴具有"一菜一格，百菜百味"的特点，就算是一碗简单的豆汤饭也做得黏稠绵软，美味非常。此外，餐馆还在传统川菜的基础上不断创新，制作出让人耳目一新的美味菜肴，感兴趣的话不妨亲自去尝试。

- 推荐理由：老牌川菜酒楼
- 推荐美食：红杏鸡、鳝段粉丝
- 适宜场合：旅游用餐、商务宴请

攻略要点

- 地址：金牛区蜀汉路289号
- 交通：在市区乘坐30路公交到蜀汉路同和路口站下车步行380米可达
- 人均消费：60元
- 营业时间：10:00-22:00
- 咨询电话：028-87526846

盐府人家
特色自贡菜

　　盐府人家是一家以经营自贡盐帮菜为主的特色川菜馆，其菜品卖相精美，口味偏于咸辣，招牌菜鸡汁豆花尤其受到游客的欢迎。由于餐馆菜品的味道不错，所以生意相当火爆，如果要去的话，建议提早订餐，这样可以免去排队等候的麻烦。

- 推荐理由：特色盐帮菜
- 推荐美食：鸡汁豆花、石锅鸭掌、红袍鸡
- 适宜场合：朋友聚餐、旅游用餐

攻略要点

- 地址：金牛区一环路北四段万科金色家园内
- 交通：在市区乘坐53路公交到马鞍北路站下车步行310米可达
- 人均消费：45元
- 营业时间：10:00-20:00
- 咨询电话：028-83366455

大蓉和
新派川菜

　　大蓉和是成都一家非常有名的特色川菜馆，以经营新派川菜为主，它在传统川菜的基础上融合了全国各大菜系的特点，菜品制作讲究原汁原味。例如做鱼就一定要保持鱼肉原本的鲜味，避免用其他的味道来掩盖其本味。所以这样制作出来的菜肴味道香醇，鲜美无比，很受游客的欢迎。此外，餐馆的装修也比较气派，特别适合商务宴请。

- 🌿 **推荐理由**：特色新派川菜
- 🍴 **推荐美食**：蓉和第一骨
- 🍽 **适宜场合**：商务宴请

▶攻略要点◀

- 🏠 **地址**：金牛区蜀汉路289号锦城苑D座
- 🚍 **交通**：在市区乘坐30路公交到蜀汉路同和路口站下车步行550米可达
- ¥ **人均消费**：70元
- 📞 **咨询电话**：028-87564477
- ⏰ **营业时间**：11:00-23:00

红照壁川菜酒楼
改良川菜

　　红照壁川菜酒楼主要以经营改良川菜为主，口袋豆腐、干锅茶树菇等招牌菜品都是非常值得一试的美味。酒楼除了美味的菜肴之外，最大的特点就是环境非常不错。酒楼四周都是通透的玻璃墙，再配上红、黑等装饰色彩搭配，让人感觉时尚而又前卫。

▶攻略要点◀

- 🏠 **地址**：金牛区蜀汉路363号
- 🚍 **交通**：在市区乘坐30路公交到蜀汉路同和路口站下车步行110米可达
- ⏰ **营业时间**：11:00-23:00
- ¥ **人均消费**：60元
- 📞 **咨询电话**：028-87570002

- 🌿 **推荐理由**：特色改良川菜
- 🍴 **推荐美食**：口袋豆腐、土豆烧鸭
- 🍽 **适宜场合**：商务宴请、朋友聚餐

钟鲇鱼

品美味河鲜

钟鲇鱼是一家以经营河鲜为主的特色川菜馆，其主打菜是大蒜烧鲇鱼，鱼肉鲜嫩，汤汁浓稠香浓，口味独特。除了蒜香味之外，还有麻辣、家常以及白味等多种口味可供选择。这里的每一道菜不仅味道鲜香，而且分量十足，一定可以让你吃到满意。当然，除了鲇鱼之外，还有各色小菜和美味小吃可供选择。特别是店里的红嘴螺也是非常值得一尝的美味。

- 推荐理由：美味河鲜
- 推荐美食：剁椒仔鲇
- 适宜场合：朋友聚餐

攻略要点

- 地址：金牛区羊西线一品天下大街A区2幢
- 交通：在市区乘坐53路公交到马鞍北路站下车步行530米可达
- 人均消费：50元
- 营业时间：11:00~23:00
- 咨询电话：028-66703335

巴夯兔

鲜嫩味美的兔肉火锅

巴夯兔以经营兔肉清汤火锅为主。它采用鲜美的菌类或榨菜和去骨的新鲜兔肉一起放入特制的清汤锅底中煮熟，上桌之后，再蘸上青红两种不同的辣椒酱即可食用，这样做出来的兔肉非常鲜嫩爽口。吃完以后，还可以将一些新鲜的蔬菜或者肉类放入锅中烫熟吃，味道一样鲜美。特别是汤底，喝起来鲜香味美，而且营养丰富，很适合不喜欢吃辣的朋友。

- 推荐理由：特色兔肉火锅
- 推荐美食：巴夯兔
- 适宜场合：朋友聚餐

攻略要点

- 地址：金牛区金房苑东路54-55号
- 交通：在市区乘坐340路公交到银沙北街站下车步行130米可达
- 人均消费：100元
- 营业时间：10:00~23:00

一把骨
营养美味的特色砂锅

一把骨是一家骨头汤锅店，它用骨头熬出浓浓的汤，然后将各式蔬菜放入砂锅中一起煮熟而成。一把骨砂锅的汤底有骨头汤底和番茄汤底等多种口味，不管是哪一种，汤底的味道都十分鲜美，很多人在吃之前都喜欢先喝一碗汤。吃完以后还可以放入一些新鲜的蔬菜一起烫着吃，味道相当鲜美。

攻略要点

- 🏠 **地址**：金牛区西安北路26号
- 🚌 **交通**：在市区乘坐30路公交到槐树街西站下车步行550米可达
- ¥ **人均消费**：50元　⏰ **营业时间**：11:00-23:00
- ☎ **咨询电话**：028-87715530

- 🌸 **推荐理由**：美味砂锅汤
- 🍴 **推荐美食**：番茄一把骨、卤骨头
- 🏮 **适宜场合**：朋友聚餐

老妈兔头
美味的成都小吃

老妈兔头是成都有名的小吃之一，经过卤煮加工的兔头有五香、麻辣等多种口味，吃的时候在兔牙处将兔头掰开，一点一点地吃，腮肉鲜香，兔脑细嫩，不管是麻辣味还是五香味，吃完一个还想吃第二个。如果吃的时候再配上冰啤酒，那就更加美味了。除了兔头之外，店里还有其他各色美味小吃，绝对让你吃到过瘾。

攻略要点

- 🏠 **地址**：金牛区解放路2号附12号　¥ **人均消费**：30元
- 🚌 **交通**：在市区乘坐64路公交到簸箕街站下车步行160米可达
- ⏰ **营业时间**：10:00-20:00　☎ **咨询电话**：028-83230311

- 🌸 **推荐理由**：特色小吃
- 🍴 **推荐美食**：麻辣兔头、香辣鸭唇
- 🏮 **适宜场合**：随便吃吃

其他餐厅推荐

重庆孔亮鳝鱼火锅
地址：金牛区人民北路一段白马寺16号
交通：在市区乘坐16、300路公交到人民北路一段站下车步行380米可达

袁记串串香
地址：金牛区沙湾东一路
交通：在市区乘坐109路公交到九里堤南路站下车步行640米可达

重庆秦妈火锅
地址：金牛区解放路二段199号
交通：在市区乘坐64路公交到簸箕街站下车步行230米可达

川流不息风味家常菜馆
地址：金牛区交大路199号
交通：在市区乘坐109路公交到星河路西站下车步行180米可达

辣元素
地址：金牛区沙湾路23号
交通：在市区乘坐93路公交到沙湾路站下车步行170米可达

在金牛区众多的茶馆和咖啡店中，你总能体会到老成都的茶馆文化与成都这座城市独有的休闲魅力。作为了解成都的一种方式，到老茶馆里泡一泡也是游览过程中不错的选择。下面我们将分类向游客介绍几家这一区域的特色茶馆和咖啡店，以供参考。

品在金牛区

顺兴老茶馆

川味十足的老茶馆

顺兴老茶馆是一家极具老成都味道的特色茶馆。它集明清建筑、木刻家具、窗饰和茶艺于一身，是四川茶文化的典范。壁雕高高的砖墙，木制的桌椅门窗，高挂的大红灯笼，精美的壁雕窗饰以及随处悬挂的字画无不显示着老茶馆古朴传统的特色。坐在茶馆里，泡上一杯川味十足的盖碗茶，一边品茶一边欣赏茶馆内的风景，那种感觉真是悠然自得。

在顺兴老茶馆内还设有专门的舞台，舞台上轮番上演各种精彩的川剧剧目，如变脸、吐火、滚灯等川剧绝活在这里也可以看到。

除了上述特色以外，顺兴老茶馆还是成都市内出名的"小吃城"，你所熟悉或者不熟悉的成都特色小吃在这里几乎都可以找到。在这里喝着茶，看着川戏，吃着小吃，该是多么惬意的享受啊！

💮 **推荐理由**：最能代表老成都特色的茶馆之一

🕐 **适宜场合**：朋友聊天、旅游休闲、商务洽谈

攻略要点

🏠 **地址**：金牛区沙湾路258号成都国际会展中心3楼

🚍 **交通**：在市区乘坐32路公交到会展中心站下车步行170米可达

💰 **人均消费**：50元

🕐 **营业时间**：10:00-21:00

☎ **咨询电话**：028-87693202

圣淘沙

南洋风情的高档茶园

圣淘沙是一家极具南洋风情的高档茶楼，茶楼内，高贵典雅的家具、精致的灯饰再加上舒缓的音乐，无不透露出茶楼高雅的格调。茶楼的一层是具有热带雨林风格的大厅；二层和四层是风格各异的各色包间；三层是专为爱好音乐的茶友设置的"老歌演唱厅"。在这样风格独特的茶楼里，无论是和好友聚会，还是商务洽谈都会是不错的选择。

☞ **推荐理由**：南洋风情特色茶楼

🎴 **适宜场合**：商务洽谈、朋友聚会

【 **攻略要点** 】

🏠 **地址**：金牛区抚琴西路175号

🚍 **交通**：在市区乘坐30路公交到抚琴西路站下车步行80米可达

¥ **人均消费**：80元

⌚ **营业时间**：10:00-22:00

☎ **咨询电话**：028-87710453

清菁露茶楼

环境清幽的饮茶地

清菁露茶楼是一家环境非常不错的特色茶馆。整个茶楼内，以竹、藤为主要设施，显得古朴而又别具一格。各式绿色植物点缀在茶楼的各个角落，坐在其间就仿佛置身于优美的大自然中。茶楼的大厅宽敞明亮，足以容纳200多人在此饮茶，另外，茶楼里还设有4个环境优雅的包间。一应俱全的茶品、水平一流的茶艺以及贴心周到的服务一定可以让你拥有一个称心的休闲之旅。

☞ **推荐理由**：环境清幽的饮茶地

🎴 **适宜场合**：商务洽谈、朋友聚会

【 **攻略要点** 】

🏠 **地址**：金牛区一环路北三段163号

🚍 **交通**：在市区乘坐64路到梁家巷站下车步行170米可达

¥ **人均消费**：30元

⌚ **营业时间**：9:00-24:00

☎ **咨询电话**：028-83384702

老房子月光水岸茶吧

品美味茶点

　　老房子月光水岸茶吧隶属于著名的老房子餐饮企业。茶吧内的装修也和老房子企业众多的酒楼一样，尽显古色古香的韵味。到这里来喝茶还可以品尝到大厨精心制作的美味茶点，一道道精致的点心配上飘着淡淡茶香的茶水，那简直就是人生的一大享受。此外，在茶吧的大厅，每天都有钢琴演奏，感兴趣的话不妨到这里坐坐。

🌸 **推荐理由：** 茶点美味
🕐 **适宜场合：** 商务洽谈

攻略要点

🏠 **地址：** 金牛区蜀汉中路289号商厦A座3层
🚍 **交通：** 在市区乘坐30路公交到蜀汉路同和路口站下车步行160米可达
¥ **人均消费：** 45元　⌚ **营业时间：** 10:00~22:00　☎ **咨询电话：** 028-87573939

其他咖啡厅、茶馆推荐

咖啡馆

诺丁山咖啡馆
地址：金牛区群星路西南交大北门留学生楼底楼6号门面
交通：在市区乘坐4路公交到西月城街站下，转乘340路公交到群星路西站下车步行240米可达

渔人码头
地址：金牛区沙湾路国际会展中心
交通：在市区乘坐93路公交到会展中心站下车步行170米可达

西街咖啡馆
地址：金牛区九里堤交大路天鑫花园
交通：在市区乘坐56路高峰快线到西南交大站下车步行460米可达

茶楼

昌鼎茶楼
地址：金牛区群星路1号
交通：在市区乘坐340路公交到群星路西站下车步行30米可达

城西会所茶楼
地址：金牛区一环路西三段200号
交通：在市区乘坐4路公交到西门车站下车步行390米可达

为了方便游客更加方便合理地安排旅游行程，我们精心挑选了金牛区几家不错的住宿酒店，按照其类型及星级进行介绍，以供参考。

宿 在金牛区

凯丽假日酒店
出行便利的住处

凯丽假日酒店位于商贸繁荣的羊西线中心，前临著名景点枣子巷遗址，背靠美食云集的一品天下大街，而且从这里出发前往双流机场以及成都城北火车站也仅需30多分钟的时间。此外，酒店内拥有豪华型、商务型的各类客房130余间，完善的配套设施以及周到的服务一定可以让你拥有一个满意的住宿体验。

餐饮资讯

酒店的中餐厅主营各式川菜，最多可接待50人同时用餐。

攻略要点

- ⌂ **地址**：金牛区蜀兴西街16号
- 🚍 **交通**：在市区乘坐84路公交到蜀兴西街站下车向东南方步行188米可达
- 🛏 **客房**：特价间、豪华标间、豪华商务间、商务行政间、标准行政间、温馨房、机麻套房
- ¥ **房价**：268元起
- ☎ **咨询电话**：028-68883838

明珠国际酒店
温馨舒适的住处

明珠国际酒店是位于成都北大门繁华商业地段梁家巷口的一家三星级酒店，酒店内拥有不同类型的客房164间，商务写字间110间。在装修方面，酒店并不刻意追求豪华，简洁新颖的装饰风格凸显出酒店独特的个性，完善的配套设施可以满足不同住客的住宿需求。

攻略要点

- ⌂ **地址**：金牛区解放路二段329号
- 🚍 **交通**：在市区乘坐64路公交到梁家巷站下车步行70米可达
- 🛏 **客房**：豪华标间、豪华单人间、明珠行政套房
- ¥ **房价**：268元起
- ☎ **咨询电话**：028-83376311

餐饮资讯

酒店的中餐厅主要提供各式川菜，此外也可以提供限时送餐服务。

白芙蓉宾馆
便捷、舒适的住处

白芙蓉宾馆是一家集客房、餐饮、会议接待等功能于一身的三星级宾馆，宾馆内拥有各类客房191间，会议厅、商务中心等相关配套服务设施一应俱全，新增的7个餐饮包间豪华气派、风格各异，是商务宴请、朋友聚会的最佳选择。此外，宾馆地处交通便捷的营门口路，从这里前往市中心和城北火车站均十分方便。

餐饮资讯

宾馆餐饮包间主要供各式宴请使用。

攻略要点

- 🏠 **地址：** 金牛区营门口路107号
- 🚍 **交通：** 在市区乘坐4路公交到营门口立交桥东站下车步行180米可达
- 🛏 **客房：** 特价标间、标准间、商务标间、家庭度假套房、商务单套间
- ¥ **房价：** 138元起
- ☎ **咨询电话：** 028-87658048

怡凯泰至酒店
便宜的住处

成都的怡凯泰至酒店是一家集旅游、休闲、商务于一身的准三星级酒店，酒店内拥有普通标间、豪华单间等各式客房104套，餐厅、茶楼、商务中心等相关配套设施十分完善。而且，相对于其他同类酒店来说，怡凯泰至酒店的价格相对便宜，只需花费不到200元的价格就可以住宿一晚，并且酒店所处的地理位置十分优越，从这里到成都的各个景点也都十分方便。

餐饮资讯

酒店二楼的餐厅汇集了巴蜀民间的珍味佳肴，可以提供早餐、中餐和快餐服务。

攻略要点

- 🏠 **地址：** 金牛区西月城街118号
- 🚍 **交通：** 在市区乘坐4路公交到西月城街站下车步行100米可达
- 🛏 **客房：** 普通标间、豪华单间、三人间
- ¥ **房价：** 188元起
- ☎ **咨询电话：** 028-86266688

喜马拉雅大酒店
四星级高档住宿

成都的喜马拉雅大酒店位于成都市西北部的CBD商贸文化中心，与加州国际会展中心、一品天下美食街以及城北火车站都相隔较近，可以说地理位置非常优越。酒店内拥有四星级标准的客房189间，会议室、商务中心、桑拿浴足等配套服务设施完善，是商旅活动住宿的理想选择。

餐饮资讯

位于酒店二楼的餐厅川粤合璧，可以提供各色川菜以及粤菜。餐厅可以同时容纳300多人就餐，是举行商务宴请等大型宴会的理想之地。

攻略要点

🏠 **地址**：金牛区二环路北一段8号
🚇 **交通**：在市区乘坐4路公交到营门口立交桥东站下车步行740米可达　🔑 **客房**：商务标准间、豪华单人间、豪华标间
¥ **房价**：338元起　📞 **咨询电话**：028-86319988

西藏饭店
独具藏族特色的酒店

西藏饭店位于成都府南河畔，饭店的室内装修由美国名师凯茨先生设计，他将现代酒店的时尚元素与古朴的藏式风情融合在一起，设计出独一无二的各色客房，每一间都显得豪华典雅而又独具个性。此外，还专门设有女士楼层、商务楼层和无烟楼层，可以满足不同人群的住宿需求。由于，地处人民北路黄金地段的饭店地理位置十分优越，到双流国际机场也仅需要30分钟的时间，出行十分方便。

攻略要点

🏠 **地址**：金牛区人民北路10号
🚇 **交通**：在市区乘坐16路公交到人民北路一段站下车步行140米可达
🔑 **客房**：高级单人间、豪华商务间、豪华标间、商务套房　¥ **房价**：648元起
📞 **咨询电话**：028-83183388

餐饮资讯

饭店富有藏式特色的酒楼可以提供川菜、粤菜以及藏式菜肴。

九寨沟饭店

极具藏羌民族特色的酒店

九寨沟饭店是一家准四星级酒店,该酒店毗邻羊西线饮食文化一条街与沙湾国际会展中心,交通十分便捷。酒店内部装饰将藏羌元素充分融入其中,客房布局典雅别致,商务、餐饮、会议、休闲等配套服务设施一应俱全,酒店贴心周到的服务一定可以让你拥有一个难忘的住宿体验。

餐饮资讯

酒店一楼是成都非常著名的老树咖啡厅,二楼的天香酒楼是提供具有藏羌民族特色的酒楼。

攻略要点

地址: 金牛区二环路西三段30号
交通: 在市区乘坐113路公交到营门口立交桥南站下步行120米可达
客房: 普通标准间、豪华大床房、豪华标准间、商务套房
房价: 360元起
咨询电话: 028-87520999

其他住宿推荐

青年旅舍

成都驴友记青年旅舍
地址:金牛区星辉西路任家湾23号
电话:028-83222271

老沈青年旅舍
地址:金牛区一环路北四段212号
电话:028-81979337

成都林业国际青年旅舍
地址:成都市人民北路一段6号
电话:028-83416580

酒店

成都宇豪金港湾酒店
地址:金牛区二环路西三段119号
电话:028-87746666

成都艺家风格酒店
地址:金牛区蜀汉路530号
电话:028-65526666

成都英巴斯比酒店
地址:金牛区抚琴西路208号
电话:028-66610841

PART 2

成都郊区

成都郊区

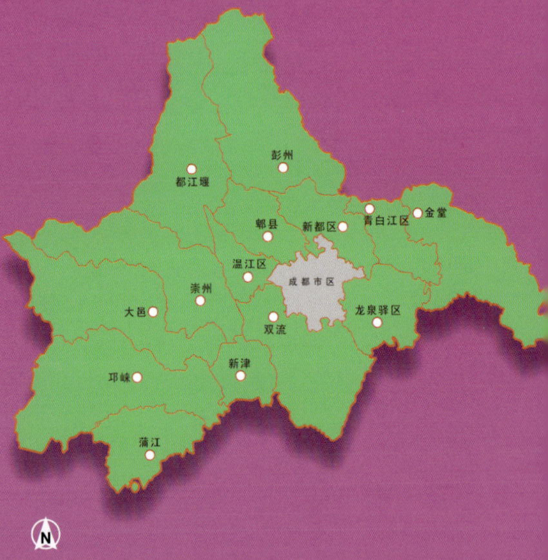

都江堰

彭州

郫县

新都区

青白江区

金堂

温江区

成都市区

崇州

龙泉驿区

大邑

双流

邛崃

新津

蒲江

N

NO.1 龙泉驿区

　　龙泉驿区位于成都市境东南部、龙泉山西侧，原为古灵泉县地，唐朝时期为东阳县，明清时期为巡检司并驿站，这也是龙泉驿区名字由来的原因。

　　这里不仅有着悠久的历史，也有着相当丰富的旅游资源，西部客家第一镇洛带古镇、东郊明珠龙泉湖、龙泉桃花节等景点和大型节庆活动每年都吸引无数游人到此参观。特别是一年一度的桃花节，游人到此品农家美食，赏春日桃花似乎已经成为一种习俗。因此，龙泉驿区还有一个"四时花不断，八节佳果香"的美誉。

龙泉驿区景点分布图

龙泉驿区

文安镇
金龙长城
观斗村
卫星村
大同村
八驿路
白鲨乌江鱼
西平镇
金宫馆客栈
毛婆婆凉粉　洛带古镇广东会馆
明蜀王陵
洛带古镇
草坪村
龙井村
幸福村
狮子桥立交桥
博瑞花园大酒店　星光花苑酒店
大面镇
天伦国际大酒店
平安镇
龙泉驿区
民主村
磊园村
红学村
龙泉湖景区
龙泉花果山
茶店镇
石经寺

图例　县级行政中心　赏　食　宿　绿地　国道及编号　普通道路　水面

龙泉驿区游玩预算

　　在龙泉驿区旅游，所花费用不会太高。景点门票方面，明蜀王陵门票为12元，洛带金龙长城门票为2元，而其余景点大部分都是免费的，所以在景点门票上的费用在14元左右。

　　住宿方面，如果住在一般的经济型酒店价格大约是300元/晚，有些景区的农家乐住宿仅需100元/晚。

　　美食方面，成都龙泉驿区的美食种类相当繁多，但是都不是很贵，所以花费也不会太高。

　　购物方面，这里的大型购物商场相对来说并不是太多，大部分购物花费应该是在旅游纪念品以及当地特产方面，而这些都是比较便宜的，花费不会太高。

　　总之，如果两个人在龙泉驿区游玩一天，游完大部分景点，并且住在经济型的酒店，大致需要花费300元左右。

龙泉驿区旅行锦囊

特色购物

龙泉驿区是全国唯一的"中国水蜜桃之乡",区内生产水蜜桃、枇杷、葡萄等各种水果,如果去的话不妨买一些来尝尝。

最佳旅游时间

每年的农历二月,正是万物复苏、桃花盛开的时节,此时也是龙泉驿区一年一度的"桃花节"举办的时间,这个时候到这里游玩不仅可以欣赏满山遍野的艳丽桃花,而且可以参加大型篝火晚会、登山比赛等趣味十足的活动。此时当地的农家乐也是最热闹的时候,到这里还可以品尝到地道的农家美味。

特色节庆活动

每逢节假日,区域内的洛带古镇都会举办客家火龙、水龙表演以及客家婚俗表演等展示客家风情的活动。而每年3月,龙泉也会举办规模盛大的国际桃花节,此时,各类丰富多彩的大型文娱活动都将在此展开。

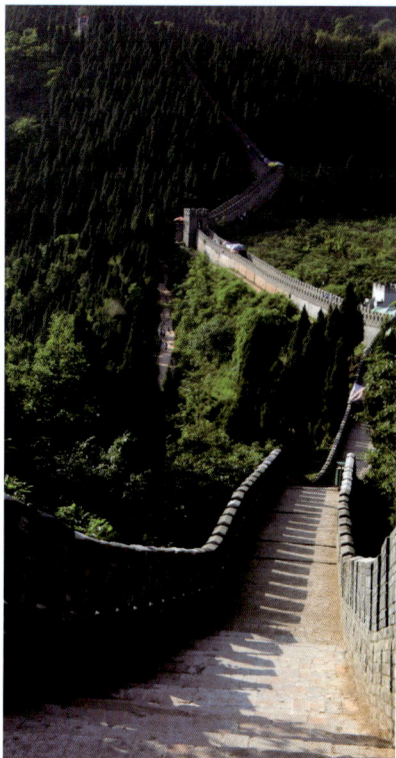

交通指南

从成都前往龙泉驿区的公交并不是很多。目前在成都市区的成仁公交站和五桂桥公交站均有开往龙泉驿区的公交,下面就为游客列出部分公交及其线路。

成都市区与龙泉驿区之间的公交线路

332、218路: 从成仁公交站开往龙泉汽车总站

223路: 从五桂桥公交站开往龙泉汽车总站

831路: 从成都双流华阳客运站开往龙泉汽车总站

在成都市区乘坐3、18、31、51、68、77、82、106、152、332路公交可到成仁公交站,乘坐2、4、81、92、101、122、819路公交可到五桂桥公交站。

龙泉驿区区内公交线路

850路: 从龙泉汽车总站开往洛带客运中心

854路: 从龙泉汽车总站开往十陵公交站

860路: 从龙泉汽车总站开往北湖客运站

870路: 从龙泉汽车总站开往汤加河

873路: 从龙泉汽车总站开往百工堰

885路: 从龙泉汽车总站开往阳光城车站

899路: 从龙泉汽车总站开往城东客运站

赏 在龙泉驿区

在龙泉驿区坐落着国家级重点文物保护单位——明蜀王陵、西部第一客家第一古镇洛带古镇等，这些都是极具参观价值的景点，除此以外，这里优美的自然风光也是游客远离都市喧嚣、与大自然亲近的最佳选择。

洛带古镇
西部客家第一镇

洛带古镇位于龙泉山中段的三峨山麓，是一个有着千年历史的客家古镇。

据传，三国蜀汉时期，太子刘禅来到这里游玩，看见一口位于池塘中的八角井，井中水质清冽，鱼儿在水中来回穿梭，于是太子便跳入池塘抓鱼，不料不慎跌倒，随身所配玉带也落入井中，落带便由此而成为古镇的名字，后来为了书写方便，人们将"落"去掉草字头，变成了"洛带"，并一直沿用至今。

明末清初，为了更好地建设四川，政府鼓励外地人迁居到此，一大群客家人随着"湖广填四川"的移民潮来到这里，经过数百年的繁衍生息，逐步发展成为一个客家人聚居的古镇。

古镇主要由老街和新街两部分组成，新街是近一二十年新建的街道和住宅、单位，而老街则是长约1公里、宽约10米的石板街道，凹凸不平的石板仿佛在述说着古镇的沧桑岁月。如今，洛带古镇上还保留有湖广会馆、广东会馆等珍贵的历史建筑，许多客家人就是在这里举行各种客家民俗活动。今天的会馆内还有许多特色美食店，吸引着不少游客驻足。

旅行建议

1.节假日到洛带古镇游玩可以欣赏到婚俗表演、火龙、水龙等具有客家风情的民俗表演。

2.洛带古镇也是一个休闲云集的地方，盐卤鸡、油烫鹅、面片汤、伤心凉粉、客家九斗碗、石磨豆花等都是非常值得一试的美食。

攻略要点

- 推荐指数：★★★★★
- 游玩亮点：千年古镇
- 地址：近郊龙泉镇北10公里处
- 交通：在市内乘坐58路公交到五桂桥公交站转乘219路公交可达，或在新南门旅游集散中心乘大巴前往
- 门票：免费
- 开放时间：全天

金龙长城
观景胜地

　　金龙长城修建于2001年，是举世闻名的万里长城的仿作。它长1680米，高4米，宽3米，设有5个烽火台，站在金龙长城上放眼望去，青砖筑成的金龙长城蜿蜒盘旋，烽火台、条石、垛口、望口等建筑元素一应俱全，除了长度、高度和宽度无法与真正的长城相比之外，其余的都没有太大的差别。顺着长城登上高处，两边都是郁郁苍苍的树木，微风轻拂，令人心旷神怡。虽然长城本身并无太多看点，不过作为一个不错的观景胜地，这里也是值得一游的。

▶ 攻略要点 ◀

- ⬆ 推荐指数：★★★☆☆　🆔 游玩亮点：仿古建筑
- 🏠 地址：洛带镇金龙村
- 🚍 交通：在市区乘坐58路公交到五桂桥公交站转乘219路公交到洛带客运中心，然后转乘坐853路公交到金龙长城站下车可达　💴 门票：2元　⏰ 开放时间：8:30~18:00

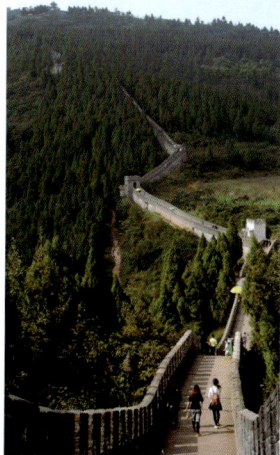

明蜀王陵
著名王陵墓葬群

　　明蜀王陵是明太祖朱元璋的皇室家族陵墓群，距今已有564年的历史。以明代第三代蜀王僖王陵为中心，散布着明代诸位蜀王及其王妃的墓葬。在这些陵墓中出土有彩釉兵马俑、舞乐俑等500多件珍贵的文物，其中从僖王陵墓中发掘出土的仿朱元璋人头龙等文物堪称稀世珍宝。

▶ 攻略要点 ◀

- ⬆ 推荐指数：★★★☆☆　🆔 游玩亮点：古代陵墓群　🏠 地址：龙泉驿区十陵镇
- 🚍 交通：在市区乘坐80a路公交到成都大学站下车步行可达
- 💴 门票：12元　⏰ 开放时间：9:00~18:00　📞 咨询电话：028-86400460

石经寺

千年古刹

　　石经寺始建于东汉末年，初为官宦家庙。到了蜀汉时期，蜀国大将赵子龙承此产，将其作为家庙，取名"灵音寺"。后来，寺庙又经过多次变迁，直到清朝乾隆年间，简州牧宋思仁游览寺庙有感，将一部石刻的《金刚经》赠与寺庙，石经寺便由此而得名。

　　经过近千年的沧桑变化，如今的石经寺已经是一个有着相当规模的古刹。它占地200余亩，寺庙建筑坐西朝东，规模宏大的寺宇顺着山势由东向西逐渐升高，整体建筑显得气势不凡。其主要建筑包括天王殿、大雄宝殿、三圣殿、祖师殿、藏经楼等，在气势恢弘的殿宇之间，银杏、青松等树木枝繁叶茂，形成"万木蔽天"、"遥望石经半天紫"的神奇景观。值得一提的是，其中的一些树木和寺庙一样有着近千年的历史。

　　虽然，现在的石经寺并没有太多的人知道，但是其悠久的历史、恢弘气派的建筑和众多珍贵的文物还是值得游客前去探访的。

旅 行 建 议

1.在石经寺内的素香斋是品尝斋菜的好地方，它们用豆腐做的荤菜色香味俱全，值得一尝。

2.如果要到寺庙进香，最好在庙内购买香蜡，因为寺庙外的香蜡价格昂贵而且质量不是很好。

攻略要点

🏠 **推荐指数：**★★★★☆　¥ **门票：**5元

📷 **游玩亮点：**千年古刹

🏠 **地址：**龙泉驿区茶店镇石经村内

🚌 **交通：**在金沙车站乘坐到龙泉汽车总站的班车，然后换乘870、882路公交可达　⏱ **开放时间：**7:00～17:00

☎ **咨询电话：**028-84810059

龙泉花果山

赏花、品果的好地方

位于成都东郊龙泉山的龙泉花果山是一个四季花香不断、佳果飘香的旅游胜地。近10万亩的山上，葡萄园、枇杷园、桃园等水果种植基地连成一片。每到春天万物复苏的时节，粉红的桃花、雪白的梨花将整个山林装点得分外美丽。特别是龙泉一年一度的桃花节，更是吸引了无数游人前来赏花，品尝农家美食，参加篝火晚会等丰富多彩的活动常常让游客玩得流连忘返。等到水果成熟的时节，游客们就可以大饱口福了。目前，景区已经建成多个开放性果园，游客可以进入果园自行采摘水果品尝，草莓、樱桃、枇杷、水蜜桃、葡萄等各色水果任你挑选，如果觉得不够过瘾，走的时候还可以购买一些带回家慢慢品尝。此外，在当地的农家乐还可以品尝到用当地的时鲜水果制成的特色菜肴，非常特别。感兴趣的话不妨亲自前去游览一番。

旅行建议

如果是到龙泉赏花，当然是3、4月为最佳出游时间，但是如果要到龙泉品尝水果，则一年四季都可以，因为这里种植的水果多种多样，草莓、樱桃、枇杷、苹果、梨等在这里几乎都可以品尝到。

攻略要点

⬆ 推荐指数：★★★★☆　🅵🅶 游玩亮点：水果生产基地

📍 地址：成都东郊龙泉驿区境内

🚌 交通：在市区乘坐58路公交到五桂桥公交站换乘223路公交到龙泉汽车总站可达

¥ 门票：免费　⏱ 开放时间：全天

龙泉湖景区

赏景度假的理想之选

龙泉湖景区位于龙泉山脉中段，这里有成都最大的人工湖泊，古代文人曾用"十里香风吹不断，落花如笛子萧萧"的诗句赞美这里美丽的风景。龙泉湖湖面面积开阔，几十个大大小小的岛屿星罗棋布地分布在湖区内，湖中山丘连绵起伏，青翠的树木蔚然成林。龙泉湖清澈的水面上常常是野鸭成群、游鱼潋潋。每逢春暖花开之时，周围一片山清水秀、鸟语花香，而秋冬雾气浓重之时，这里的湖山景色都沉浸在一片茫茫的雾气中，所有的景色就像一幅水墨山水画一样尽显朦胧的美态，令人着迷。

在龙泉湖景区内，度假村、餐厅、宾馆、各式游船等度假游乐设施一应俱全，桃花岛、磨子湾、猫鼻梁等各式景点丰富。每到节假日，和亲朋好友来此观景、野餐也是亲近自然、放松心情的不错选择。感兴趣的话不妨亲自前去游览一番吧！

旅行建议

1. 除了龙泉湖以外，花果山、石经寺、百工堰也属于龙泉湖景区的部分景点。

2. 春夏时节，龙泉湖景区景色秀丽，此时来度假还可以观赏花果山百花盛放的美丽景象，因此春夏时节是到龙泉湖旅游的最佳时间。

3. 在景区的农家乐用餐时不妨点一些土鸡、鲢鱼之类的菜肴，这些都是当地的特色美食，非常不错。

攻略要点

- **推荐指数**：★★★☆☆
- **游玩亮点**：度假胜地
- **地址**：成都龙泉驿区龙泉湖4号附8号
- **咨询电话**：028-84810279
- **交通**：在五桂桥汽车站乘坐223路公交到龙泉公交站换乘870路公交可达
- **门票**：免费
- **开放时间**：全天

食在龙泉驿区

在成都市区以外的地方，美食的种类更加让人眼花缭乱，一碗简单的豆花，一个用艾蒿制成的馍馍，这些都可以让你品尝到不一样的美味。下面我们就精心挑选一些美食向游客进行介绍。

伤心凉粉
洛带古镇特色小吃

伤心凉粉是龙泉洛带古镇一道非常有名的小吃，它选用豌豆经过手工加工制作而成，上桌之前，在凉粉上加入花椒、小米辣、花生米、醋等调料，吃凉粉的人一般都会被辣出眼泪，别人一看，还以为遇到了什么伤心事，所以"伤心凉粉"因此而得名。

艾蒿馍馍
天然绿色食品

艾蒿是非常普遍的野菜，生活在洛带古镇上的人们于是将它和面粉等原料混一起，制作成了一道独特的美味。他们将新鲜的艾蒿切碎，加上鸡蛋、面粉，调成糊，然后用油炸成金黄色，吃起来带着一股艾蒿的清香，口味非常独特。

豆瓣抄手
创新美味

豆瓣抄手是介于清汤抄手和红油抄手之间的一种美味，它既没有清汤抄手的清淡，也不会像红油抄手那样麻辣，带着独特的豆瓣香味，令人回味无穷。

毛麻花
酥香松脆的特色小吃

毛麻花的创始人是居住在洛带古镇上的客家人毛朝荣，当年他随着迁徙入川的大军来到洛带，并一直以贩卖麻花为生，后来生意越做越好，毛麻花就成为当地非常有名的一道小吃。

如今，经过不断改良加工工艺，毛麻花更加是人们到了洛带不得不尝的一道美食。它选用大豆色拉油、面粉、鸡蛋、白糖、芝麻、奶油、花椒等原料精心制作而成，吃起来松脆酥香，堪称古镇一绝。

石磨豆花
嫩滑爽口

石磨豆花是洛带古镇上的一道特色美食，其制作方法非常传统。将一块大大的石磨放在餐馆门前，将豆子放入磨上的小孔中现磨而成，这种一边推磨子一边卖豆花的做法常常吸引不少游客驻足观看，看着新鲜的豆花常常让人忍不住想要品尝一回。要一碗鲜香的豆花，配上一碗用辣椒油、大头菜颗粒和黄豆等做成的调料蘸着吃，入口滑嫩，带着特有的麻辣香味，让人回味无穷。吃的时候，如果再配上一碗喷香的米饭，那就更加美味了。

酿豆腐
鲜美的客家美食

酿豆腐是客家人生活中最常吃的一种小吃，它将新鲜的豆腐切成一寸见方的小块，然后放入油锅中炸少许时间，去除沥干后，再放入搁有辣椒、五香、八角等调料的肉汤中用小火慢煨，最后在吃的时候放入葱花、胡椒等调料，这道小吃吃起来味道鲜美，口感爽滑，令人回味无穷。

美食哪里吃?

以上介绍的美食在龙泉驿区几乎都可以吃到，特别是到洛带古镇更是可以品尝到许多不同种类的小吃，下面是龙泉驿区比较有特色的一些餐厅，我们列出了餐厅的地址和电话，方便游客前往。

洛带古镇广东会馆 地址：龙泉驿区洛带古镇上街　　交通：在市内乘坐58路公交到五桂桥公交站换乘219路公交可达，或在新南门旅游集散中心乘大巴前往

蒲氏石磨豆花 地址：龙泉驿区洛带古镇老街上街　　交通：在市内乘坐58路公交到五桂桥公交站换乘219路公交可达，或在新南门旅游集散中心乘大巴前往

毛婆婆凉粉 地址：龙泉驿区洛带古镇下街167号　　交通：在市内乘坐58路公交到五桂桥公交站换乘219路公交可达，或在新南门旅游集散中心乘大巴前往

白鲨乌江鱼 地址：龙泉驿区十陵镇（和平社区旁）　　交通：在成都市区乘坐80a路公交到成都大学站下车可达

客家第一腿 地址：龙泉驿区洛带古镇下街157号　　交通：在市内乘坐58路公交到五桂桥公交站换乘219路公交可达，或在新南门旅游集散中心乘大巴前往

为了方便游客出行，我们精心选取了龙泉驿区的几处住宿地点，按照星级标准进行介绍，以供参考。

宿 在龙泉驿区

金宫馆客栈
古色古香的住处

金宫馆客栈位于洛带古镇上，是一座仿明清风格的特色酒店。木制的建筑结构、精致的雕花以及随处可见的油画和走廊壁画营造出一种古色古香而又独具艺术气息的居住氛围。在客栈顶楼还有一个休闲茶吧，坐在里面一边品茶，一边聆听古镇的喧嚣繁华，不禁让人浮想联翩。

攻略要点

- 🏠 **地址**：洛带镇府兴街132号
- 🚌 **交通**：在市内乘坐58路公交到五桂桥公交站换乘219路公交可达，或在新南门旅游集散中心乘大巴前往
- 🛏 **客房**：单间、标准间、中式套房　¥ **房价**：80元起

餐 饮 资 讯

客栈内有咖啡馆、茶吧等相关的餐饮设施。

星光花苑酒店
风景秀丽的住处

星光花苑酒店是一家三星级会议度假酒店，它位于著名的水果之乡——龙泉阳光城。酒店是典型的西式园林式建筑，面向清秀苍翠的龙泉山脉，外部环境十分优越。酒店内宽广的草坪、青葱的树木、回环的曲廊以及四处盛开的鲜花营造出良好的住宿环境。酒店完善的住宿、餐饮以及娱乐等相关配套设施相当完善，一定可以让你拥有一个完美的住宿体验。

攻略要点

- 🏠 **地址**：龙泉阳光城　🚌 **交通**：在五桂桥公交站乘坐223路公交到龙泉汽车总站换乘886路公交可达
- 🛏 **客房**：标准间、豪华套房、别墅
- ¥ **房价**：398元起　☎ **咨询电话**：028-84839393

餐 饮 资 讯

酒店拥有可容纳600人同时用餐的宴会厅，主要提供中餐服务。

博瑞花园大酒店
出游方便

博瑞花园大酒店是龙泉阳光城唯一一家四星级酒店，它占地173亩，欧式建筑的主楼和楼前宽广的草坪仿若一座贵族居住的城堡。在酒店周围，分布着龙泉山、桃花故里、龙泉湖、石经寺、百工堰、明蜀王陵、洛带古镇等极具游玩价值的旅游景点。从酒店出发只需数十分钟便可轻松到达。此外，酒店内完善的住宿、餐饮、娱乐、商务等配套设施可以满足住客不同的住宿需求。

餐饮资讯

酒店拥有特色中、西餐厅，可以同时容纳400人就餐。

攻略要点

- **地址：** 龙泉驿区阳光大道11号
- **交通：** 在五桂桥公交站乘坐223路公交到龙泉汽车总站换乘893路公交可达
- **客房：** 豪华标准间、商务大床间
- **房价：** 388元起
- **咨询电话：** 028-84839888

天伦国际大酒店
四星级高档酒店

天伦国际大酒店是一家四星级高档会所式酒店，酒店内拥有各类客房153间，同时也提供豪华的别墅式客房，每间客房内都配有国际、国内长途电话，迷你冰箱，私人保险箱等配套设施。此外，酒店还拥有成都市最大的室内游泳池、桑拿中心、棋牌室等相关休闲娱乐设施，相信在这里住宿，一定可以为你的旅途增添一份轻松。

攻略要点

- **地址：** 龙泉驿区龙都北路
- **交通：** 在五桂桥公交站乘坐223路公交到龙泉汽车总站换乘885路公交可达
- **客房：** 标准间、普通套间、豪华套房
- **房价：** 680元起
- **咨询电话：** 028-84885682

餐饮资讯

酒店的天伦苑餐厅可以提供特色四川菜以及精美的小吃。

其他住宿推荐

酒店

龙威酒店　地址：龙泉驿区龙都南路198号　电话：028-88433111
万力多大酒店　地址：龙泉驿区灵龙路392号　电话：028-84602889
樱花大酒店　地址：龙泉驿区金龙镇　电话：028-84822139
龙翔酒店　地址：龙泉中心音乐广场侧　电话：028-84883322

宾馆、饭店

龙府饭店　地址：龙泉驿区龙泉湖畔　电话：028-84810000
四川航天宾馆　地址：龙泉驿区航天北路　电话：028-84883001
雅苑宾馆　地址：龙泉驿区雅生路33号　电话：028-84884388

NO.2

双流县·新津县

　　双流县位于成都平原腹地，它始建于公元前316年，是开发最早的古县邑之一，古称"广都"。因境内有锦江、江安河两条河流交汇而过，遂改名为"双流"。如今，这里不仅拥有国际化的大机场，也拥有秀美的自然风光和悠久的历史人文风景，以下将一一为游客进行介绍。

　　新津县位于成都南部，是紧靠双流的一座县城。早在春秋战国时期，这里就是蜀国的土地，漫长的历史发展为这里留下了丰富的历史人文古迹。境内五河汇聚滋养了这一片美丽的土地，自然风光更是迷人，下面我们也将一一进行介绍。

双流县、新津县景点分布图

双流县·新津县

乔一乔怪味餐厅
双流县
双流老妈兔头
棠湖公园　棠湖宾馆
双流航都商务酒店
成都华阳大酒店
海昌极地海洋世界
岷江春泥鳅
经协商务宾馆　品味轩
新津县
岷江渔港
花舞人间景区
尚润度假酒店
黄龙溪古镇

图例

双流县、新津县游玩预算

　　在双流县、新津县旅游,所花费用不会太高。景点门票方面,海昌极地海洋世界需要门票130元,新津花舞人间景区需要门票60元,其余景点大部分都是免费游览的,如果不参加其他游乐项目,门票的费用在190元左右。

　　住宿方面,这两个地方的住宿都不是很贵,如果住在一般的经济型酒店需要150元左右,如果在景区的农家乐住宿,价格会更加便宜。

　　美食方面,在双流县、新津县品尝的都是当地的特色美食,而当地的餐馆价格都不是很贵,所以吃方面不会花费太多。

购物方面,在双流县、新津县一般都是选购茶叶、水果等当地特产,而这些特产的价格都比较便宜,所以不会花费太多。

总之,如果两个人在双流县、新津县游玩两天,游完大部分景点,并且住在经济型的酒店,大致需要花费500元左右。

双流县、新津县旅行锦囊

旅游特色

在双流县比较有名的旅游景点就是黄龙溪古镇,古镇上的老街、老牌坊均十分具有参观价值。而在新津县,为人所熟悉的景点并不是很多,近年发展起来的花舞人间景区还不错,逛完景区在附近的农家乐还可以品尝到地道的农家美食,如果到这里不妨品尝一下。

最佳旅游时间

对于双流县的大部分景点来说没有太多的时间限制,一年四季都可以游览。而新津县的旅游景点,特别是自然旅游景点,最好是在春季游览,这个时节万物复苏,百花争艳,是景色最美的时候。

特产购物

新津县的特产包括蔡湾柚、徐公茶、牧马山辣椒等,双流县的特产包括牧山麻羊和郁金,这些都是当地比较有名的一些水果、茶叶和药材,如果去的话不妨购买一些。

交通指南

成都到双流县

从成都到双流县的车很多,你可以在成都火车南站乘坐806路到达双流客运中心,在成都石羊客运站乘坐804、804b路公交到双流机场站,或者在市中心的盐市口乘坐213路公交也可以到达。此外,在新南门汽车站也有从成都到新津县的长途汽车,可以中途在双流县下车。

成都到新津县

从成都到新津县可以在新南门旅游集散中心或者金沙车站乘坐到新津县的长途汽车。

到达双流县或新津县以后,在车站可以乘坐前往城区或景点的公交,公交车或者站台上一般都会标明公交所要经过的线路,到时只要仔细查询即可轻松前往目的地。

成都各大车站地址及交通

石羊场公交站地址:成都市大件路。在成都市内乘坐11、12、28、61、76路公交可达石羊场公交站。

火车北站公交站地址:成都市二环路北二段。乘坐51、69路公交可达成都火车北站公交站。

新南门汽车站地址:成都市锦江区新南路。乘坐28、48路公交可达新南门汽车站。

金沙车站地址:成都市清江中路50号。乘坐5、32、63路公交可达金沙车站。

赏在双流县·新津县

双流县和新津县这两个地方都有着悠久的历史，但是它们却有着不一样的精彩景点。无论是历史悠久的古迹，还是风光秀美的自然景观，都代表着它们不同的魅力。下面我们就精心挑选比较具有代表性的几处景点，向游客进行介绍。

棠湖公园

成都公园之冠

棠湖公园始建于1986年，是一座以海棠和湖泊为特色的新建仿古园林，公园利用旧河道以及川西农村特有的竹林深院精心设计而成。公园内林木葱茏，小桥流水，亭阁楼台掩映在一片茂密的竹林之中，显现出一片古朴清幽的意境。其中，主要景点包括"棠林春色"、"绿柳风荷"、"金花夜月"等数十个，漫步其中，还会有穿行于苏州园林的感觉，令人心旷神怡。

攻略要点

- **推荐指数**：★★★☆☆
- **游玩亮点**：园林景观
- **地址**：双流县棠湖南路一段2号
- **交通**：在成都火车北站乘坐806路公交到达双流后，在城区乘坐2路公交到棠湖路站下车可达
- **门票**：免费
- **开放时间**：9:00-18:00
- **咨询电话**：028-855803025

黄龙溪古镇

历史悠久的川西古镇

　　黄龙溪古镇位于成都东南方向40公里处，它北靠牧马山，东临锦江，从建镇起至今已有1700多年的历史了。

　　黄龙溪原名赤水，早在2000多年前，古蜀的先民就已在此繁衍生息。三国蜀汉时期，诸葛亮利用这里的有利地形，屯兵于此，从那时起，这里就逐渐具备了古镇的雏形。如今的黄龙溪古镇备受世人关注，其原因在于这里清代风格的街道建筑依然保存完好，青石板铺就的街道，木柱青瓦的楼阁房舍，镂刻精美的栏杆窗棂，这些无不彰显出古镇的魅力。

　　古镇主要由正街、新街、横街等7条老街组成，这些古老的街巷至今依然保存完好，堪称"川西古镇一绝"。古街两旁都是一些修建于明清时期的建筑，无论是独具特色的吊脚楼，还是古老的悬山式、硬山式建筑，都让我们看到了古镇昔日的风采。

　　其中，著名景点三县衙门就位于黄龙溪古镇内。原来，黄龙溪属于华阳县的管辖范围，与彭山、仁寿县接壤，属于"三不管"的地带，所以这里的匪患十分严重。后来清朝政府在这里设立了总爷衙门，由三县县令轮流处理辖区内的事务，"三县衙门"也由此而来。如今，三县衙门是一个很小的四合院，其主要建筑包括正门、照壁、大堂、签押房等，衙门至今还保留着鸣冤鼓、惊堂木等文物。

　　如今，在古镇的街巷中有很多独具特色的小饭店，店门口蓝底白字的酒旗不停地随风飘摇，像在招揽顾客，饭馆里飘出的饭菜香味为古老的小镇平添几分生活气息。除了饭馆，古镇街道两旁的茶馆也很多，竹椅、木桌、盖碗茶，颇有几分成都老茶馆的味道。这里的人们就喜欢坐在这里品茶、聊天，享受每一天的悠闲时光。

旅行建议

1.红烧黄辣丁、焦皮肘子、野菜炒蛋、素炒野灰灰菜等都是黄龙溪的特色美食，去的话不妨好好品尝一下。

2.古镇上至今仍然保持着许多传统的民风民俗，正月到这里可以欣赏到火龙灯、狮灯等表演，端午节还有盛大的龙舟比赛。

攻略要点

- 推荐指数：★★★★★
- 游玩亮点：清代古建筑、特色美食
- 地址：成都双流县
- 交通：在新南门旅游车站可以乘坐直达古镇的班车，车程约为46公里，时间约为1小时20分钟
- 门票：免费
- 开放时间：全天

海昌极地海洋世界
乐趣无限的海洋公园

　　海昌极地海洋世界是一个集旅游、购物、休闲、度假、娱乐等多种方式于一身的中国首个主题公园式极地海洋世界。它主要由极地动物展示区、欢乐剧场、海豚表演场、风情小岛休闲区、海洋动物展示区等5大主要板块组成。园区通过人造冰雪景观、人造海水景观等高科技手段，将内陆地区没有的极地动物带到人们面前，给人带来梦幻极地的全新感受。

　　在这里，你可以穿行在无垠的冰川上，去感受北极熊、企鹅等北极动物的生存环境；在亚洲最大的海洋动物表演馆，你可以观赏海豚、白鲸等珍稀海洋哺乳动物带来的精彩表演；来到这里的欢乐剧场，你可以观赏海狮等极地动物和技艺精湛的小丑为游客带来的令人捧腹的精彩表演。

　　除此以外，在海洋世界还可以品尝到极地独特的西式糕点、充满异域风味的格式汉堡、薯条、炸鸡翅等美味小吃。在爱斯基摩集市，你还可以购买北极熊、海豚、海狮等各式毛绒玩具，以及木制品、陶艺品、仿古饰品、精美水晶吊饰等纪念品。

攻略要点

推荐指数：★★★★☆　　**游玩亮点**：极地动物表演　　**地址**：成都华阳镇天府大道南段
交通：在成都乘坐6路或55路到火车南站换乘815a路公交，或在桂溪公交站换乘501路公交可达　　**门票**：130元　　**开放时间**：8:00-18:30　　**咨询电话**：028-66588888

花舞人间景区
特色农业主题公园

花舞人间是华西希望集团斥资兴建的一座农业科技博览园，它集大面积的草坪、果园湖、湖泊、树林等景观于一身，园区内草木葱茏，四季盛开的鲜花和各色佳果将园区装点得分外美丽，澄碧的湖水和蜿蜒流淌的溪流为园区带来了生气，加上亭、台、楼、阁等充满古典韵味的建筑，使整个园区变得更加魅力不凡。园区内的"倾心梯田"、"清泉水梯"等景观让人领略到大自然的美丽以及大农业的手笔。

除此以外，景区内还有水上娱乐、观光车、游船、滑草、投篮机、射箭场等参与性的游览项目，来到这里，你可以尽情地在大自然的怀抱中享受欢乐。如果你觉得一天玩得不够尽兴，那么你可以在景区内的森林会所住下来，这里环境优美，景色宜人，住宿、餐饮、休闲、娱乐等设施一应俱全，是一个休闲度假的好去处。

旅行建议

每逢鲜花盛开的季节，花舞人间景区都会举办大型的花卉展览活动。每年的3～5月举办花舞人间杜鹃花节，7、8月举办荷花展，10、11月举办菊花节，同时还有拓展活动项目和宿营等活动。届时，整个景区将非常热闹。

攻略要点

- **推荐指数**：★★★☆☆
- **游玩亮点**：观光赏花 **地址**：成都市新津县
- **交通**：在成都新南门汽车站乘坐前往新津的大巴，然后在新津客运站乘坐522路公交直达景区
- **门票**：30元 **开放时间**：9:00-18:00
- **咨询电话**：028-82555666

食在双流县·新津县

双流县和新津县这两个地方的小吃也非常具有特色，无论是肥美的河鲜还是麻辣的火锅，都代表着它们各自的饮食文化。下面我们就挑选其中一些具有代表性的美食推荐给游客。

鸡杂火锅
麻辣鲜香

双流县是一个美食云集的地方，包括面食、中餐、火锅、特色小吃等，可以说种类非常丰富。鸡杂火锅就是当地人非常爱吃的一种火锅类型，它选用新鲜的鸡杂在特制的麻辣锅中涮煮而成，吃惯了成都菜品丰富的各式火锅，不妨到双流县尝尝足量又美味的特色鸡杂火锅，相信一定不会让你失望。

奇香梭边鱼
鲜嫩美味

奇香梭边鱼是双流的又一道美味，这种鱼周身只有一根大刺，没有任何小刺，而且鱼的肉质十分鲜嫩。经过精心的烹饪过后，吃起来鲜香麻辣，令人回味无穷。

新津河鲜
新津美食之最

　　新津县是一个河流众多的地方，境内有5条河流汇集在此。因此，新津有很多肥美的河鲜，而新津人对于河鲜的做法也别具一格，就算是一条普通的河鱼也能被他们烹制得色香味俱全。如果到新津的话，河鲜是一定要品尝的美食。此外，新津县还经常举行美食节，届时游客可以品尝到各种各样美味的河鲜。

鱼头火锅
新津特色美食

　　闻名全国的鱼头火锅源于水产丰富的新津县，黄辣丁、鲶鱼、鲤鱼等河鲜品种达到100多种，这些纯天然的河鱼不仅肉质鲜嫩，而且富含多种微量元素和氨基酸，营养非常丰富。因此用新鲜河鱼烹煮而成火锅更是香辣美味，深受众多食客的喜爱。到新津游玩，一定要好好品尝一下。

美食哪里吃？
以上推荐的特色美食在当地的很多餐馆都可以吃到，下面是一些当地比较独具特色的餐馆，推荐给游客。

双流县
乔一乔怪味餐厅
地址：双流县东升镇白依下街194号
交通：在成都火车北站乘大巴到双流后在双流城区乘坐1路公交可达东升镇
双流老妈兔头
地址：双流县藏卫路北二段54号
交通：在成都大业路乘坐213路公交到电力大厦站下车可达
重庆黔江鸡杂王
地址：双流县中和镇一环路加油站旁
交通：在成都桂溪公交站乘坐817路公交可达双流县中和镇
岷江春泥鳅
地址：华阳正兴镇
交通：在成都市区乘坐501路公交到华阳客运站下车可达

新津县
岷江渔港
地址：新津县永兴镇新蒲路段
交通：在成都新南门车站乘坐前往新津的班车，下车后在车站租车前往，车程约为5.3公里，时间约为12分钟
品味轩
地址：新津县瑞通路148号
交通：在成都新南门车站乘坐前往新津的班车，然后在车站租车前往，车程约为1.4公里，时间约为7分钟

宿在双流县·新津县

双流、新津两地的住宿大都为经济舒适型的酒店，豪华的星级住处比较少，下面我们将选取几处不错的住宿点，按照高中低三个不同的档次向游客进行介绍。

成都华阳大酒店

舒适便捷的住处

成都华阳大酒店位于成都双流华阳镇，是一家按照二星级标准新建的旅游酒店。酒店环境优雅舒适，装修设计别具一格，虽然酒店不如其他豪华酒店那样豪华气派，但是整洁舒适的环境也是非常适宜住宿的。此外，酒店距离双流国际机场也很近，交通十分方便，是旅游、度假、商务、休闲的理想之地。

餐饮资讯

酒店中餐厅主要提供特色川菜。

攻略要点

- ⌂ **地址**：双流县华阳镇正大街1号
- 🚌 **交通**：在成都市区内乘坐501路公交到华阳客运站下车，然后在华阳乘坐5路公交到二医院站下车可达
- 🛏 **客房**：单间、标准间、商务房
- ¥ **房价**：168元起
- ☎ **咨询电话**：028-85630888

双流航都商务酒店
地理位置优越

双流航都商务酒店地处双流繁华的商业中心，旁边就是休闲氛围浓郁的城市广场和购物的大型超市，双流有名的景点棠湖公园也与酒店近在咫尺。酒店内拥有舒适型的客房53间，电脑商务房、机麻休闲房等相关配套设施完善。出于出行方便的选择，航都商务酒店还是一个不错的下榻之地。

━ 攻略要点 ━

🏠 **地址：** 双流县棠中路一段90号
🚍 **交通：** 在成都市区乘坐802路公交到双流东升政府站下车可达　🏠 **客房：** 标准间、单人间、商务单间
¥ **房价：** 138元起　🔊 **咨询电话：** 028-85812566

餐 饮 资 讯

酒店顶楼的阳光茶餐厅很有特色。

尚润度假酒店
休闲度假好选择

尚润度假酒店是一家集餐饮、娱乐、住宿于一身的高档会所式酒店，它位于成都市区的边缘地带，一步是都市，一步是田园，独享静谧与悠然。酒店内部的装修将中国传统风格与现代艺术相融合，营造出时尚而又独具品味的居住环境。此外，酒店还拥有特色温泉等休闲娱乐设施，是旅游度假的理想住处。

━ 攻略要点 ━

🏠 **地址：** 新津县岷山大道三段1199号
🚍 **交通：** 在成都新南门乘大巴前往新津客运站，由于没有公交直达，建议在车站租车前往，车程约为13.5公里，时间约为24分钟　🏠 **客房：** 标准间、单人间、商务房
¥ **房价：** 325元起　🔊 **咨询电话：** 028-82522222

餐 饮 资 讯

在酒店的餐厅可以品尝到新津的特色美食——黄辣丁，这也是酒店的一大特色。

其他住宿推荐

双流县

家园国际酒店	地址：机场路181号	电话：028-82936666
川投国际酒店	地址：金河路66号	电话：028-85899999
畅春花园酒店	地址：长顺路三段畅春园	电话：028-85817888
棠湖宾馆	地址：棠湖南路一段1号	电话：028-85823088
广场宾馆	地址：白河路一段1号	电话：028-85808111

新津县

丽津酒店	地址：新津县瑞新街	电话：028-82522558
新津大众商务酒店	地址：瑞通路125号	电话：028-82515888
印象宾馆	地址：新津县正源路78号	电话：028-82481258
经协商务宾馆	地址：五津东路291号	电话：028-82520681
大不同宾馆	地址：城西巷40号	

NO.3

邛崃市·蒲江县

邛崃市位于四川省中部、成都平原西南。历史上，它曾是商贾云集的富庶之地，也是"南方丝绸之路"和"茶马古道"的第一站，素有"天府南来第一州"的美誉。漫长的历史发展在这片美丽的土地上留下了众多的文物古迹，下面我们将向游客进行介绍。

蒲江县位于四川盆地西南部，是隶属于成都的一座小县城。这里历史悠久，山川秀美，大面积的森林和蜿蜒流淌的河水造就了无数美丽的自然景观。特别是境内的石象湖景区，其独特的自然美景和绝妙的人造景观令无数旅游者为之神往。下面我们也将为游客进行详细的介绍。

邛崃市、蒲江县景点分布图

邛崃市·蒲江县

N

琴台森林大酒店　左记美味肥肠粉　邛崃市
金牛港肥牛　渔桥炖鸡　奶汤面
楠梁商务酒店　新邛公路
平乐古镇
西来古镇
天台山
蒲江县　刘烧鸡
石象湖　叶肥肠　鹤都家园酒店
成都石象湖交通饭店
朝阳湖大酒店　朝阳湖

图例　县级行政中心　费　食　宿　水面　国道及编号　省道及编号　普通道路

邛崃市、蒲江县游玩预算

　　在邛崃市、蒲江县旅游，所花费用不会太高。景点门票方面，天台山景区门票需要50元，石象湖门票需要50元，而其余景点大部分不需要门票，或者只需几块钱的门票，所以门票费用在100元左右。

　　住宿方面，这两个地方的住宿都不是很贵，如果住在一般的经济型酒店需要150元左右，如果在景区的农家乐住宿，价格会更加便宜。

　　美食方面，主要是到当地品尝特色美食，而这些美食都是一些小吃或特色菜肴，所以不会花费太多。

　　购物方面，到这里旅游主要是选购当地的特产，花费主要视个人的消费情况而定，不过一般都不会花费太多。

　　总之，如果两个人在邛崃市、蒲江县游玩两天，游完大部分景点，并且住在经济型的酒店，大致需要花费450元左右。

邛崃市、蒲江县旅行锦囊

特产购物

到邛崃市游玩可以购买邛酒、邛茶、邛陶等特产，邛崃的制酒和制陶历史都非常悠久，所以这里出产的陶瓷制品和酒的品质都很不错。而这里特殊的地理环境也很适合茶叶的生产，其茶叶还曾作为贡品上贡朝廷。除此以外，这里还是生产各类优质水果的"水果之乡"，可以选购一些来品尝。

蒲江县的特产包括米花糖、白菜豆腐乳和脐橙、猕猴桃等各式水果。

旅游节庆活动

邛崃市每年所举行的旅游活动并不是特别多，在节假日期间，邛崃市的天台山等景区会举办一些节庆活动。

而蒲江县每年都会举行丰富多彩的旅游节庆活动。例如，每年的4、5月，蒲江县光明乡会举行"光明樱桃节"，在此期间，游客可以观花品果，体验农家生活。每年9、10月，蒲江县的石象湖景区会举办"百合花旅游节"，届时成千上万株百合花一起开放，十分美丽。

交通指南

成都到邛崃市

在成都金沙车站每天都有发往邛崃市的班车，可以到此乘坐，或者在成都新南门汽车站和火车北站客运站乘坐长途汽车前往。其中，金沙车站发往邛崃市的班车每天都有很多，到这里坐车最为方便。

如何前往新南门、金沙车站以及石羊场汽车站可参见"NO.2 双流县·新津县"的"交通指南"。

成都到蒲江县

从成都前往蒲江县可以在新南门汽车站、火车北站客运站和石羊场客运站乘坐长途汽车，这几个车站每天都有很多发往蒲江的班车。

由于邛崃市和蒲江县的公交并不是很多，到达以后可以租车前往相关景区。

邛崃市和蒲江县地处成都郊区，在地域上，虽然两个地方隔得很近，但是不同的自然地理条件以及历史发展轨迹，造就它们各自不同的魅力。下面我们精心挑选了其中一些较为著名的景点推荐给游客。

赏 在邛崃市·蒲江县

天台山

优美的自然风光、深厚的历史内涵

天台山古名东蒙山，相传大禹治水时路过蜀国，将此山选为台，并在此登高祭天，"天台"之名由此而来。

天台山是一座有着深厚历史文化内涵的山脉。汉朝末年，便有道家在此相山凿洞，筑坛祭神。南北朝时期，西域僧人在此创建了天台佛寺。自此以后，宗教便在天台山蔓延，并逐渐形成儒、道、佛三教并存的局面。一时间，山上寺观林立，僧人众多，天台山就仿若一座庞大的宗教山城。至今，天台山上还保留着"雷音寺"、"和尚衙门"、"第一禅林"等众多历史文化遗迹。

当然，天台山不仅是一座有着深厚历史文化内涵的名山，也是一个风光秀丽的度假胜地。"山奇、石怪、水美、林幽"是天台山享誉中外的特色。山中怪石林立，溪流潺潺，充满神秘美丽的气息。行走山中，身边的景色不断变幻，让人觉得犹如在一幅美丽的中国山水长卷上穿行。

攻略要点

- 🔺 **推荐指数：** ★★★★☆
- 🎡 **游玩亮点：** 自然山水、寺观遗迹
- 📍 **地址：** 邛崃天台山镇
- 🚌 **交通：** 在成都新南门旅游车站可乘大巴直达天台山景区，车程约为98.7公里，时间约为2小时17分钟
- ¥ **门票：** 50元
- ⏰ **开放时间：** 7:00-17:50
- ☎ **咨询电话：** 028-89235003

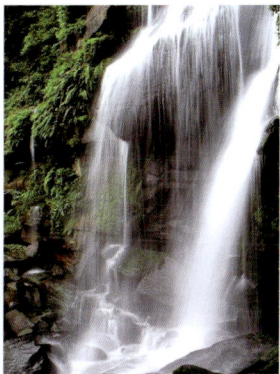

平乐古镇
美丽的千年古镇

平乐古镇古称"平落"，史前蜀王开明氏时期，平落四周的盆地因兴修水利、发展农桑而逐渐成为聚落，"平落"也是由此而来。早在西汉时期，这里就已经形成集镇，迄今大约有2000多年的历史了。古镇四周青山环绕，镇内树木繁茂，江水穿镇而过，鸥鸟在此出没，四季风景如画。古镇内的街道大小长短不一，格局独特，临江的是一排排独具川西民居建筑特色的吊脚楼，古旧的砖瓦似乎在诉说着古镇沧桑的历史。

历史上，平乐古镇是南方丝绸之路上的重要驿站，如今的平乐古镇上依然保留着众多历史古迹。古街、古寺、古道、古坊无不透露着古镇千年的历史文化。这座历经千年历史的古镇如今安宁而恬淡，与世无争的古镇居民平静地生活在这里，清石板的街道、古老的清代建筑、枝繁叶茂的大榕树构成了古镇独特的风景，如果你愿意，不妨到古镇体验一下平淡而纯朴的古镇生活，感受千年古镇的魅力。

旅行建议

1.奶汤面、竹笋烧鸡、孙血旺、趟白肉等是平乐古镇的特色美食，到了那里不妨好好品尝一下。

2.平乐古镇的农家乐非常有特色，在这里不仅可以品尝农家美食，还可以亲身体验农家生活。

攻略要点

🔺 **推荐指数：**
★★★★☆

🎎 **游玩亮点：** 古建筑遗迹

📍 **地址：** 邛崃市西南18公里处

🚍 **交通：** 在成都新南门车站乘车前往邛崃，然后在邛崃车站转乘巴士前往古镇，车程约为22.5公里，时间约为43分钟

💰 **门票：** 免费

🕐 **开放时间：** 全天

石象湖

一个山花烂漫的世界

相传三国大将严颜骑象在此升天，湖中建有石象寺，石象湖也由此而得名。

石象湖坐落在大面积的原始森林中，湖区小巧玲珑，湖水清澈透明，泛舟其上，沿着湖面穿行在绿荫花丛之间，满眼都是青葱的翠色，耳畔都是悦耳的鸟鸣，这一切都令人心旷神怡。

有人说石象湖是"东方小瑞士，亚洲小荷兰，中国达沃斯，成都御花园"。除了石象湖美丽的湖光山色外，这里最吸引人的地方就是山野间成片的花海。石象湖的花品种繁多，色彩艳丽，不计其数的百合、杜鹃、木兰、山茶花、郁金香等花卉遍布景区的山间岩畔，走进石象湖，就仿佛走进了一座鲜花的王国。红得、白的、粉的各色花卉在山坡上连绵起伏，构成一幅色彩斑斓的图画，令人眼花缭乱。如今，很多人都喜欢选择在鲜花盛开的时节来到这里，拍照、嬉戏，尽情享受大自然的无穷乐趣。如果你也感兴趣，不妨亲自到此来观赏一下这成片的花海吧！

◆ 攻略要点 ◆

↑ **推荐指数**：★★★★☆　📷 **游玩亮点**：赏花　⌂ **地址**：成都市蒲江县近成雅高速86公里处　¥ **门票**：50元　🚌 **交通**：在成都新南门汽车站乘坐直达石象湖景区的班车可达，时间约为1小时27分钟　⊙ **开放时间**：8:00-18:00　📞 **咨询电话**：028-88591888

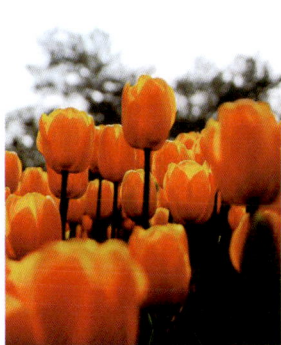

旅行建议

每年4、5月间，石象湖郁金香盛开的时候将举办盛大的郁金香节，9、10月份是百合花盛开的时候，则举办百合花旅游节。节日期间，景区内各个品种的鲜花都将与游客见面，赏花观景成为节日期间的一大盛事。

西来古镇
与世无争的宁静小镇

西来古镇从建镇至今大约已有1500多年的历史。三国时期，西来古镇曾是人来人往的渡口，由于渡口两岸人丁兴旺，所以逐渐发展成为一个小镇。如今，西来古镇和众多的古镇一样，保留着青石板的街道、青砖黑瓦的建筑以及淳朴的民风。在大多数人的心中，西来古镇并不是特别有名，但是这里独有的宁静与闲适是许多现代的都市人所向往的，如果你也感兴趣，不妨到这里来看看。

攻略要点

推荐指数：★★★☆☆　游玩亮点：古镇建筑　地址：成都市蒲江县北部
交通：在成都新南门旅游车站每天上午10点都有一班车直接开往西来古镇景区，时间约为1小时32分钟　门票：免费　开放时间：全天

朝阳湖
美丽的"水上青城"

朝阳湖是一个大型的人工湖泊，由于远离市内，这里的山水风光保存完好，充满原始气息，景区内绵延的青山和碧绿的湖水交相融合，上千种野花和自在翱翔的水鸟，构成了一幅犹如世外桃源般的美丽图画。此外，景区内的汉代飞仙阁、巴蜀船棺等景点也很有观赏价值。

攻略要点

推荐指数：★★★☆☆
游玩亮点：划船
地址：成都市蒲江县朝阳湖镇　门票：15元
交通：在成都新南门车站有直接开往朝阳湖景区的大巴，时间约为1小时28分钟　开放时间：全天
咨询电话：028-88591031

食在邛崃市·蒲江县

在邛崃市和蒲江县有很多非常具有特色的地方小吃，无论是做法简单的腌菜还是做法讲究的烧鸡都具有其独特的美味。下面就为游客介绍几样当地的特色美食，以供参考。

钵钵鸡
麻辣鲜香的美味

钵钵鸡是清朝时期在邛崃火起来的一道美食，因盛放这道菜的器皿为陶钵，所以得名"钵钵鸡"。虽然如今在成都的大多数餐馆都可以吃到，但是邛崃市当地的钵钵鸡做得最为地道。它将煮熟的鸡肉切成片，然后拌上麻酱、芝麻等调料，看上去红白相间，吃起来麻辣鲜香，是一道不可多得的美味佳肴。

奶汤面
香味浓郁、营养丰富

奶汤面是一道起源于邛崃市的面食，因其面汤纯白如奶而得名。制作这种面食时，先将猪骨、鸡骨一起放入锅中用小火熬制数小时，直至汤色由清亮变为奶白色，然后在汤中放入面条煮熟，最后加入鸡丝、肉臊等调料，吃起来非常可口，而且这道面食的营养也十分丰富。

肥肠火锅
肥肠的另类吃法

很多人吃过鱼火锅、鸡火锅，而肥肠火锅却是不多见的一种吃法。它是蒲江县的一道特色美食，新鲜的肥肠经过火锅的烹煮之后更加耙软入味，香辣浓郁，别有一番滋味。吃完以后，还可以烫一些新鲜的蔬菜，口味也很不错。如果你感兴趣的话，还是亲自前去品尝吧！

张洋姜
特色小吃

张洋姜是邛崃市临邛的一道传统小吃，它将新鲜的洋姜洗净晒干后，加上菜油、精盐放入密封的坛子里腌制，吃的时候再将其切成小片，放上辣椒、花椒、芝麻等调料拌匀即可。这道小吃吃起来麻辣脆甜，是佐餐、开胃的不错美食。

周鸭子
酥香肥嫩

周鸭子就是邛崃市的特色小吃油烫鸭子，它最早是由邛崃市的周福元根据传统工艺精心创制出来的，所以称为"周鸭子"。制作时先将新鲜的土鸭煮熟后晾凉，然后抹上糖汁放入油锅中炸制。这道美食吃起来皮酥肉嫩，咸中带甜，而且看起来色泽非常漂亮，让人很有食欲。

烧鸡
家常美味

烧鸡是蒲江县非常普遍的一种吃法，它选用新鲜的土鸡和豆瓣、花椒等家常调料精心烹制而成。虽然只是很普通的一道家常菜，但是吃起来口感醇厚，辣而不燥，而且营养十分丰富，也是非常值得一尝的美味。

美食哪里吃?

邛崃市

渔桥炖鸡奶汤面
地址：邛崃市东街288号　交通：在新南门汽车站乘车到达邛崃后，在邛崃市区乘坐4路公交到东街站下车可达

秋钵钵
地址：邛崃市东环路　交通：在新南门汽车站乘车到达邛崃市后，在邛崃市区乘坐2路公交到文庙街站下车可达

左记美味肥肠粉
地址：邛崃市天庆街附近
交通：在成都新南门汽车站乘班车到达邛崃客运站之后，在市区乘坐2路公交到天庆街站下车可达

金牛港肥牛
地址：天天美食步行街南1幢1-25号
交通：在成都新南门汽车站乘班车到达邛崃客运站之后，在市区乘坐4路公交到东街站下车，往北步行到大北街，天天美食步行街就在大北街对面

蒲江县

刘烧鸡
地址：蒲江县福祥街23号
交通：在成都新南门车站乘车前往蒲江，由于当地公交不便，建议在车站租车前往，车程约为1.7公里，时间约为7分钟

叶肥肠
地址：蒲江县成祥街
交通：在成都新南门车站乘车前往蒲江，由于当地公交不便，建议在车站租车前往，车程约为2.9公里，时间约为9分钟

宿在邛崃市·蒲江县

下面为游客介绍的酒店大部分位于风景秀丽的旅游景区内，这些酒店不仅设施齐全，而且出行方便。为了满足不同消费者的需求，我们按照高中低三个档次分类进行介绍，以供参考。

琴台森林大酒店

景色优美的住处

琴台森林大酒店坐落于风景优美的白鹤山上，周围青山起伏，绿水环抱，是邛崃市区少有的一座集住宿、餐饮、休闲娱乐于一身的酒店。酒店内，客房、商务中心、会议室等配套服务设施一应俱全，而且最重要的是从这里到天台山、平乐古镇等邛崃著名的景点也非常近，是一个适合住宿的好地方。

餐饮资讯

酒店餐厅主要提供川菜、粤菜和地方特色菜肴。

攻略要点

- **地址**：邛崃市白鹤山鹤鸣村
- **交通**：在成都新南门汽车站乘长途汽车到达邛崃市后，可在车站租车前往，车程约为7.2公里，时间约为19分钟
- **客房**：商务标准间
- **房价**：280元起
- **咨询电话**：028-88736661

成都石象湖交通饭店
游览方便

　　石象湖交通饭店位于蒲江县著名的石象湖景区内，欧式风格的建筑设计和宽阔的人工草坪营造出良好的外观形象。位于景区内的酒店住宿环境良好，住宿、餐饮、娱乐等相关的配套设施也非常完善。特别的是，每逢周年，酒店还会放映精彩的坝坝电影和举行精彩的文艺演出活动，而且在这里住宿也可以很方便地游览景区。

推荐餐厅

酒店餐厅主要提供各式特色川菜。

攻略要点

⌂ **地址**：蒲江县石象湖风景旅游区

🚍 **交通**：在成都新南门汽车站乘大巴可直达石象湖景区，车程约为91.6公里，时间约为1小时27分钟。饭店距离景区大门仅有1.7公里，驾车约5分钟可达

🏨 **客房**：豪华标间、标准套房

¥ **房价**：326元起

☎ 咨询电话：028-88591180

鹤都家园酒店
景区附近的高档住宿

　　鹤都家园酒店位于蒲江县顺城路，它是一家完全按照四星级标准修建的高档酒店。酒店内拥有各类客房120多间，休闲茶楼、浴足保健、KTV、迪吧等配套设施完善。而且，从这里前往石象湖、朝阳湖、西来古镇等著名的旅游景点仅需十几分钟的时间，出行非常方便，是一个旅游、休闲度假的理想住处。

餐饮资讯

酒店餐厅主要提供各式特色川菜。

攻略要点

⌂ **地址**：蒲江县顺成路55号

🚍 **交通**：在成都新南门旅游车站乘车前往蒲江县，可在车站租车前往，车程约为2.4公里，时间约为7分钟

🏨 **客房**：标准间、商务套房 ¥ **房价**：488元起

☎ 咨询电话：028-88553666

朝阳湖大酒店

远离都市，亲近自然

　　朝阳湖大酒店位于具有"天然氧吧"之称的朝阳湖风景区，周围青山环绕，碧水流淌。酒店内部，住宿、餐饮、娱乐等相关配套设施完善，住在这里，你不仅可以感受大自然的美景，还可以享受现代的酒店服务带来的乐趣。而且，从这里出发前往石象湖等景区游览也十分方便，是旅游、休闲、度假的理想住处。

餐饮资讯

酒店餐厅主要提供各式川菜，可容纳280人同时就餐。

攻略要点

地址：蒲江县朝阳湖风景区　　**咨询电话**：028-88591108

交通：在成都新南门汽车站乘到朝阳湖景区的大巴直达，酒店就位于朝阳湖附近500米处

客房：标准间、豪华套房、别墅房　　**房价**：326元起

其他住宿推荐

邛崃市

邛崃市宾馆
地址：文庙街51号
电话：028-88766488

楠泰商务酒店
地址：方圆街2号
电话：028-67101888

桂园大酒店
地址：东星大道406号
电话：028-88742402

醉月阳楼酒店
地址：四川省成都市邛崃市
电话：028-88736088

蒲江县

石象湖度假酒店
地址：蒲江县石象湖风景区
电话：028-88591248

蜀绣宾馆
地址：蒲江县石象湖风景区
电话：028-88591005

NO.4 大邑县

　　大邑县位于成都平原西部，背靠龙门山脉，境内地势由西北向东南以阶梯状分布，一次呈现出大山、丘陵和平原的地形分布态势。

　　唐高宗咸亨二年，大邑县正式建立。这里山清水秀，人文丰厚，其独特的地理条件孕育了众多绝美的自然风光，如大面积原始林海的西岭雪山、中国道教的发源地鹤鸣山、大型温泉疗养胜地花水湾温泉等都是被大家所熟知的风景胜地。当然，除了自然美景外，大邑也有很多历史人文景点，下面将为游客一一介绍。

大邑县景点分布图

大邑县

西岭雪山
小河村
和平村
白岩村
松簧村
白岩村
川西崇崃线
雅安路
新安路

西岭雪山
映雪酒店
香房村
太龙村
鹤鸣山
丹凤乡
大邑惠山宾馆

花水湾温泉
横山村
周血旺
夜不收荤豆花
大邑县
江山火锅
工业大道

花水湾
樱花宾馆
三垥乡
敦义乡

花水湾名人
度假酒店
孔家山村
新场镇
成都金桂
公馆酒店
刘氏庄园
郭鸡肉

四合村
石坡镇

图例

大邑县游玩预算

　　游客在大邑县旅游时，所花费用不会太高。景点门票方面，在西岭雪山的门票大约需要100元，在花水湾温泉的门票大约需要55元，在鹤鸣山的门票需要50元，在刘氏庄园的门票需要50元，其余景点大都是免费游览，或者所需门票不会太高。如果遇到旅游旺季，有些景点的门票可能有所上调。因此，要游完文中所写景点大约需要花费270元。

　　住宿方面，到大邑县住宿不是很贵，如果住在一般的经济型酒店，一晚大约需要150元。

　　美食方面，到大邑县旅游一般都是当地的特色美食，而这些美食一般都物美价廉，所以不会花费太多。

　　购物方面，到这里旅游大部分会选购当地的土特产，主要包括邑丰榨菜、唐场豆腐乳等，也不会花费太多。

　　总之，如果两个人在大邑县游玩两天，游完大部分景点，并且住在经济型酒店，大致需要花费700元左右。

💰 大邑县旅行锦囊

特产购物

在大邑县旅游可以购买的土特产有很多，其中，唐场豆腐乳是闻名于清朝年间的特色美食，它选用新鲜的黄豆加上各色香料精心制作而成，是佐餐的绝佳美味；而妙沁神酒是按照传统古方，用几十种珍贵药材和天然物质精心酿制而成，对风湿、脑血管硬化、消化不良等疾病都有很好的疗效；邑丰榨菜则是远销台湾岛、日本等地的特色美食，在国内外都非常有名。

最佳旅游季节

大邑县位于亚热带湿润季风区内，气候温暖湿润，降水充沛，可以说是夏无酷暑、冬无严寒，一年四季非常分明，因此，一年四季都非常适合到此旅游。不过由于境内多丘陵和山地，因此常常出现"一山有四季，十里不同天"的气候特点。游客在旅游时，特别是到山区旅游的游客，一定要多关注天气变化。

🚌 交通指南

从成都到大邑县

从成都到大邑县需要到长途汽车站乘坐大巴前往，在成都的石羊场客运站、城北汽车站、金沙车站和五块石客运站都有发往大邑的班车。其中，从石羊场客运站发往大邑的班车较多，而其他车站一天开往大邑的班车最少也有两班。

五块石客运站地址是成都市站北路157号，在成都市区乘坐39、57、59、70路公交可到达。而成都城北汽车站、金沙车站以及石羊场客运站的地址以及交通可以参见"NO.2 双流县·新津县"的交通指南。

大邑县内部交通

目前大邑县的公交网络还不是很发达，到达大邑后可以选择租车前往相关景区。此外，大邑的西岭雪山等景点在成都新南门旅游车站乘车即可直达景区。

大邑县素有"蜀之望县"的美誉，境内山清水秀、人文荟萃，旅游资源极其丰富。雪山、温泉、古镇、庄园……一个个独具特色的景点无不体现出大邑县独一无二的旅游魅力。

赏在大邑县

西岭雪山

滑雪赏景的好地方

西岭雪山位于成都市大邑县境内，距离成都仅有95公里，是一座极少见的、与大都市相邻的雪山。唐代大诗人杜甫曾对西岭雪山的美景大加赞赏，写下了"窗含西岭千秋雪，门泊东吴万里船"的千古佳句。西岭雪山这个美丽的名字也正是源自于此。

西岭雪山分为前山和后山，前山拥有大面积的原始森林、瀑布、险滩等景观，春赏百花，夏观瀑布，秋赏红叶，冬玩冰雪，可以说一年四季皆有景可赏。其中，九瀑一飞天、杜鹃林、豹啸泉等景点是所有景观中最具吸引力的几处。如果说前山是登山爱好者的胜地，那么后山就是滑雪爱好者的天堂。在西岭雪山的后山是非常漂亮的滑雪场，这里终年积雪不化，是非常适合滑雪的场地。景区从国外引进了蛇形滑雪车、全地形车等先进的滑雪设施，加上其设置的雪上飞伞、雪地越野车、雪地摩托、溜索、卡丁车等惊险刺激的滑雪项目，让游客尽享冰雪世界的欢乐。在这里，游客还可以乘索道上到雪山顶处，俯瞰雪山的美丽景色。

旅行建议

在西岭雪山旅游时一定要注意安全，出行前最好带上充足的衣物，自备足够的饮用水。在游览过程中，不要擅自前往未对游人开放的地区，以免迷路。此外，为了避免不必要的危险，最好不要在山上露营。

攻略要点

- 🔺 **推荐指数**：★★★★★
- 🎴 **游玩亮点**：滑雪
- 🏠 **地址**：成都市大邑县境内
- 🚋 **交通**：在成都新南门汽车站乘坐大巴可直达西岭雪山景区，车程约为128.7公里，时间约为2个半小时
- ¥ **门票**：前山门票20元，后山滑雪场80元
- ⏰ **开放时间**：8:30~17:00
- 📞 **咨询电话**：028-88300097

花水湾温泉
温泉疗养胜地

温泉对人体具有很好的医疗保健作用，古人常常将温泉比作祛病消灾的"神水"、"药汤"。而位于西岭雪山东麓的花水湾温泉就是一个古海水药泉，它形成于远古四川盆地海陆地质变迁时期，是被地心高温加热而形成的温泉，出水口的水温达68℃。这种距今四万多年的古海水富含硫黄、盐、碘等10多种对人体有益的微量元素，可以促进人体新陈代谢，对关节筋骨、肌体皮肤等也非常有益处。在游览完西岭雪山之后，不妨到这里享受一下温泉浴的神奇功效吧！

攻略要点

⬆ **推荐指数：**★★★★☆　📷 **游玩亮点：** 泡温泉
🏠 **地址：** 成都市大邑县西岭雪山景区内
🚍 **交通：** 在成都新南门汽车站乘坐前往西岭雪山的大巴，然后中途在花水湾温泉下车可达，车程约为68.9公里，时间约为1小时30分钟　¥ **门票：** 55元
🕙 **开放时间：** 10:00-24:00　📞 **咨询电话：** 028-88390308

鹤鸣山
中国道教的发源地

鹤鸣山属中国道教名山，因山形似鹤而得名。东汉顺帝汉安元年，道教祖师张道陵来到鹤鸣山在此修道传教，并创立"五斗米道"，从此，鹤鸣山便成为全国公认的道教发源地，陈希夷、张三丰等历代著名道士也曾在此山中修行。如今，在鹤鸣山上还保留了文昌宫、太清宫、八卦亭、迎仙阁等众多道教遗迹。此外，山间林木繁茂，溪流众多，景色非常优美，是一个不错的赏景探幽之地。

攻略要点

⬆ **推荐指数：**★★★☆☆　📷 **游玩亮点：** 道教遗迹
🏠 **地址：** 成都市大邑县鹤鸣乡三峰村
🚍 **交通：** 在成都金沙车站乘坐大巴到大邑后，在大邑市区乘坐12路公交直达景区，车程约为72.1公里，时间约为1小时24分钟　¥ **门票：** 50元
🕙 **开放时间：** 8:00-18:00　📞 **咨询电话：** 028-88363356

刘氏庄园

观建筑之美，赏特色文物

　　刘氏庄园位于大邑县安仁镇，由近代四川大官僚刘文彩及其兄弟陆续修建的五座公馆及刘氏家族的一处祖居构成。

　　刘氏庄园修建于1928～1942年，其房屋数量多达300多间，主要分为南北相望的老公馆和新公馆两部分。老公馆主要由大厅、客厅、接待室、收租院、账房、粮仓、雇工院、秘密金库、逍遥宫、花园、果园等建筑组成，公馆内的亭台楼阁、雕梁画栋，在建筑风格上既保留了封建豪门府邸的遗风，又融入了西方城堡和教堂建筑的特色，整体感觉极为奢侈豪华。目前老公馆内已建有博物馆，博物馆主要由序馆、雇工馆、刘文彩生活现场以及大型泥塑《收租院》4个部分组成，展示了刘文彩及其家人的生活场景。与老公馆的豪华与奢侈相比，刘氏庄园的新公馆少了一些气派，它主要由两座一样的大院组成，整体上布局规整，建筑主次分明，颇有大家风范。目前，新公馆中的一座大院被单独列出来作为川西民俗馆，分为川西婚俗仪式展览、川西生产用品及工具展览、川西民风民俗及土特产品展览3个部分，充分展示了川西乡村的传统民俗。

旅行建议

1. 刘氏庄园所在的安仁古镇还有很多具有川西民居特色的建筑可供欣赏。
2. 刘氏庄园前有一家"庄园餐厅"，在这里可以品尝文彩排骨、文清鸭蹼、石磨豆花、庄园鱼丝等富有特色的美食。

攻略要点

- 推荐指数：★★★★☆
- 游玩亮点：建筑、川西民俗展示
- 地址：成都市大邑县安仁镇
- 交通：在成都金沙车站乘坐大巴可直达安仁古镇，车程约为72公里，时间约为1小时39分钟
- 门票：50元
- 开放时间：8:00-17:30
- 咨询电话：028- 88315113

大邑县的美食品种繁多，无论是独具特色的地方小吃还是做法复杂的烧菜，都有其美味之处。下面就为游客推荐几种大邑县的美食，以供参考。

食在大邑县

荤豆花
滑嫩爽口的特色美食

荤豆花是大邑县一种很普遍的美食，它将滑嫩的豆花和鸡肉、圆子、番茄、泡青菜、豆芽等一起放入锅中煮熟而成，吃的时候蘸上精心调制的辣椒酱，吃起来麻、辣、酸、鲜、嫩，味道相当不错。

大邑麻油鸭
地方名菜

大邑麻油鸭最早创制于清朝年间，它的创始人在继承祖业、博采众家之长的基础上精心研制而成。这道菜的鸭肉肥嫩鲜香，可口味美，是一道色香味俱全的美味菜肴，在首届巴蜀食品节上还曾获得地方风味小吃的称号。

烫面油糕

特色小吃

烫面油糕是大邑县非常流行的一种传统小吃，它先将红糖捣成茸状，然后加上面粉和猪油揉成饼状，最后在锅中炸至金黄色即可。这道小吃吃起来外酥内嫩，香甜爽口，非常美味。

板栗红烧肉

鲜香松软，回味无穷

板栗红烧肉也是大邑县很有特色的一道美食。制作时，先将用糖腌制好的猪肉放入油锅中炸一下捞出，然后将葱姜等调料放入锅中炒制一下，倒入鸡汤、酱油、料酒等调料，再将猪肉放入锅中烹煮一会儿，最后将板栗放入锅中与猪肉一同煮到软烂即可。这道菜吃起来肉质松软，带着板栗的清香，令人回味无穷。

美食哪里吃？

夜不收荤豆花
地址：大邑县晋原镇大双路龙坎门
交通：在成都新南门汽车站乘坐前往大邑西岭雪山的直达车，然后中途在花水湾景区下车可达

周血旺
地址：大邑县大双路
交通：在成都新南门汽车站或金沙车站乘坐班车到达大邑客运中心后，可在车站租车前往，车程约为30.1公里，时间约为50分钟

赵连锅
地址：大邑县东门
交通：在成都新南门汽车站或金沙车站乘坐班车到达大邑客运中心后，在车站租车前往，车程约为2.3公里，时间约为9分钟

江山火锅
地址：大邑县温泉大道
交通：成都新南门汽车站乘坐前往大邑西岭雪山的直达车，然后中途在花水湾景区下车可达

张记古镇老酒家
地址：大邑县安仁古镇（近刘氏庄园）
交通：在成都金沙车站乘坐大巴可直达安仁古镇，餐馆就位于大邑刘氏庄园旁边

郭鸡肉
地址：大邑县安仁古镇刘氏庄园附近
交通：在成都金沙车站乘坐大巴可直达安仁古镇，餐馆就位于大邑刘氏庄园旁边

宿在大邑县

　　下面介绍的几家酒店是大邑县著名景区附近的特色住宿，这些酒店或以温泉为特色，或以红色年代为主题，在向游客提供住宿的同时也满足了参观游览的需求。

西岭雪山映雪酒店

可观雪景的住宿

　　西岭雪山映雪酒店位于西岭雪山的滑雪场景区内，其独特的地理位置使住在这里的客人都可以很方便地观赏到西岭雪山的风景。只要站在酒店的阳台上，就可以望见皑皑白雪的瑰丽景色，夏天在此品茗、避暑也是非常不错的选择。此外，酒店内的住宿、餐饮等相关配套设施十分完善，是一个住宿的理想之地。

餐饮资讯

酒店内拥有中餐厅和西餐厅，可以提供相关服务。

攻略要点

- **地址**：大邑县西岭雪山滑雪场景区内
- **交通**：在成都新南门汽车站可乘坐大巴直达西岭雪山景区，车程约为128.7公里，时间约为2个半小时，从西岭雪山滑雪场前往酒店车程约为21.4公里，时间约为28分钟
- **客房**：标准双人房、豪华大床房
- **房价**：380元起
- **咨询电话**：028-87397568

成都金桂公馆酒店
红色年代主题生活酒店

　　成都金桂公馆酒店是一家以红色年代为主题的酒店，中国庄园式的建筑风格以及酒店内外20世纪六七十年代的装饰文物让酒店极具风格特色。酒店的客房、餐饮以及休闲娱乐都将20世纪六七十年代的时代特征融入其中，感兴趣的话不妨亲自到这里住宿一晚吧！

餐饮资讯

酒店中餐厅可提供具有20世纪六七十年代的特色菜肴。

攻略要点

- ⌂ **地址**：大邑县安仁镇金桂街26号
- **交通**：在成都金沙车站乘坐大巴直达安仁古镇，车程约为79公里，时间约为1小时39分钟，在安仁镇租车前往酒店，车程约为1.4公里，时间约为4分钟
- ⌂ **客房**：三人间、豪华标间、高级单人间 ¥ **房价**：244元起
- **咨询电话**：028-88317000

花水湾名人度假酒店
景区周边的高档住宿

　　花水湾名人度假酒店位于纯度假性质的花水湾小镇上，酒店主要由大堂、客房、国际会议中心，以及VIP区4个区域组成，除了豪华的各类住房类型之外，酒店最大的优势就是与中国花水湾温泉会所相望，景观优美，视野开阔。此外，酒店还拥有65种特色汤池，集医疗保健、美容美体于一身，非常具有特色。

餐饮资讯

酒店餐厅提供特色川菜。

攻略要点

- ⌂ **地址**：大邑县花水湾小镇（近温泉南街） **咨询电话**：028-88323333
- **交通**：在成都新南门汽车站乘坐大巴到达大邑后，可在车站租车前往，车程约为33.4公里，时间约为57分钟，在花水湾小镇租车前往酒店车程约为1.5公里，时间约为4分钟
- ⌂ **客房**：豪华大床房、特色大床房、别墅 ¥ **房价**：888元起

其他住宿推荐

酒店

大邑温泉国际大酒店
地址：大邑县鹤鸣镇道源圣城景区里
电话：028-86080770

枫叶酒店
地址：大邑县西岭雪山滑雪场景区内
电话：028-88302440

阳光花园酒店
地址：大邑县晋元镇甲子东道45号
电话：028-88280000

香楠湾酒店
地址：大邑县西壕沟街北段
电话：028-88228288

宾馆

花水湾樱花宾馆
地址：大邑县天宫庙花水湾旅游区
电话：028-88390555

大邑惠山宾馆
地址：大邑县东壕沟街北段
电话：028-88223888

NO.5 崇州市

　　崇州市位于天府之国的腹心，地处美丽富饶的川西平原。这里自古就是富庶繁荣之地，素有"蜀中之蜀"、"蜀门重镇"之称。从公元316年设置县制至今已有2000多年的历史。境内山地、平原兼有的地理条件造就了许多风光优美的自然景观，漫长的发展历史形成了丰富多彩的人文景观。街子古镇、九龙沟、鸡冠山、罨画池等著名景点早已被大家所熟知，下面将详细为游客介绍这些美丽的风景。

崇州市景点分布图

崇州市游玩预算

在崇州市旅游，所花费用不会太高。景点门票方面，九龙沟门票需要30元，罨画池门票需要8元，白塔湖门票需要10元，而其他部分景点则不需要门票，或者所需门票不是很多，因此到崇州市旅游的话，门票的花费大约为48元。

住宿方面，崇州市的住宿都不是很贵，如果住在一般的经济型酒店，一晚大约需要150元。

美食方面，崇州市的特色美食主要是一些小吃类，所以花费不会太高。

购物方面，在崇州市主要是选购一些竹编、水果、茶叶之类的特产，所以花费不会太高。

总之，如果两个人在崇州市游玩一天，游完大部分景点，并且住在经济型的酒店，大致需要花费300元左右。

崇州市旅行锦囊

旅游节庆活动

每年3月份,崇州市会举行金鸡风筝节,每年7月份举行中国竹编文化节,每年9月份举行中国西部孔子文化节。

特产购物

崇州市素有"天府粮仓"的美誉,物产非常丰富,其主要特产包括枇杷茶、竹编、藤编、石观音板鸭等。其中,枇杷茶是一种极其珍稀的野生优良茶,其口味青涩醇香,堪与西湖龙井、云南普洱等名茶相媲美;而竹编和藤编在崇州市都有着悠久的历史,制作出来的各色工艺品均十分精美;崇州市的石观音板鸭则是一种清朝年间创制的传统食品,非常有名。如果去崇州市旅游的话不妨带一些回去。

交通指南

成都到崇州市

从成都市区前往崇州市,可以在成都的金沙车站或城北客运站乘坐大巴前往。其中,金沙车站到崇州市的大巴较多,而城北客运站到崇州市的大巴则相对少一些。因此,最好到金沙车站乘车前往。此外,如果要游玩从成都市区到崇州市的街子场古镇等景点,可在金沙车站乘坐直达车前往。

至于金沙车站、城北客运站地址以及如何前往可参见"NO.2 双流县·新津县"交通指南。

崇州市内部交通

目前的公交线路也非常多,到达崇州市以后即可在崇州客运中心乘坐相关的公交到达目的地。下面就为游客列举几条公交线路的行车路线。

101路: 客运中心站—崇庆路—人民医院—三元街—蜀州广场—上南街—黄金港—马家碾—琴鹤广场—南河广场—西游广场

102路: 客运中心站—老成大路—世纪广场—蜀州路—马家碾—南河大桥

103路: 客运中心站—崇庆路—江源路—下南街—西游广场

104路: 客运中心站—老成大路—服装一条街—市委党校—三元街—西湖塘—天庆街—汇蜀花园—机电学校

208路: 人民银行—崇州大酒店—协和医院—小北街口—人民医院—体育中心—客运中心—辰居路小学—电梯厂—康奈鞋业—龙腾鞋材城—金鸡广场—宏业大道—金鸡红绿灯路口

崇州市有着悠久的发展历史，这里人文荟萃，景点众多，不仅包括罨画池、街子古镇等历史人文景点，还包括鸡冠山、九龙沟等风光优美的自然景观。下面我们将详细为游客介绍。

赏在崇州市

街子场
千年川西古镇

街子场是位于崇州市城西北的一座古镇，从五代时期建镇至今已有1000多年的历史，这里与青城后山相连，依山傍水，景色秀丽。目前，古镇上的主要建筑大都为明清时期所建，低矮的房檐、古旧的木门和青青的石板路无不彰显出川西古镇特有的风格，呈现出一派古色古香的韵味。此外，古镇内还有以唐代光严禅院为中心的32座寺庙，唐代诗人唐求故居，宋代农民领袖王小波起义遗址，清末民初古建一条街等文物古迹20多处。走在古镇上，你还可以看到古寺、古民居、商铺、文庙、武祠、县衙、城隍庙、古街区等众多古镇遗迹。可以说在众多的古镇中，配置如此齐全的地方是极其少见的。

除了历史古迹众多之外，在街子场还流传着很多隐居传说。根据《中国通史》记载，历史上曾神秘失踪的明朝皇帝朱允炆就隐居在街子场光严禅院的上古寺附近，并且一直在这里生活了十余年。

旅行建议

药膳是街子场古镇的一种特色食品，如山药炖乌鸡、山药肘子等都是当地不可不尝的美食。此外，这里的豆花、竹笋、红油拌鸡都是很有特色的本地小吃，如果去的话一定要好好品尝一下。

攻略要点

- 推荐指数：★★★★☆
- 门票：免费
- 游玩亮点：建筑遗迹
- 地址：崇州市城西北25公里处
- 交通：在成都金沙车站可乘坐大巴直达街子场古镇，车程约为71.5公里，时间约为1小时46分钟
- 开放时间：全天

罨画池

美丽的川西名园

　　罨画池是崇州市一处著名的园林景观。最初这里只是一个普通的州署郡圃，兼具驿站的功能。到了唐朝时期逐渐成为地方官待客、游赏的园林，宋朝庆历年间，此处开始了大规模的造园活动，园内遍植各种花草树木，并筑池引水，修建亭台楼阁。自此，罨画池已经是相当有名的一处园林胜景。当时的文人大都游览过这里并留下了众多诗词佳句。后来经过历朝历代的不断修建，如今的罨画池已经具有相当的规模，并且更加美丽。它占地50亩，其中湖池面积可达22亩，园中廊桥环绕，亭阁耸立，各色名贵的花木将园林装点得分外美丽。

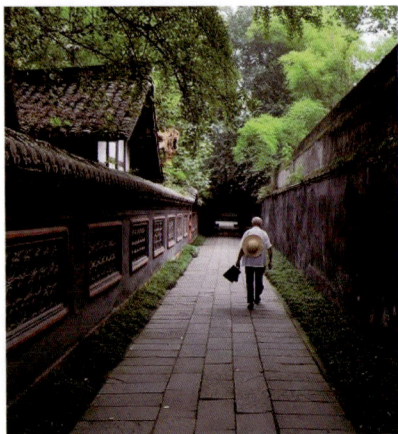

　　除了罨画池以外，园林内还有陆游祠、崇州文庙等人文古迹，其中，陆游祠为江南园林式的四合院建筑，祠内的主要建筑包括放翁唐、梅园、花径、风雨楼等，祠内还陈列着《怀成都十韵》等陆游的诗词书法作品，极其珍贵。而崇州文庙则是为了纪念曾在蜀地为官的赵抃所建立的，庙中保留了当年赵抃游览罨画池时留下的珍贵诗词，是罨画池中非常著名的一处纪念性建筑。

攻略要点

🏠 **推荐指数：** ★★★★☆
📷 **游玩亮点：** 园林景观
🏠 **地址：** 崇州市大东街54号
🚗 **交通：** 在成都金沙车站乘坐大巴到崇州客运中心之后，再乘坐102路公交到蜀州路站下车可达
¥ **门票：** 5元
🕐 **开放时间：** 8:00-18:00
☎ **咨询电话：** 028-82219918

九龙沟

赏湖光山色之美

　　九龙沟位于崇州市西北的三郎镇境内，据当地传说，曾有九条龙来这里安家，九龙沟也是因此而得名。虽然传说不知真假，但是九龙沟秀丽的风景却是早已为大家所熟知。

　　九龙沟主要由水石景观、大西山原始森林以及古寺等3部分构成，其中尤以动态的水石景观最引人入胜。

　　龙门山地处龙门山脉口段前断裂带，地质构造复杂，山中遍布陡峭的悬崖，飞流的瀑布从悬崖边跌落，水石相击的声音犹如虎啸龙吟一般让人震撼。峡谷中林木繁茂，花草葱茏，化石岩、九龙飞瀑、响水沟、珍珠泉龙岩石等独具特色的景观非常具有观赏价值。此外，站在九龙沟的大顶山顶，还可以观赏日出、云海、佛光等奇特的景观。山下翠绿的山林也可以尽收眼底。在大西山的原始森林里还栖息着金丝猴、大熊猫等珍稀的野生动物，使茫茫的林海充满着生机和活力。而令人惊叹的是，在这一片茂林之中，竟然还隐藏着一座雄伟的古刹，它是成都山林中保存较完善且规模较大的古庙，非常具有参观价值。

旅 行 建 议

　　九龙沟风景区的半山腰以上为探险通道，一般不对游人开放。如果要登上最高的六顶山观赏日出、云海等景观，则需要乘索道前往，索道可在距离景区大门700米处的神龙阁乘坐。

━━ 攻略要点 ━━

🔼 **推荐指数**：★★★★☆
🎮 **游玩亮点**：瀑布景观
📍 **地址**：崇州市西北三郎镇
🚌 **交通**：在成都金沙车站可乘大巴直达九龙沟景区，车程约为91.1公里，时间约为2小时12分钟 ¥ **门票**：30元
🕐 **开放时间**：8:00-18:00
☎ **咨询电话**：028-85568847

白塔湖

西川宝镜

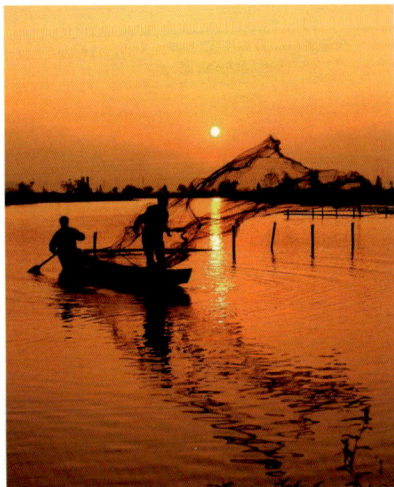

　　白塔湖位于崇州市郊著名的"中国竹编之乡"道明镇，它是在20世纪80年代初利用罗沟向阳水库开发的一个新风景区。因为湖边有一座白塔寺，所以湖区命名为白塔湖。

　　白塔湖湖面开阔，湖水澄澈，素有"西川宝镜"的美誉。目前，在白塔湖可以游览的特色景点包括水晶宫、木鱼岛、钓鱼岛等。其中，水晶宫是一个半潜式的船舶，这只巨型船舶分为上、中、下三层，游客在最底层可以通过观光窗欣赏到千姿百态的水下生物；中间一层主要是游泳池，在这里可以畅享游泳带来的乐趣；而水晶宫的上层主要是舞厅和一个五层的塔形建筑，在这里可以远眺白塔湖的湖光山色，将这里的美景尽收眼底。

　　位于湖心的木鱼岛因形似僧人诵经时所敲的木鱼而得名，岛上花木繁盛，景色优美，是一个眺望湖山景色的好地方。而距离木鱼岛不远的钓鱼岛是一个专供游人垂钓的地方，这里景色优美，清静幽雅，是难得的休闲放松之地。如果到崇州旅游的话，不妨到这里游玩一番。

攻略要点

- ⬆ **推荐指数：** ★★★☆☆
- 🆔 **游玩亮点：** 秀美湖景
- 📍 **地址：** 崇州市道明乡境内
- 🚌 **交通：** 在成都金沙车站乘坐大巴到达崇州以后，由于没有直达的班车，可在车站租车前往，车程约为10.4公里，时间约为24分钟
- ¥ **门票：** 10元
- ⏰ **开放时间：** 8:00-18:00
- ☎ **咨询电话：** 028-82230818

鸡冠山

秀美的天然公园

鸡冠山位于崇州市西北部，是一个拥有大面积原始森林的天然公园。鸡冠山上林木繁茂，奇花异卉，种类繁多，森林覆盖率达到95%以上，珙桐、水杉、银杏等国家级重点保护植物遍布在山林各处，极具观赏和科考价值。

鸡冠山景区内，群峰林立，最高峰达到3000多米，陡峭的悬崖，飞流而下的瀑布为秀美的风景增添不少壮丽的色彩。这些大大小小的瀑布群与岩石相撞，发出巨大的轰鸣声，场面十分壮观。站在景区内海拔3000多米的最高峰上远眺，底下一片茫茫云海，平原、群山以及江河在雾气中若隐若现，如果遇上特殊的天气情况，还可以观赏到云海、佛光等美丽的景观。此外，景区内还有高山滑雪场、高山草地等景观，在这里可以尽享滑雪、滑草带来的乐趣。

在景区附近，还有一个成都市唯一的大熊猫自然保护区，这里栖息着大熊猫、金丝猴、小熊猫等珍稀的野生动物，这些动物经常在山林中出没，为景区增添了不少生机和活力。

旅行建议

1. 由于鸡冠山景区内林深雾重，上山旅游一定要准备好充足的衣物。

2. 鸡冠山春天山花灿烂，秋天景色绚丽，是最佳的旅游季节。特别是每年5、6月份，满山的杜鹃花盛开的时候，其景色尤为动人，此时来此更是绝佳时机。

攻略要点

推荐指数：★★★★☆

游玩亮点：森林景观，滑雪、滑草

地址：崇州市鞍子河镇境内

交通：在成都金沙车站乘坐大巴到达崇州以后，由于没有班车直达，可在车站租车前往，车程约为68.7公里，时间约为1小时55分钟

门票：25元

开放时间：8:00-18:00

咨询电话：028-82214881

崇州市美食品种繁多，口味独特，无论是简单的小吃还是历史悠久的美食都带有浓郁的地方特色。下面我们就为游客介绍几种崇州市的特色美食，以供参考。

食在崇州市

崇州冻糕
崇州传统美食

崇州冻糕是崇州市的一道特色美食，最早是由民国年间怀远镇的厨师蒋仲渔所创立。制作时先将浸泡过的大米磨成浆，然后再与蒸熟的糯米放在一起拌匀后放入缸中发酵，最后加入猪油、红糖，即可制作完成。这道美食吃起来滋润绵软，带着香甜微酸的味道，十分好吃。

汤长发麻饼
传统名点

汤长发麻饼最早是由清朝年间街子古镇的汤长发老人所创立。它选用面粉、白糖、菜油、芝麻等原料，经过煎炸、烘烤等多道工艺精心制作而成，吃起来酥脆香甜，非常美味。

羊马查渣面
最具特色的崇州小吃之一

羊马查渣面最早是由崇州市羊马镇的查姓大娘所创立，"查渣面"是"查姓肉渣面"的简称。这道面食选用筋道的水面煮熟后，加入猪骨和鸡骨熬制的新鲜肉汤，然后放入用精瘦肉炒制的面臊即成。羊马查渣面吃起来鲜香无比，百吃不厌，是到崇州必尝的美食之一。

豆腐帘子

做法讲究的传统美食

豆腐帘子是创制于怀远镇的一道传统美食，距今已有500多年的历史。它选用优质大豆制作成豆浆之后，经过搅拌、凝浓、挤压等多道工序，制作成像布帘一样的美食。这种豆腐帘子分为"干帘"和"水帘"两种。干帘是将布帘一样的豆腐卷成圆筒，然后让其自然生霉，再经过烹制，可制成五香帘子、鱼香帘子等美食。而水帘是将布帘状的豆腐直接和荤菜或者素菜搭配，做成清炖帘子等美食。不管是哪一种，口味都非常独特，游客不妨亲自去尝尝吧！

九龙豆花

嫩滑鲜美

九龙豆花是崇州市九龙沟一带的山民用自家种的黄豆和含有多种微量元素的龙泉水，并用石磨手工磨制而成。所以这里的豆花吃起来口味独特，非常鲜嫩，是值得一尝的美食。

美食哪里吃?

天主堂鸡片
地址：崇州市文庙街
交通：从成都金沙车站乘坐大巴到崇州市后，在车站乘坐102路公交到蜀州路站下车往罨画池方向步行可达

查渣面
地址：崇州市文庙街153号
交通：从成都金沙车站乘坐大巴到崇州市后，可在市区租车前往，车程约为3.7公里，时间约为7分钟

泡椒火锅
地址：崇州市崇庆中路245号
交通：从成都金沙车站乘坐大巴到崇州市后，在车站乘坐101路公交在崇庆路站下车可达

绍成豆腐
地址：崇州市永安西路473号
交通：从成都金沙车站乘坐大巴到崇州市后，可在市区租车前往，车程约为3.4公里，时间约为9分钟

宿在崇州市

崇州市酒店类型多样，有些位于环境优美的旅游开发区，有些位于交通便利的市中心，为了方便游客出行，我们将这里的酒店分为高中低三个档次进行介绍，以供参考。

文锦江温泉大酒店
景区附近的绝佳住处

文锦江温泉大酒店坐落于风景秀丽的文锦江温泉开发区，与九龙沟、鸡冠山等崇州著名的风景旅游胜地为邻。住在酒店内不仅可以欣赏周围的青山绿水，还可以尽情地享受温泉浴带来的乐趣。酒池、木瓜池、花草池、按摩池、高温池等室内、室外功能池一定可以让你享受一场难忘的温泉之旅。

餐饮资讯

酒店中餐厅主要提供各种特色川菜。

攻略要点

🏠 **地址**：崇州市文锦江温泉旅游开发区温泉俱乐部附近
🚌 **交通**：在成都金沙车站乘坐大巴前往崇州市后，可在车站租车前往，车程约为32.7公里，时间约为49分钟，酒店距温泉俱乐部仅140米，步行即可到达
🏠 **客房**：标准房、大床房
¥ **房价**：446元起　☎ **咨询电话**：028-82292388

长风大厦宾馆
出行便捷

　　长风大厦宾馆位于崇州市中心的繁华地带，地理位置优越，交通便利。宾馆拥有大小客房90多套，会议室、商务中心等相关配套设施完善。虽然这里和豪华高档的星级酒店还有一些差别，但是宾馆舒适整洁的环境和优越的地理位置也算得上是一个理想的住宿之地。

餐饮资讯
酒店中餐厅主要提供特色川菜。

攻略要点
- **地址：** 崇州市辰居路102号
- **交通：** 在成都金沙车站乘坐大巴前往崇州市后在车站乘103路公交到崇庆路站下车可达 **房价：** 335元起
- **客房：** 标准房、单人间、商务间
- **咨询电话：** 028-82313800

鑫怡家连锁酒店
经济实惠的住处

　　鑫怡家连锁酒店（崇州店）位于崇州繁华的市中心，酒店地理位置优越，交通便利。内部设施虽然不够豪华，却也干净整洁，功能齐全。特别是酒店客房的价格十分经济实惠，是一个住宿的理想之地。

餐饮资讯
酒店餐厅可以提供各式风味菜肴。

攻略要点
- **地址：** 崇州市金带街442号
- **交通：** 在成都金沙车站乘坐大巴前往崇州市后在车站乘102路公交到蜀州路站下车可达 **房价：** 168元起
- **客房：** 商务大床间、高级标间、豪华套房 **咨询电话：** 028-82214888

其他住宿推荐

酒店
崇州大酒店
地址：崇州市蜀州北路1号
电话：028-82218888

飞龙大酒店
地址：崇州市滨江路南一段35号
电话：028-82311536

桤泉大酒店
地址：崇州市中和北街31号
电话：028-82229232

新天地温泉假日酒店
地址：崇州市文锦江温泉开发区
电话：028-82292588

楠泰商务酒店
地址：崇州市蜀州北路2号
电话：028-82312888

外滩商务酒店
地址：崇州市滨江路
电话：028-82202200

富源商务酒店
地址：崇州市滨江路北一段136号
电话：028-82207888

宾馆、旅社
长运宾馆
地址：崇州市唐安西路282号
电话：028-82270191

奥林旅社
地址：崇州市崇庆北路613号
电话：028-82201277

琳沣商务旅社
地址：崇州市凤西路67号
电话：028-82191777

NO.6

温江区·郫县

温江区地处成都平原腹心，东与成都市的青羊区相邻，境内平原广袤，河流众多，物产丰富，素有"金温江"的美誉。唐代大诗人李白、杜甫都曾游览过这里，留下了众多赞美此地的佳句。悠久的历史造就了这里独特的人文风貌，境内的历史古迹有很多，并且大都极具参观价值。

郫县是与温江区相邻的一个县城，这里是2700年前古蜀国的都城，漫长的发展历史为这里留下了众多历史古迹，下面我们将为游客进行详细的介绍。

温江区、郫县景点分布图

温江区·郫县

郫县古城遗址
成都川菜
博物馆

N

G317

陈家桅杆

三源
农庄
郫县顺
蓉蒋排骨
望丛祠
苗寨
竹筒鸡
○ 郫县
蜀都大酒店

G317   G4201

成都方圆
四季酒店

国色天香

君临国际酒店
金强华亨酒店
麻辣空间
火锅食府
台新石头火锅
○ 温江区
舒肘子

G318

G4201

鱼凫国都
温泉大酒店

图例　●县级行政中心　▲宾　●食　▲宿　绿地　水面
国道及编号　高速公路　普通道路

温江区、郫县游玩预算

在温江区、郫县旅游，所花费用不会太高。景点门票方面，到国色天香需要门票80元，到陈家桅杆需要门票10元，而其他大部分景点的门票大多需要几块到十几块不等，有的可以免费参观，所以在这两个地方旅游所需门票在100元左右。

住宿方面，温江区和郫县的住宿都不是很贵，如果住在一般的经济型酒店，一晚大约需要200元。

美食方面，这两个地方主要是一些特色火锅店和中餐馆，价格有高有低，所需花费主要视个人的消费情况而定。

购物方面，到当地旅游主要是选购一些酥糖、酱油之类的特产，而这些特产不是很贵，所以不会花费太多。

总之，如果两个人在温江区、郫县游玩两天，游完大部分景点，并且住在经济型的酒店，大致需要花费500元左右。

温江区、郫县旅行锦囊

旅游特色

温江区和郫县两个地方的历史都比较悠久，因此境内的主要且最具吸引力的景点大部分都是历史古迹，自然景观相对来说要少一些。如果你恰好对历史人文景点比较感兴趣的话，那么这里就是不错的游览选择。

特色购物

温江区著名的特产包括酥糖、酱油和大蒜等，其中，酥糖是创制于清朝光绪年间的美食，吃起来具有甜、酥、脆等特点。而这里的"温泉牌"酱油也是创制于清朝年间，目前，其优良的品质在全国是非常有名的。此外，温江区是著名的大蒜产区之一，其品质也非常不错。

郫县的特产包括郫县豆瓣、唐昌板鸭、川芎等，如果去的话可以购买一些带回家。

交通指南

成都到温江区

目前从成都到温江区的公交有很多,下面就为游客列举几条成都前往温江区的公交线路。

309路：从成都百花中心站开往温江公交站

319路：从成都百花中心站开往温江国色天香游乐园

703路：从成都五块石客运站开往温江国色天香乐园

904路：从成都武侯祠开往温江国色天香乐园

成都百花中心站地址：环路西一段146号，在市区乘坐34、88、115路公交可达。

成都五块石客运站地址：成都市站北路157号，在市区乘坐39、57、59、70路公交可达。

成都武侯祠站地址：成都武侯祠大街，在市区乘坐1、57、82、334路公交可达。

成都到郫县

从成都到郫县的公交也有很多，在成都金沙车站乘坐305、320路公交可以到达郫县客运中心，在成都茶店子客运站也有很多到达郫县的小巴可以乘坐。

茶店子公交站地址：成都市西三环路五段，在市区乘坐30、79、82路公交可达。

温江区和郫县都有着漫长的发展历史，其遗留下来的历史古迹众多，如望丛祠、陈家桅杆等都非常具有参观价值。当然，除了众多的历史古迹之外，像国色天香这样的新兴景点也吸引了不少游客的目光，下面我们将详细进行介绍。

赏在温江区·郫县

国色天香
体验欢乐，感受异国风情

国色天香是一座大型的主题新城，其建筑设计与游乐配套相得益彰。中国馆、法国馆、日本馆、美国馆、意大利馆、比利时馆、德国馆、西班牙馆、魔幻岛等9个主题区域构成国色天香这个独具异国风情的欢乐世界，在相应的馆区，游客不仅可以看到具有当地特色的建筑，还能品尝到正宗的异国美食，体验不一样的异国风情。例如在日本馆区，品清酒、泡温泉、看日本花道表演等富有日本风情的体验活动，你都可以参加。此外，在国色天香内还有挑战者之旅、豪华双层转马、15米高激流勇进、旋转DISCO、海洋欢乐岛等30余项国内领先的刺激型或家庭型娱乐项目，绝对能为游客带来不一样的玩乐体验。

旅行建议

1. 国色天香乐园内除了有许多大型的游乐设施之外，在里面还有许多特色美食店，可以品尝到别具特色的成都小吃。
2. 国色天香乐园经常会举办花博会、美食节等大型游乐活动。

攻略要点

- **推荐指数**：★★★★★
- **游玩亮点**：异国风情馆、激流勇进等游乐设施
- **地址**：温江区万春镇
- **交通**：在成都百花中心站乘坐319路公交到终点站下车可达
- **门票**：80元
- **开放时间**：9:00-19:00
- **咨询电话**：028-82611222

陈家桅杆

赏古代建筑之美

陈家桅杆位于成都市温江区寿安乡天鹅村境内，是一座集住宅、宗祠、园林于一身的综合性庭院式建筑群。它始建于清朝同治三年，是清朝咸丰年间翰林陈宗典及其后人经过多年营建而成，因门前竖立双斗桅杆，故俗称为"陈家桅杆"。

陈家桅杆占地约7000多平方米，院内建筑主要分为3组，第一组是由前厅、二厅和正宅组成的三重大院，第二组是西侧小花厅，第三组是东侧大花厅。第一组建筑是主人的住宅，四处雕梁画栋，建筑装饰无不体现出主人的匠心独具。第二组建筑的花厅布置典雅，四壁的名人书画、石刻以及其中各色精美的装饰则体现出书香门第的特色。第三组东侧的大花厅是整个建筑中最庞大也是最精美的部分，其中亭台楼阁、宫观殿廊应有尽有，配上各种精美的装饰，也显出几分大家风范。

攻略要点

- 推荐指数：★★★★☆
- 游玩亮点：川西民居建筑
- 地址：温江区寿安乡天鹅村
- 交通：在成都金沙车站乘坐大巴到达温江后，在温江车站租车前往，车程约为19公里，时间约为40分钟
- 门票：10元
- 开放时间：7:00~17:00

望丛祠

祭祀古蜀先帝的祠庙

望帝和丛帝是古蜀国两位功勋卓著的皇帝，他们一个教会百姓从事农桑，另一个治理岷江水患，为天府之国的富裕安定打下了坚实的基础。为了纪念他们，百姓在南北朝时期就修建了这座祠、墓合一的庙宇。望丛祠内有二帝纪念馆、听鹃楼、二帝陵墓等建筑，在近百株柏树的掩映下，望丛祠显得十分庄严、肃穆。

攻略要点

- 推荐指数：★★★☆☆
- 游玩亮点：园林景观、文物展示
- 地址：郫县城望丛中路5号
- 交通：在成都市区乘坐703路公交到郫县南大街站下车可达
- 门票：10元
- 开放时间：全天
- 咨询电话：028-87927328

郫县古城遗址

保存完好的史前城址

郫县古城遗址位于三道堰镇古城村，遗址呈长方形，地面存有一圈较为完整的工筑城墙，中部存有大量房址。这处城址是成都平原众多史前城址中保存完整的一座，距今大约有4000多年的历史，从遗址中出土的大量文物为了解夏商时代三星堆文化的渊源提供了直接证据，它的发现也引起了文物界及史学界的极大关注。

攻略要点

- 推荐指数：★★★☆☆
- 游玩亮点：史前城址
- 地址：郫县三道堰镇古城村
- 交通：在成都金沙车站乘坐305路公交到郫县，转乘363路公交到三道堰镇可达
- 门票：免费　开放时间：全天

成都川菜博物馆

川菜文化展示

成都川菜博物馆位于郫县古城镇，这是世界上唯一一座以菜系文化为陈列内容的主题博物馆。该博物馆主要由分馆典藏、互动演示馆、川菜原料加工工具展示区、灶王祠、品茗休闲馆等展区组成。其中，分馆典藏以文物、图片等形式展示了川菜的起源、演变以及发展过程；互动演示馆则通过现场制作的方式，向参观者展示了川菜的刀工、火候以及成菜的过程；川菜原料加工工具展示区展示了一些先辈们曾使用过的川菜原料加工工具；灶王祠是传统川菜文化的重要组成部分，在民间也流传着祭祀灶王的习俗，而这一展示区则主要展示了这一特殊的民俗文化；饮茶是川人饭后常有的休闲活动，可以说饮茶是川菜文化的重要组成部分，在品茗休闲馆中，游客可以体验到川人品尝的特殊方式，并且也可以亲身参与其中，感受一下四川特有的休闲文化。

旅行建议

在成都川菜博物馆内有茶楼和可以品尝特色川菜的餐厅，这里的川菜馆大都比较正宗，在博物馆的互动演示区，游客不仅可以通过透明厨房亲眼目睹大厨们制作川菜的操作过程，而且可以自己动手，体验制作一道川菜。感兴趣的朋友不妨前去试试！

攻略要点

- 推荐指数：★★★☆☆
- 游玩亮点：川菜文物展示
- 地址：郫县古城镇
- 交通：在成都金沙车站乘坐505路公交到达郫县后，在郫县客运中心转乘363路公交直达成都川菜博物馆
- 门票：20元
- 开放时间：7:00-18:00
- 咨询电话：028-87918008

完全自游成都一本就GO

温江区和郫县都是有名的美食聚集地, 特色小吃、火锅、烧烤等几乎无所不有, 各式各样的美食店更是遍布城市的大街小巷。下面我们将精心挑选一些独具特色的美食店推荐给前来游玩的游客。

食 在温江区·郫县

台新石头火锅

温江区最好吃的火锅

台新石头火锅是温江区人气非常旺的一家美食店。店里的火锅底料选用茴香、草果、肉蔻等香料精心炒制而成, 端上桌的锅底十分红亮, 飘着麻辣的香味, 还没有吃到口就让人觉得食欲大开。此外, 店里的毛肚、黄喉、牛筋等各色菜品极为丰富, 吃到最后, 火锅店还会免费送上水果、冰激凌等美食, 服务非常周到。

━━ 攻略要点 ━━

⌂ 地址: 温江区两河中路41号
🚇 交通: 在成都百花中心站乘坐319路公交到温江向阳花园站下车可达 ⏰ 营业时间: 11:00-22:00
¥ 人均消费: 45元 ☏ 咨询电话: 028-82766558

🍀 推荐理由: 温江区做得最好吃的火锅
🍴 推荐美食: 毛肚、黄喉
🏠 适宜场合: 朋友聚餐

麻辣空间火锅食府

成都火锅名店

麻辣空间火锅食府以红色为主要装饰基调, 很有麻辣热火的感觉, 店内火锅的麻辣味浓, 让人越吃越过瘾, 而且店里菜品丰富, 选择面较广。如果有机会, 一定要到这家店尝尝美味。

━━ 攻略要点 ━━

⌂ 地址: 温江区南浦路118号4-5号2楼
🚇 交通: 成都五块石客运站乘坐703路公交到航天路口站下车可达 ⏰ 营业时间: 11:00-21:00
¥ 人均消费: 44元 ☏ 咨询电话: 028-67223833

🍀 推荐理由: 成都火锅名店
🍴 推荐美食: 毛肚
🏠 适宜场合: 朋友聚餐

舒肘子

老牌中餐馆

舒肘子是一家营业多年的老牌中餐馆，以经营各式中档川菜为主，由于餐馆的特色川菜做得相当地道，所以开业以来一直深受大家喜爱，每天都食客盈门，特别是餐馆的特色菜——肘子，无论是舒肘子还是鱼香肘子都做得相当美味，几乎是客人必点的招牌菜，如果感兴趣的话不妨亲自到这里来尝尝。

🏪 **推荐理由**：特色中餐馆
🍜 **推荐美食**：舒肘子
🍴 **适宜场合**：随便吃吃

攻略要点

🏠 **地址**：温江区光华大道建信奥林匹克商业港
🚌 **交通**：在成都百花中心站乘坐309路公交到奥林匹克站下车可达　¥ **人均消费**：42元
✉ **营业时间**：11:00-21:00　☎ **咨询电话**：028-82607388

郫县顺蓉蒋排骨

特色老餐馆

郫县顺蓉蒋排骨是一家以经营特色川菜为主的老牌餐馆，店里最有特色的就是排骨。这种排骨是用烟熏干的，啃起来具有一种独特的香味，非常好吃。除了排骨之外，店里的其他美食也很不错，锅贴又薄又脆，小菜做得也很有特色。而且这家店的价格也不是很贵，值得一试。

🏪 **推荐理由**：老牌餐馆　🍜 **推荐美食**：排骨、锅贴、凉粉
🍴 **适宜场合**：随便吃吃，家庭聚餐

攻略要点

🏠 **地址**：郫县郫筒镇望丛中路232号
🚌 **交通**：在成都五块石客运站乘坐703路公交到郫县南大街站下车可达　¥ **人均消费**：27元
✉ **营业时间**：11:00-20:00　☎ **咨询电话**：028-87928423

苗寨竹筒鸡

鲜香味美，令人回味

苗寨竹筒鸡是成都非常有名的一家中餐馆，餐馆将"蒸"、"烧"、"炒"等传统烹调手法与现代菜肴制作技艺相结合，制作出来的招牌竹筒鸡保留着竹子的自然清香，鸡肉吃起来也更加鲜美肥嫩，而且这道菜具有清凉润肺、消除疲劳的特殊功效，非常值得一尝。除了特色的竹筒鸡之外，餐馆的芋儿鸡也做得很是美味，游客可以好好品尝一下。

推荐理由：特色中餐馆
推荐美食：竹筒鸡、芋儿鸡
适宜场合：随便吃吃

攻略要点

地址：郫县望丛路镜湖宾馆旁
交通：在成都金沙车站乘坐305路公交到郫县后，可在车站租车前往，车程约为3.3公里，时间约为10分钟
人均消费：174元
营业时间：11:00-22:00
咨询电话：028-87931518

三源农庄

品美味豆花

三源农庄位于郫县望丛寺西侧，是一个集餐饮娱乐、品茗休闲等功能于一身的农家乐。这里最出名的就是农庄的特色菜肴——魔方豆花，在餐桌中央放一大碗白嫩的豆花，围绕豆花周围的是酸、甜、麻、辣、咸5个系列40多种佐料，就像魔方一样自由旋转组合，变换花样地吃出各种味道，非常有趣。

推荐理由：特色美食休闲农庄
推荐美食：魔方豆花
适宜场合：朋友聚会

攻略要点

地址：郫县望丛村三组
交通：在成都金沙车站乘坐305路公交到郫县后，在车站租车前往，车程约为3.4公里，时间约为13分钟。
人均消费：150元
营业时间：11:00-20:00
咨询电话：028-87927363

宿在温江区·郫县

温江区和郫县既有经济舒适型的酒店，也有豪华型星级酒店，为了满足不同游客的需求，也为了让出行更加方便，我们将这里的酒店分为高中低3个档次进行介绍，以供参考。

金强华亨酒店
环境宜人，交通便利的住处

金强华亨酒店地处风景秀丽的温江大学城边，交通便利，自然环境优美。从这里出发前往国色天香、都江堰、青城山等成都著名景点都十分方便。酒店拥有欧陆风格的园林设计以及各式客房等完善的配套设施，加上酒店贴心周到的服务，一定能让你拥有一个完美的住宿体验。

餐饮资讯

酒店西一楼和二楼的餐厅主要提供特色川菜。

攻略要点

- 🏠 **地址**：温江区南熏大道四段356号
- 🚍 **交通**：在成都百花中心站乘坐309路公交到温江大学城西站下车可达
- 🛏 **客房**：高级标间、高级单间
- ¥ **房价**：320元起
- ☎ **咨询电话**：028-82733666

君临国际酒店
经济舒适型商务酒店

君临国际酒店是一家按照四星级标准打造的，集住宿餐饮、休闲娱乐及商务会议于一体的现代化商务酒店。该酒店拥有精心装饰的各式客房100多套，商务中心、会议中心、咖啡厅、餐饮中心等配套设施完善，而且酒店地处温江区中心的枢纽地带，出行非常方便。

餐饮资讯

酒店餐饮中心主要提供中餐服务，菜肴以川菜为主。

攻略要点

- 🏠 **地址**：温江区文化路138号
- 🚍 **交通**：在成都五块石客运站乘坐703路公交到温江公园站下车可达
- ☎ **咨询电话**：028-68810666
- 🛏 **客房**：普通单间、豪华标间、豪华套房
- ¥ **房价**：318元起

成都方圆四季酒店
出行便利的住处

　　成都方圆四季酒店位于郫县犀浦镇，毗邻高薪西区，周边高校林立，交通便捷。该酒店拥有各类型客房百余间，虽然装修不如豪华酒店，但是设施齐全，整洁舒适，也是理想的住处。而且酒店还拥有会议室、茶楼等相关配套设施，相对便宜的住房价格、干净整洁的环境以及贴心周到的服务，一定可以让你有一个满意的住宿体验。

餐饮资讯

酒店中餐厅主要提供传统川菜，除了餐厅以外，酒店茶座还提供相关餐饮休闲服务。

攻略要点

🏠 **地址**：郫县犀浦镇犀湖新街39-41号
🚇 **交通**：在成都金沙车站乘坐320路公交到郫县后，在车站租车前往，车程约为9.8公里，时间约为25分钟
🛏 **客房**：商务大床房、商务双床房、商务三床房　💰 **房价**：158元起
📞 **咨询电话**：028-87998777

鱼凫国都温泉大酒店
享受温泉之旅

　　鱼凫国都温泉大酒店位于成都温江区温泉大道，室内外共有各色温泉50多处，而且这些温泉水都来自1800多米以下的深度地层，富含锌、碘、氡、锂、铁等多种对人体有益的微量元素，是国内外少见的多微复合型珍稀医热疗矿泉。酒店内拥有各种装修豪华的客房150多套，同时还有高尔夫球场、网球场等休闲娱乐设施，是游客休闲度假的理想去处。

餐饮资讯

酒店餐厅主要提供各式中餐。

攻略要点

🏠 **地址**：温江区温泉大道四段　🚇 **交通**：在成都武侯祠站乘坐904路公交到温江区温泉大道站下车可达
🛏 **客房**：豪华单人间、豪华单人套房、豪华观景套房
💰 **房价**：768元起
📞 **咨询电话**：028-82788888

其他住宿推荐

温江区

温江友谊大酒店	地址：万春路156号	电话：028-82743288
华美利酒店	地址：南浦路西段附213号	电话：028-82764427
家兴大酒店	地址：鱼凫路107号	电话：028-82722305
致佳居酒店	地址：南浦路173号	电话：028-82767222

郫县

蜀都大酒店	地址：望丛中路1088号	
犀浦大酒店	地址：犀浦镇迪康大道北段	电话：028-87856008
西御园乡村酒店	地址：老成灌路附近	电话：028-67517888
恒大酒店	地址：恒山南街278号	电话：028-87856133

NO.7 彭州市

彭州市位于成都市西北部，距离成都市区38公里，自秦汉建县设郡以来，已有2000多年的历史。唐朝时期，彭州市以牡丹花名扬天下，直到现在，彭州市仍旧是我国南方最大的牡丹花观赏基地。

由于彭州市地处成都平原与龙门山脉的过渡地带，特殊的地理条件造就了这里优美的自然风光，九峰山、丹景山以及昔日的银厂沟等都是彭州秀丽风景的代表，峡谷、栈道、飞瀑、流泉、佛光、圣灯等景观无所不有，无愧于"蜀中膏腴之地"的美称。

彭州市景点分布图

彭州市

龙门山大峡谷

板坪村

白茶村

九峰山

九峰村

团山村

白水河森林公园

天台村

白鹿森林公园

大河村

通济镇

西一村

丹景山

S106

楠杨镇

向峨乡

莲池村

彭放路

金龙假日酒店

龙门客栈

S106

驾虹乡

S106

长板村

巴蜀食府

彭州市

东湖宾馆

鑫怡家
快捷酒店

田鸭肠

庆兴乡

写庭阁北京
堂花园酒店

图例　　县级行政中心　　贯　　食　　宿　　水面
省道及编号　　高速公路　　普通道路　　支路

彭州市游玩预算

　　在彭州市旅游，所花费用不会太高。景点门票方面，到九峰山需要门票30元，白水河森林公园门票为10元，白鹿森林公园门票为10元，龙门山大峡谷门票为20元，丹景山门票为10元。在彭州市游完大部分景点所需门票在80元左右。

住宿方面，彭州市的住宿不是很贵，如果住一般的经济型酒店，一晚大约需要200元。

美食方面，在彭州市主要品尝当地的特色美食，不管是小吃还是特色菜肴都不是很贵，因此吃方面不会花费太多。

购物方面，在彭州市旅游时会选购一些陶瓷、豆瓣等特产，所以也不会花费太多。

总之，如果两个人在彭州市游玩两天，并且住在经济型酒店的话，所需花费在400元左右。

彭州市旅行锦囊

特色购物

在彭州市，可以购买的特产包括川芎、桂花陶瓷、彭州大蒜、彭州藠头和天彭辣豆瓣。彭州市是全国种植面积最大的川芎生产基地，这里出产的川芎品质优良，很受欢迎。而桂花陶瓷是距今已有1000多年历史的传统工艺品，它以其古朴典雅的风格深受游客的喜爱，是非常具有收藏、纪念价值的艺术品。此外，彭州大蒜、彭州藠头和天彭辣豆瓣也是彭州市非常有名的土特产，很值得购买。

旅游节庆活动

每年农历正月，在彭州市的丹景山都会举行热闹的春节庙会活动；每年3月，彭州市的天彭镇和红岩镇、梨花坪分别会举行兰花会、梨花会等活动，期间赏花、品美食等活动将在此举行；而每年的4、5月份，在彭州市的丹景山会举办热闹的牡丹花会，届时，游客们可以观赏到各个品种的彭州牡丹，非常漂亮。

最佳旅游时节

彭州市的大部分旅游景点都是以自然景观为主，春季牡丹等各式鲜花盛开的时候，这里都会举办以赏花为主的旅游节庆活动；而到了夏季，这些自然景观又成了游客避暑赏景的胜地。因此，到彭州市旅游的最佳时间应该是春、夏两个季节。

交通指南

成都—彭州市

从成都到彭州市可以在成都的新南门旅游集散中心、成都城北客运站和成都西门车站乘坐大巴前往。

成都西门车站地址：成都市一环路北一段，在市区乘坐4、7、11、27路公交可达。至于新南门旅游集散中心、成都城北客运站的地址及交通可参见"NO.2 双流县·新津县"的交通指南。

彭州市内部公交

到达彭州市区后，在市区有很多公交车可以乘坐前往目的地，以下就为游客列举几条市区公交线路的走向。

112路：客运中心—丹景山镇　　**113路**：客运中心—桂花镇
115路：客运中心—葛仙山镇　　**109路**：客运中心—蒙阳车站
110路：客运中心—红岩车站　　**105路**：客运中心—青光村

赏在彭州市

彭州市素有"天府金盆"的美誉，这里不仅有着几千年的悠久历史，更有着旖旎的自然风光，在这片富饶美丽的土地上，龙门山大峡谷、丹景山、九峰山等一大批美丽的自然景观吸引着无数游客的目光，下面我们精心选取其中的部分景点，为游客进行详细介绍。

九峰山

彭州诸山之冠

九峰山位于彭州市大宝镇境内，属四川盆地向青藏高原过渡的龙门山脉中段，是彭州众多山峰中最高的一座，因区域内有9座巍峨的大山而得名。

九峰山景区内，火焰峰、背光峰、仙人峰、白虎峰、元武峰等几座挺拔的大山组成了九峰山景区层峦叠嶂的美丽景观，而在这些山峰中，尤以火焰峰的景观最为奇特，山间峡谷幽深、飞泉流瀑，莽莽的原始森林中萦绕着层层云雾，云海、佛光等奇特的自然景观变化莫测，春赏花，冬看雪，在这里，四季都有景可赏。

除了景色优美之外，九峰山还曾是佛教圣地，至今山间还有清凉寺、还海会堂等历史悠久的寺庙。其实早在宋朝时期，火焰峰就已经是佛寺林立的宗教圣地，历史上的许多名僧都曾在这里修行，在很长的一段历史时期内，这里曾被众多佛教信徒奉为朝山求事、祈雨消灾的圣地。

攻略要点

🏆 **推荐指数**：★★★★☆　🧭 **地址**：彭州市大宝镇境内

📷 **游玩亮点**：观赏自然风光，参观佛教胜迹

🚌 **交通**：在成都西南门旅游集散中心乘坐大巴直达彭州后，在彭州客运中心有直达九峰山景区的大巴，车程约为57公里，时间约为1小时13分钟　¥ **门票**：30元

🕐 **开放时间**：7:00-18:00　☎ **咨询电话**：028-3701495

白水河森林公园

神奇秀美的森林景观

白水河森林公园位于彭州市大宝镇境内，是一个保护大熊猫等珍稀野生动植物及生态环境的自然保护区。

白水河森林公园属于中亚热带常绿阔叶林地区，保护区内的森林覆盖率高达86.7%，银杏、珙桐、冷杉、连香树等珍稀植物构成了白水河绚丽的森林景观，山中的野生杜鹃花成林成片，每到山花盛开的时节，漫山的杜鹃花艳丽夺目，美丽非常。大熊猫、金丝猴、牛羚等国家级重点保护动物也常在山林中出没。

除了别具特色的动植物景观之外，白水河的低地文景观也十分丰富，高耸入云的山峰，幽深的崖谷，陡峭的悬崖，神秘的洞穴，嶙峋的怪石，湍急的滩流……无不体现出白水河森林公园的地文景观特色。景区内的凤鸣湖、龙吟瀑、幽涧奇石、杜鹃海、碧玉潭等景观都非常具有观赏价值，金腰带、会仙桥等众多民间传统构成的人文景观也令人浮想联翩。

餐饮资讯

在"5·12"地震中，白水河森林公园的景观在一定程度上遭到破坏，游览之前可以查阅相关资料，了解景区景观的恢复情况再安排游览行程。

攻略要点

- **推荐指数**：★★★☆☆
- **游玩亮点**：森林景观
- **地址**：彭州市大宝镇境内
- **交通**：在成都西南门旅游集散中心乘坐大巴直达彭州后，在彭州客运中心租车前往，车程约为93.2公里，时间约为2小时
- **门票**：10元
- **开放时间**：7:00-17:00
- **咨询电话**：028-3852031

白鹿森林公园

省内最大的地质森林公园

　　白鹿森林公园地处龙门山湔江流域，是四川省内占地面积最大的省级地质森林公园，该公园包括中国地质奇石大型亭园、川西民居旅游庭园、国际绿色康复疗养中心、森林氧吧、千佛大佛、红枫生态景观、冰川漂砾标准剖面、溶洞全息影像奇观、湔源景区等自然和人文景观，是省内著名的避暑旅游胜地。此外，在白鹿山上还有一座天主教神学院，为100多年前的法国传教士所建，极具参观价值。

攻略要点

- **推荐指数：** ★★☆☆☆
- **游玩亮点：** 地质景观
- **地址：** 彭州市白鹿镇
- **交通：** 在成都西南门旅游集散中心坐车直达彭州后，在彭州客运中心租车前往，车程约为40.2公里，时间约为1小时18分钟
- **门票：** 10元
- **开放时间：** 8:00-18:00

龙门山大峡谷

天然氧吧

　　龙门山大峡谷位于四川省彭州市西北部，这里有险峻的山峰，幽深的峡谷，成群的瀑布，苍翠的森林，春天山花烂漫，夏天溪流涌动，秋天枫叶似火，冬天雪海茫茫，一年四季都有动人的风景可以观赏，是闻名全川的著名旅游景点。如果游客感兴趣，不妨到这里走走吧！

攻略要点

- **推荐指数：** ★★★☆☆
- **游玩亮点：** 峡谷风光
- **地址：** 彭州市西北部龙门山镇
- **交通：** 在成都西南门旅游集散中心坐车直达彭州市后，在彭州客运中心租车前往，车程约为95.37公里，时间约为2小时13分钟
- **门票：** 20元
- **开放时间：** 7:00-17:00

丹景山

美丽的牡丹王国

丹景山位于沱江源头——湔江南岸，属于龙门山的余脉。丹景山景区内层峦叠嶂，风光秀丽，是我国天彭牡丹的发源地，早在唐朝时期，这里的牡丹种植已经形成相当规模，唐代诗人陆游曾称赞其为"牡丹在中州，洛阳第一；在蜀，天彭为第一"。每到牡丹花开的时节，艳丽的牡丹花盛开在丹景山山野崖间，极富野趣。目前，丹景山已是全国唯一著名的牡丹观赏基地，现已建成丹霞园、牡丹坪、国色园、金华园等12大牡丹观赏园区。不仅是历代文人墨客对丹景山的牡丹钟爱有加，平民百姓也在花开时节争相来到这里，一睹花容。每年4月，来自各地的游客聚集到这里赏花、朝山，热闹非凡。

除了闻名全国的牡丹花之外，丹景山也是宗教名山。早在汉朝，这里便有道家先哲在此静修炼丹，佛教东渐后又为佛道共处之山，寺观特盛。直到现在，山上还保留着天师宫、金华寺等寺观遗迹，很有参观价值。

旅 行 建 议

每年农历正月，丹景山会举办热闹的庙会活动，而4、5月是牡丹花开的时候，丹景山也会举行盛大的牡丹花会，届时各个品种的牡丹花争相开放，非常漂亮，也是游览此地的最佳旅游时节。

——— 攻略要点 ———

⬆ **推荐指数**：★★★★★　📷 **游玩亮点**：牡丹观赏基地

🎧 **地址**：彭州市丹景镇境内　¥ **门票**：10元

🚗 **交通**：在成都西南门旅游集散中心坐车直达彭州后，在彭州客运中心坐车到白水河中途的丹景山下车可达

⏱ **开放时间**：8:00-18:00　📞 **咨询电话**：028-83891892

食在彭州市

彭州市美食品种繁多，历史悠久，不管是小吃还是做法复杂的特色菜肴，都相当具有特色，除了大家所熟知的彭州军乐镇的军屯锅魁外，还有很多极富特色的美食，下面将进行详细介绍。

军屯锅魁
酥脆鲜香的美味小吃

军屯锅魁又名酥锅魁，是一道起源于彭州市军乐镇的特色小吃，它选用优质面粉，拌上适当的温水，经过反复揉搓后使之变得柔软而富有韧性，然后在面中加入猪油、八角、茴香、花椒等香料捏成饼状，放入油锅中煎烤，最后放入炉膛中烘脆而成。如今，这道小吃已经发展出鲜肉锅魁、椒盐锅魁等10多个品种，如果来到彭州，不妨好好尝尝这道特别的美食吧！

九尺鹅肠火锅
特色鹅肠火锅

九尺鹅肠火锅是起源于彭州市九尺镇的一道特色美食，当地人历来就有养殖的习惯，对于美食也很有热情。他们将新鲜的鹅肠经过处理，放入特制的火锅底料中，让鹅肠融入火锅特有的麻辣香味，这样做出来的鹅肠始终保持着其特有的细嫩、脆的特点，吃起来麻辣鲜美，回味无穷，而且营养十分丰富。

胡子兔
口味丰富，肉质鲜美

　　胡子兔起源于彭州市天彭镇，它的创始人邹建安最初以经营熏兔肉生意为主，他精心研制的香、甜、麻、辣、咸5种口味的熏兔肉皮酥肉嫩，口味鲜香，深受大家的喜爱，由于他长有一脸美髯，所以人们将他创制的兔肉称为"胡子兔"。如今的胡子兔做得是更加美味了，他特别选用生长在5个月左右的兔子，经过腌制、风干等多道工序，精心制作而成，由于其独特的口感和鲜美的味道，这道美食早已远销全国各地，成为大家喜爱的一道美味。

大伞蒸牛肉
具有川西风味的伊斯兰小吃

　　大伞蒸牛肉是一道独具川西风味的伊斯兰小吃，最早由彭州市天彭镇的回族厨师穆文忠所创。它选用膘牛后腿肉，拌上多种香料和蒸肉米粉放入大笼用旺火蒸熟，上桌时再加上香菜、蒜泥等调料即可。这道菜吃起来肉香细嫩，香气浓郁，令人回味无穷。

美食哪里吃？

九尺镇鹅肠火锅店
地址：彭州市九尺镇
交通：在成都新南门乘车前往彭州客运中心后乘坐9路公交到九尺站下车可达
巴蜀食府
地址：彭州市翠湖东路城市花园
交通：在成都新南门乘车前往彭州客运中心后可租车前往，车程约为3公里，时间约为10分钟

田鸭肠
地址：彭州市二环路东南段
交通：在成都新南门乘车前往彭州客运中心后在客运中心乘坐5路公交到二环路东口站下车可达
胡子兔
地址：彭州市天彭镇东大街
交通：在成都新南门乘车前往彭州客运中心后在市区乘坐7路公交到天彭镇政府站下车可达

游汤圆
地址：彭州市天彭镇南大街迎宾路地段
交通：在成都新南门乘车前往彭州客运中心乘坐13路公交到迎宾路站下车可达

宿在彭州市

彭州市的住宿大部分都是经济舒适型的住处，豪华型的酒店几乎没有。下面就为游客介绍几处设施齐全、出行便捷的住处以供参考。

鑫怡家快捷酒店

方便舒适的住处

鑫怡家快捷酒店位于彭州市市区，出行十分方便，酒店内拥有80多间品味高雅的欧式客房，商务中心、会议厅、咖啡会所等配套设施完善，虽然酒店不如其他星级酒店那样豪华，但是酒店优雅温馨的环境以及贴心周到的服务足够让游客有一个满意的住宿体验。

餐饮资讯

酒店中餐厅主要提供各色川菜。

攻略要点

🛏 **地址**：彭州市西大街118号

🚌 **交通**：在成都新南门车站乘坐大巴到达彭州后，可在车站租车前往，车程约为2.7公里，时间约为10分钟

🏠 **客房**：高级标间、高级单间

¥ **房价**：160元起

♻ **咨询电话**：028-83718800

写庭阁北京堂花园酒店
环境优雅的住处

写庭阁北京堂花园酒店是一家集住宿、餐饮、休闲、娱乐等多功能于一身的园林式酒店,酒店内遍植各种花木,其建筑设计就仿佛一座典雅的江南园林,散步其间,鸟语花香,让人觉得轻松惬意。此外,酒店中还有水疗、棋牌、露天茶座等相关休闲娱乐设施,是一个住宿的理想之处。

攻略要点

- 🏠 **地址:** 彭州市天彭大道456号
- 🚌 **交通:** 在成都新南门车站乘坐大巴到达彭州市后,在市区租车前往,车程约为4.6公里,时间约为9分钟
- 🛏 **客房:** 特价单间、特价标间、普通单间、豪华标间
- ¥ **房价:** 128元起　☎ **咨询电话:** 028-83703331

餐饮资讯

酒店中餐厅主要提供各色川菜。

金龙假日酒店
景区附近的优雅住处

金龙假日酒店位于通往丹景山景区的彭白路上,是一家集住宿、餐饮、会议、娱乐于一身的度假酒店,酒店内绿草如茵,花木繁茂,盆栽、小桥、池水等景观使酒店看起来就像一座精致的园林。酒店室内装修豪华典雅,会议、餐饮、娱乐等设施齐全,而且酒店周边的风景也十分秀丽,是一个不错的住宿之地。

攻略要点

- 🏠 **地址:** 彭州市隆丰镇彭关公路3公里处
- 🚌 **交通:** 在成都新南门车站乘坐大巴到达彭州市后,在市区租车前往,车程约为5公里,时间约为13分钟
- 🛏 **客房:** 高级标间、豪华标间　¥ **房价:** 350元起
- ☎ **咨询电话:** 028-83458600

餐饮资讯

酒店中餐厅主营各种川菜,也提供各种地方菜。

其他住宿推荐

宾馆、客栈

彭州宾馆
地址: 彭州市联升街3-5号
电话: 028- 80238888

东湖宾馆
地址: 彭州市东升街旁
电话: 028- 83721018

情义宾馆
地址: 彭州市二道桥附近
电话: 028- 83823761

舜源宾馆
地址: 彭州市新南市街附近
电话: 028- 83700102

龙门客栈
地址: 彭州市彭白路
电话: 028- 83810009

青年客栈
地址: 彭州市新民西街
电话: 028- 83702307

酒店

金瑞阳光大酒店
地址: 彭州市四川省天彭镇龙塔路101号
电话: 028- 83886668

蒙江大酒店
地址: 彭州市二道桥路

NO.8

都江堰市

　　都江堰市位于成都市城西，原名"灌县"，后来因为修建了举世闻名的都江堰水利工程而改名为都江堰。这是一座有着2000多年发展历史的城市，境内不仅有着丰富的历史人文古迹，其优美的自然风光也令无数来过这里的游客惊艳。"世界水利文化的鼻祖"——都江堰水利工程和中国道教的发源地都位于都江堰市内，它们都已被列入《世界文化遗产名录》，是众多游客向往的著名旅游景点。

都江堰市景点分布图

都江堰市

龙池国家森林公园

九溪-虹口自然保护区

灵岩山庄

都江堰国堰宾馆

都江堰二王庙宾馆

都江堰盛世华夏酒店

都江堰

金牌蹄花肚条鸡

手掌鸡

顺风肥牛肉

都江堰市

上善养生酒店

青城山

青城山庄

图例　●县级行政中心　●贯　●食　●宿　绿地　水面　国道及编号
　　　　省道及编号　　高速公路　　普通道路　　支路

都江堰市游玩预算

在都江堰市旅游，所花费用不会太高。景点门票方面，都江堰需要门票90元，龙池国家森林公园需要门票20元，青城山需要门票90元，而其他大部分景点的门票较低，或者免费，所以门票方面的花费在200元左右。

住宿方面，都江堰市的住宿不是很贵，如果住一般的经济型酒店，一晚需要200元左右。

美食方面，都江堰市的美食品种繁多，而且很多美食餐馆都集中在景区附近，餐馆的价格也各不相同，不过费用不会太多，根据个人情况而定。

购物方面，在都江堰市旅游时一般会选购茶叶、丝毯等当地特产和旅游纪念品，具体花费视个人消费情况而定。

所以如果两个人在都江堰市游玩两天，并且住在经济型的酒店，所需花费在700元左右。

都江堰市旅行锦囊

特色购物

都江堰市的特产非常丰富，洞天乳酒、青城茶、青城老腊肉、猕猴桃、川芎、青城丝毯等都是都江堰非常不错的购物之选。

旅游节庆活动

每年清明节，都江堰市都会举行隆重的放水大典，期间会举行仿古祭祀活动、"茶马互市"历史场景再现、清明鲜花展、川西盆景精品展、都江堰名小吃、祈祷风调雨顺的道家法事表演等丰富多彩的活动，都是都江堰市最热闹的旅游节庆活动。

最佳旅游时间

都江堰市属于亚热带季风气候，每年的3～6月、9～11月是到都江堰旅游的最佳时间，但是7、8月的青城山也是非常适合避暑的旅游胜地。

交通指南

从成都前往都江堰市

从成都前往都江堰市非常方便，在成都火车站广场和西门车站每天有发往都江堰、青城山的旅游专线车，大约每10分钟一班，在西门车站每天都有前往青城后山的班车。此外，在成都新南门、城北客运站等车站每天也有发往都江堰市的大巴可以乘坐。

成都相关车站地址及交通请参见"NO.2 双流县·新津县"的交通指南。

都江堰市内部交通

从成都到达都江堰市之后，在都江堰汽车站乘坐4路公交可达都江堰景区，在车站乘坐101路公交可达青城山景区，在都江堰景区门口乘坐101a路公交可达青城山景区。下面为游客列举几条经过景区的公交线路。

4路：鲤鱼沱—亚细亚（途经都江堰景区）
6路：白沙—客运中心（途经二王庙）
101路：客运中心—青城前山山门（途经青城山景区）
102路：客运中心—高尔夫球场（途经青城前山山门）

赏在都江堰市

都江堰以闻名世界的都江堰水利工程而得名，历经几千年风雨的都江堰市水利工程至今仍然发挥着巨大的作用。城市西部的青城山是公认的道教发源地，历史悠久的道教宫观、博大精深的道教文化、神奇幽静的自然景观，吸引着众多游客到此参观。

都江堰
举世闻名的水利奇观

古代的四川是一个水旱灾害十分严重的地方，特别是洪水泛滥，给这里的农业发展带来了严重的制约。公元前256年，李冰被任命为蜀国郡守，他下定决心，一定要治理好岷江水患，造福百姓。他和儿子一起，带领当地人民，在吸取前人治水经验的基础上，兴修了都江堰水利工程，工程分为宝瓶口、飞沙堰和鱼嘴等几个主要组成部分，主体工程将岷江水分为两条，其中一条引入成都平原，达到了分洪减灾、灌溉农田、变害为利的目的。这是世界上最早建立并使用至今的大型水利工程，它的修建也让成都平原成为了真正意义上的"天府之国"。

为了纪念功勋卓著的李冰父子，后人在此修建了二王庙，自修建以来，二王庙一直香火鼎盛，各种民间的祭祀活动也常常在此举行。

旅行建议

位于都江堰两岸的夜啤长廊是到这里旅游一定要去的地方。每天晚上，长廊上都有川剧、耍杂技、跳街舞、拉二胡等精彩表演，在这里依水而坐，一边欣赏表演，一边喝着啤酒，品尝着炒田螺、炒大虾等特色美食，十分惬意。

攻略要点

- 🔺 **推荐指数**：★★★★★ 📍 **地址**：都江堰市
- 📷 **游玩亮点**：水利工程、二王庙
- 🚌 **交通**：在成都西门车站乘坐大巴前往都江堰，然后在都江堰市内乘坐4路公交直达
- ¥ **门票**：90元 ⏰ **开放时间**：7:00-18:00
- ☎ **咨询电话**：028-87200013

九溪—虹口自然保护区

成都"小三峡"

九溪—虹口自然保护区位于都江堰市龙池地区，地处岷江上游西岸，该保护区特殊的地理位置造就了这里独特而美丽的自然风光。区域内奇峰耸立，古木参天，溪涧纵横，大熊猫、金丝猴等数量繁多的国家级保护动物生活在这里。四季长流、清澈见底的白沙河贯穿全境，沿河两岸，林木苍翠，群峰连绵，峭壁如立，自然风光颇有三峡的神韵，因此这里也有"成都小三峡"的美称。景区内高山、峡谷、溪流构成了一幅绝妙的天然图画，游人可在此避暑纳凉，徒步登山，尽享大自然赐予的清凉美意。

除了优美的自然风光之外，漂流也是保护区的一大特色。这里的白沙河河水清澈，水流有急有缓，非常适合漂流。在白沙河的上游坐上皮划艇之后，就可以沿河而下，欣赏沿河两岸不断变幻的自然风光，感受漂流戏水带来的乐趣。

旅行建议

1.在虹口漂流需要先到上游的虹口镇买票，票价为88元。

2."5·12"汶川地震后，在白水河坝庙到峡口的"勇士漂"河段形成了不少小堰塞湖，这里水流湍急，在此漂流非常刺激。

攻略要点

推荐指数：★★★★☆

游玩亮点：森林景观，水上漂流

地址：都江堰市西北部

交通：在成都西门车站乘坐大巴前往都江堰，然后在都江堰客运站乘坐每天发往保护区的大巴可达，车程约为20公里，时间约为30分钟　**开放时间：**8:00-17:00

门票：免费　**咨询电话：**028-87132909

龙池国家森林公园

自然风光优美

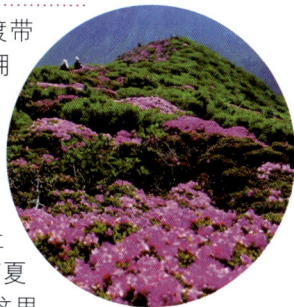

　　龙池国家森林公园位于川西平原和青藏高原的过渡带上，特殊的地理位造就了景区多样化的植物景观，景区内拥有珙桐、连香树、圆叶玉兰等3000多种珍稀植物，是我国重要的珍稀植物基因库。在景区茂密的森林中，还生活着金丝猴、羚羊、大熊猫、金鸡等珍稀野生动物，堪称一座"天然动物乐园"。

　　每到春暖花开之时，景区内万物复苏，一片苍翠，杜鹃、野百合、报春花等各色娇艳的野花开满整个山林。而夏天，景区内林木繁茂，溪水丰沛，是避暑纳凉的好地方，在这里，你可以泛舟湖上，尽情戏水赏景，享受夏日的清凉；你也可以坐在林中，静听鸟鸣，享受难得的清净。秋天，景区内层林尽染，红、黄、绿等变幻的色彩演绎出美丽的秋日美景。到了冬天，景区四处银装素裹，呈现出别样的冷艳之美。总之，在这里，一年四季都有着美丽的风景可供欣赏，如果游客感兴趣的话，不妨亲自到这里来走走。

旅行建议

1.秋冬季节是前往龙池旅游的最佳时间，每年1～3月，这里都会举行冰雪节。
2.如果冬季前往龙池旅游，一定要带上充足的衣物，注意防寒保暖。
3.在山中旅游不要前往未对游人开放的区域，以免迷路。

攻略要点

推荐指数：★★★★☆　　**游玩亮点**：森林景观
地址：都江堰市西北龙溪乡境内
交通：在成都新南门车站乘车到达都江堰后，在车站租车前往，车程约为30.1公里，时间约为1小时　　**门票**：淡季20元，旺季50元
开放时间：7:00-18:00
咨询电话：028-7260108

青城山

道教名山、人间仙境

　　青城山是中国道教的发源地之一，这里山林青翠，景色秀美，故有"青城"之名。

　　东汉顺帝汉安二年，道人张道陵来到青城山，看中了这里的幽静秀丽，于是便在此结庐传道，他依据《太平经》创作道书，并根据巴蜀地区少数民族的原始宗教信仰，奉老子为教主，以《道德经》为经典，创立了"五斗米道"，又称"天师道"。青城山遂成为道教的发祥地、"天师道"的祖山，全国各地的天师均来青城山朝拜祖庭。至今，青城山中还保留着天师洞、建福宫、老君阁、上清宫等数十座历史悠久的道教宫观。

　　青城山的景色自古以"幽"取胜，青翠的山峦，繁茂的林木，清澈碧绿的湖水，这些无不体现出青城山幽静的美丽。山中的亭台楼阁也取材自然，不假雕饰，与周围山林、岩泉融为一体，体现出道家崇尚朴素自然的风格。此外，青城山也是观赏日出、云海、圣灯等自然奇景的好地方，历代的文人墨客都曾在此留下足迹，不管你是到这里探访博大精深的道家文化，还是来这里享受大自然的美景，都一定不会失望而归。

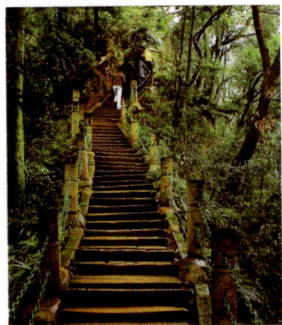

旅行建议

1.白果炖鸡、洞天乳酒、青城贡茶和道家泡菜是有名的青城四绝，这些用道家传统秘方制作的4种特产风味独特，到了青城山一定要好好品尝一下。

2.青城山景色优美，是一个非常适合徒步登山的旅游地，登山前可以先买好地图或导游图，再上山。

攻略要点

🔼 **推荐指数**：★★★★★

📷 **游玩亮点**：道教遗迹、自然风光

📍 **地址**：都江堰市城南　💴 **门票**：90元

🚘 **交通**：成都火车站广场、西门车站每天都有发往青城山的旅游专线，每10分钟一班，到青城山时间约为2小时

🕐 **开放时间**：7:00-18:00

☎ **咨询电话**：028-87288159

都江堰市美食众多且独具特色，特别是青城山的道家美食，其历史悠久，兼具美味的特点与养生的功效，非常值得品尝，下面将为游客推荐几道当地的特色美食。

食在都江堰市

长生宴
不可错过的青城美食

　　长生宴是一道具有滋补养生功效的特色道家美食，最早由这里的鹤翔山庄所创。三国蜀汉时期，范长生在此创建范氏庄园，修炼长生久视之术，他采集山林野味，巧妙烹饪，食之本色、本味，得享天年，寿齐彭祖。之后药王孙思邈居住青城，将川芎、山药制作成药膳以滋补元气，明皇避乱蜀中，驻辇长生宫，使道家饮食得到进一步发展和丰富。

白果炖鸡
青城四绝之一

　　白果炖鸡是有名的青城四绝之一，据说这是青城道家创制的一道养生美食，具有很强的滋补功效。它选用新鲜的土鸡和当地出产的白果一起用慢火煨制而成，其汤色洁白，鸡肉鲜嫩，白果清香软糯，非常美味，到时候一定要好好品尝一下。

青城泡菜

四川泡菜之最

青城泡菜是产自青城山的又一道美食，它以鲜黄瓜、豇豆、萝卜、水红辣椒等为原料，加入八角、花椒等香料精心腌制而成，制作出来的泡菜口感酸甜脆嫩，具有开胃、解腻、增进食欲的功效。在都江堰市区和青城山都可以吃到这道美味。

青城老腊肉

香味浓郁，回味悠长

青城老腊肉是除了青城四绝之外口碑极好的一种美食，它经过腌制、熏烤、风干等多道工序精心制作而成，其外观呈现为黑黄色，肉皮金黄而富有光泽，肥肉油而不腻，瘦肉香味浓郁，无论是煮着吃还是回锅炒蒜苗都非常好吃，在都江堰和青城山的许多餐馆都可以尝到这道美味。

美食哪里吃？

郡守府
地址：都江堰市新堰坎中段22号
交通：在成都西门站乘车前往都江堰后可在市区租车前往，车程约为12公里，时间约为20分钟

手掌鸡
地址：都江堰市观景路　交通：在成都西门车站乘车前往都江堰后在市区乘坐11路公交到观景路站下车可达

金牌蹄花肚条鸡
地址：都江堰市都江堰大道56号　交通：在成都西门车站乘车前往都江堰后在市区乘坐13路公交到都江堰大道口下车可达

上善养生酒店
地址：都江堰市青城山香楠路3号　交通：在成都西门车站乘坐前往青城山的大巴直达景区，餐馆就在景区山脚处

顺风肥牛肉
地址：都江堰市都江堰大道237号　交通：在成都西门车站乘车前往都江堰后在市区乘坐13路公交到都江堰大道口下车可达

宿在都江堰市

都江堰市的住宿非常多，特别是著名的青城山、都江堰景区附近更是酒店云集。这些酒店不仅在装修上费尽心思，而且坐拥优美的自然山水风光，是众多旅游者理想的住宿之地。下面我们就为游客介绍几处不错的住宿之地。

灵岩山庄

舒适便捷的住处

灵岩山庄地处都江堰市区，紧邻都江堰、二王庙等著名的景区。它由会议中心楼、客房中心和豪华别墅组成，山庄内商务中心、网球场、休闲茶座、网球场、娱乐厅等相关配套服务设施完善，从这里出发前往青城山、都江堰、龙池、虹口等景点只需几十分钟的时间，非常方便。

餐饮资讯

酒店中餐主要提供特色川菜。

攻略要点

- **地址**：都江堰市百花岭路32号
- **交通**：在成都西门车站乘车到达都江堰后可在市区租车前往，车程约为5.5公里，时间约为18分钟
- **客房**：标准间、套间
- **房价**：220元起
- **咨询电话**：028-87127998

青城山庄
风景秀丽的住处

　　青城山庄位于青城前山风景区，是一座集住宿、餐饮、娱乐等多功能于一身的休闲度假型酒店。酒店以原石、原木为主要装修材料，与青城山的自然景观天然的融为一体，酒店内拥有各类客房107间套，会议室、康体娱乐中心等相关配套服务设施完善。从这里一出门便可轻松地游览风景秀丽的青城山景区，非常方便。

攻略要点

地址：都江堰市青城山前山风景区

交通：在成都市西门车站乘车直达青城山景区，从景区前往酒店的车程约为6.4公里，时间约为6分钟

房价：400元起

客房：豪华标间、豪华单间、别墅

咨询电话：028-87288033

餐饮资讯

酒店内拥有8个餐厅，可以容纳200多人同时就餐。餐厅主要提供各式川菜。

都江堰二王庙宾馆
都江堰唯一的景区宾馆

　　都江堰二王庙宾馆位于二王庙景区后门侧，是都江堰市区唯一一个景区宾馆，宾馆周围风景怡人，交通便利，从这里出发前往青城山、龙池国家森林公园仅需十几分钟的时间。酒店中式风格的建筑镶嵌在绿水青山之间，不管是外观设计还是内部设计，都体现了古色古香的中国特色。酒店内拥有豪华单间、套房等类型的客房约80多间，完善的配套设施和贴心的服务为游客营造出一个良好的住宿环境。

餐饮资讯

酒店没有餐饮设施，客人需外出就餐。

攻略要点

地址：都江堰市百花岭路3号　　**咨询电话**：028-87113888

交通：在成都西门车站乘车到达都江堰后可在市区租车前往，车程约为5.5公里，时间约为18分钟

客房：高级单间、豪华标间、豪华套房　　**房价**：260元起

都江堰国堰宾馆

四星级商务酒店

都江堰国堰宾馆是一家集餐饮、娱乐、康乐多功能于一身的四星级标准的大型商务酒店。宾馆依山傍水，风景秀丽，富有欧洲古典主义建筑风格的主楼，气势恢弘，是都江堰市的标准性建筑之一。宾馆拥有各类客房150多间，餐饮、休闲、娱乐等相关配套设施完善，是一个理想的住宿之地。

餐饮资讯

都江堰国堰宾馆的餐饮久负盛名，该宾馆餐厅提供正宗川菜、粤菜以及风味西餐，可以同时容纳上千人就餐。

攻略要点

- ⌂ **地址**：都江堰市观景路中段
- 🚍 **交通**：在成都西门车站乘车到达都江堰后在市区乘坐1、7、16路公交可直达宾馆
- ¥ **房价**：450元起
- 🏠 **客房**：标准间、高级单间、豪华标间、豪华套房

都江堰盛世华夏酒店

豪华的五星级酒店

都江堰盛世华夏酒店地处都江堰繁华的商业地段，交通便利，从这里前往都江堰、青城山等著名景点只需十几分钟的时间。酒店内部装饰将欧式古典风格与现代设计融为一体，别具一格，酒店共有各类客房100多间、大型宴会厅、商务中心、娱乐休闲等相关配套设施

齐全，是游客商务、度假、休闲、会议的首选之地。

餐饮资讯

酒店拥有中餐厅、西餐厅，可以提供特色川菜以及风味西餐。

攻略要点

- ⌂ **地址**：都江堰市玉带桥华夏广场
- 🚍 **交通**：在成都西门车站乘车到达都江堰后在市区乘坐1、2、3、4路公交可达
- 🏠 **客房**：商务大床房、豪华间
- ¥ **房价**：328元起
- ☎ **咨询电话**：028-67666666

酒店

都江堰大酒店
地址：都江堰市公园路55号
电话：028-87283439

都江堰悦翔酒店
地址：都江堰市迎宾大道62号
电话：028-87298306

都江堰天地人和商务酒店
地址：都江堰市幸福大道下段
电话：028-89738761

都江堰春天商务酒店
地址：都江堰市大道安康北路佳和花园10号楼
电话：028-89738811

都江堰青城豪生国际酒店
地址：都江堰市青城山镇青城大道88号
电话：028-88988888

宾馆

实久宾馆
地址：都江堰市大道18号
电话：028-87293999

金叶宾馆
地址：都江堰市观景路9号
电话：028-87119999

宁堰宾馆
地址：都江堰市太平街257号
电话：028-61729037

NO.9

青白江区·
新都区·金堂县

青白江区位于成都市北部，因境内的青白江而得名。它属于都江堰自流灌区，境内水源充足，土地肥沃，物产丰富，是一个人杰地灵的地方。

新都区位于成都市北郊，地处川西平原腹地，素有"天府明珠"的美称。境内的宝光寺、升庵桂湖等都是著名的旅游景点。

金堂县位于成都市东北部，为千里沱江之首，这里有着悠久的人文历史和优美动人的自然风光，下面我们将一一为游客介绍。

青白江区、新都区、金堂县景点分布图

青白江区、新都区、金堂县旅游预算

　　在青白江区、新都区、金堂县旅游，所花费用不会太高。景点门票方面，到新都区宝光寺需要门票5元，到老桂湖公园需要门票30元，到新桂湖公园则不需要门票，而这几个区域的其他景点是不需要门票或者只需几元门票，所以在这里旅游的门票花费在35元左右。

　　住宿方面，这几个区域的住宿都不是很贵，如果住在一般的经济型酒店，一晚需要100元左右。

　　美食方面，这里的美食品种繁多，特色小吃和传统川菜都有，具体花费视个人消费情况而定。

　　购物方面，到这三个地方旅游主要是选购一些泡菜、山核桃之类的土特产，不会有太高的花费。

　　总之，如果两个人在这三个区域游玩两天，游完大部分景点，并且住在经济型的酒店，大致需要花费400元左右。

青白江区、新都区、金堂县旅行锦囊

特色购物

在青白江区旅游可以购买的特产包括黑花生、山核桃、手工苕粉等，在新都区旅游可以购买的特产包括姜糖、辣椒、新繁泡菜、桃片糕等，在金堂县旅游可以购买的特产包括云顶明参、金堂脐橙、金堂大红柑等。

旅游特色

青白江区、新都区和金堂县的旅游景点并不是特别多，其中新都区的宝光寺和升庵桂湖，金堂县的云顶山风景区是比较出名的几个景点，如果在成都游完所有景点之后，可以到这些周边区域逛逛，寻找新的风景。

交通指南

成都到青白江区

从成都到青白江区可以在梁家巷乘坐224路公交前往，在成都北湖客运站乘坐601、602路公交也可以到达。

梁家巷地址：一环路北三段附近，在成都市区内乘坐1、15、25、27路公交可达。

北湖客运站地址：成都市熊猫大道旁，在成都市区乘坐112、20、531、540、534路公交可达。

成都到新都区

从成都前往新都区可以到梁家巷乘坐650路公交直达新都钟楼车站，在成都五块石客运站乘坐651路公交也可达。此外，在成都的高笋塘车站也可乘车前往新都区。

高笋塘地址：成都市二环路北三段151号，在成都市区乘坐2、9、18路公交可达。五块石客运站的地址及前往方式请参见"NO.2 双流·新津"的交通指南。

成都到金堂县

在成都城北客运站可以乘坐班车直达金堂县，在成都北湖客运站乘坐602路公交可直达金堂客运站。

青白江区、新都区、金堂县内部交通

青白江区、新都区和金堂县的交通相对来说并不是很发达，到达各市区后前往相关景点可以查看车站是否有直达车前往，如果没有可以在市区租车前往。

青白江区、新都区和金堂县都位于成都周边，它们虽然在地域上离得很近，但是却各自有着不同的美丽风景。下面我们就精心挑选了其中一些较为著名的景点推荐给游客。

赏在青白江区·新都区·金堂县

宝光寺

川内著名的古寺

　　宝光寺位于成都北郊的新都区，是一座有着上千年历史的古寺。相传宝光寺始建于东汉时期，到隋朝时期命名为"大石寺"。据说，唐朝年间，唐僖宗因黄巢起义逃亡到四川，在夜间看见该寺内福感塔下放出祥光，随后挖出一内藏13颗舍利子的石匣，遂改寺名为"宝光寺"。

　　自宝光寺建成之后，经历数次毁建，如今宝光寺的建筑面积达2万余平方米，其主要建筑包括山门殿、天王殿、舍利塔、藏经楼、钟楼、罗汉堂等。其中，寺内的罗汉堂建于清朝咸丰年间，内有佛、菩萨、祖师塑像59尊，罗汉塑像518尊。据说这是我国罗汉堂中历史最久、规模最大的泥塑罗汉堂。里面的塑像每尊高约2米，彩绘贴金，千姿百态，形象栩栩如生。最为奇特的是，由于罗汉堂的建筑结构奇特，道路四通八达，就像一座迷宫，人们在里面绕来绕去地计算罗汉塑像有多少尊，很多人都会被绕晕，边数边看，数来数去，结果总是不一样。除了罗汉堂之外，宝光寺内还有"东方斜塔"之称的宝光塔，以及无数珍贵的文物值得游客好好去探访。

攻略要点

🔼 **推荐指数**：★★★★☆　　🆒 **游玩亮点**：佛寺建筑、佛教文物　　💰 **门票**：5元

🚌 **交通**：在成都梁家巷乘坐650路公交到新都客运站之后，换乘1路公交到宝光寺站下车可达

🏠 **地址**：新都区宝光街81号　　🕐 **开放时间**：7:00~18:00　　📞 **咨询电话**：028-86060933

升庵桂湖

典雅别致的西蜀名园

升庵桂湖位于新都区城内，是一处风光秀丽的古代人工湖。明朝学者杨升庵常在这里读书、游玩，他喜爱桂花，于是便在堤岸两旁遍植桂树，营造园林风景。桂湖逐渐成为风景秀丽的名园。后来由于各种原因，这里逐渐破落。直到清末民初，桂湖才得以修葺，并于1927年改名为桂湖公园。重建后的桂湖恢复了昔日的风光，园内，古色古香的亭阁建筑在古木幽篁、湖光水色的映衬下更加典雅别致，桂湖总面积为5万平方米，湖面约占三分之一。湖上南北两条半堤和几座桥榭将湖面隔为6个景区，荷花、桂花、杨柳等各色花木将整个景区装点得分外美丽，特别是园中的桂花，每到金秋时节，园内的桂花就开出一片金黄，十里飘香，很是诱人。

此外，在桂湖公园内还陈列了汉代画像砖、唐宋书法珍品等珍贵的文物，感兴趣的游客不妨亲自去看看吧！

旅行建议

1.每到桂花盛开的时节，这里都会举办盛大的桂花会，届时可以赏花、游园，场面非常热闹。
2.在公园内还建有纪念杨升庵的祠堂，里面陈列了杨升庵的著作100多种，很有参观价值。

攻略要点

推荐指数：★★★★☆　**游玩亮点**：园林景观　**地址**：新都区桂湖中路109号
交通：在成都梁家巷乘坐650路公交到新都客运站之后，在市区乘坐2路公交可直达桂湖景区
门票：30元　**开放时间**：7:00~18:00　**咨询电话**：028-83934671

龙门桃花沟

赏花踏青的好去处

龙门桃花沟位于青白江区姚渡镇的龙门村内，这里有着15年的桃树种植历史，上千亩的桃树林连绵成片，每到春暖花开时节，千树万树的桃花竞相开放，龙门村满山遍野一片紫雾红霞，美丽非常。在龙门村内有50多家农家乐可为游人提供品茶赏景的去处，假日里，约上亲朋好友来到这里品茶聊天，尽享春日美景也不失为一种很好的出游选择。

攻略要点

推荐指数：★★★☆☆
游玩亮点：踏春赏花
地址：青白江区姚渡镇龙门村境内
交通：在成都梁家巷乘坐224路公交到达青白江区后，可在车站租车前往，车程约为13.2公里，时间约为31分钟
门票：免费
开放时间：全天

八阵图遗址
布阵练兵遗迹

南朝梁李膺的《益州记》记载："八阵图纵横皆八，共六十四垒方阵，每垒高三尺，宽一平方丈，外围以上城，有四门，用以练兵。"这种用于练兵的八阵图每垒上可站一人或一个战斗小组，根据指挥信号的变化而变换方阵，适应攻击与退守。位于青白江区弥牟镇西南的三国八阵图遗址为全国仅存的一个，它的6个土垒整齐地排列在不到100平方米的范围内，每个土垒高约2米，大小相近，高矮相当。在土堆正面还有清朝李调元所写的《八阵图歌》的石碑。在八阵图的围栏上还雕刻着三国时代的画卷。

攻略要点
- 推荐指数：★★★☆☆
- 游玩亮点：八阵图遗迹
- 地址：青白江区弥牟镇西南
- 交通：在成都梁家巷乘坐224路公交到达青白江区后，可在车站租车前往，车程约为5.6公里，时间约为18分钟
- 门票：免费
- 开放时间：9:00-17:00

诸葛井
造型奇特的古井

诸葛井位于青白江区弥牟镇境内，这口砖石结构的古井创建于三国时期，井台为方形，井口为圆形，八角形的井身由上而下逐渐变宽，井壁用条石砌成，井面至井底水面约2米，井台正中有一摇架，高约1米，宽约0.25米。目前，这口古井虽然已经失去实用价值，但是其独特的造型对于研究古代凿井技术而言很具参考价值。

攻略要点
- 推荐指数：★★★☆☆　游玩亮点：古井造型
- 地址：青白江区弥牟镇老横街1号铺左侧
- 交通：在成都梁家巷乘坐224路公交到达青白江区后，可在车站租车前往，车程约为5.6公里，时间约为18分钟　门票：免费　开放时间：9:00-17:00

云顶山风景区
访古、赏景的好去处

云顶山风景区位于成都金堂县境内，由大云顶山、沱江金堂小三峡、天星洞、炮台山等景点构成。其山势之陡峭，自古以来就是兵家必争之地。南宋末年，为了抗击蒙古军队的入侵，南宋王朝在悬崖峭壁处修建了炮台、军营、城门等防御设施，至今这些防御设施保存完好，成为重要的文物古迹。此外，云顶山还有慈云寺、唐代摩崖石刻造像等历史遗迹，加上山上林木葱茏，景色清幽，是一个登高赏景、寻访历史古迹的好去处。

攻略要点
- 推荐指数：★★★☆☆　地址：金堂县九龙镇境内
- 游玩亮点：自然风光、古代遗迹
- 交通：在成都城北客运站坐车前往金堂县后，在车站可乘坐前往云顶山景区的专线直达景区，车程约为31.4公里，时间约为54分钟　门票：2元
- 开放时间：8:00-18:00　咨询电话：028-85580283

食在青白江区·新都区·金堂县

每个地方都有其别具特色的美食，位于成都周边的青白江区、新都区以及金堂县也不例外。下面我们将为游客介绍几种当地的特色美食，以供参考。

血旺烧白
美食二合一

　　血旺是以鸭血为制作主料，以煮菜为主，现煮现吃的川菜，吃起来麻辣滑嫩，令人回味。而烧白也是一道很有特色的川菜，通常以芽菜打底，以五花肉蒸成。血旺烧白就是将这两种川菜融合在一起制作而成的一道美味。其汤汁红亮、麻辣鲜香、味浓且厚，滑而不腻，是青白江区家喻户晓的一道名菜。

筒筒鳝段
名气很旺的一道菜

　　筒筒鳝段是青白江区非常有名的一道菜，经过精细的刀工切成的鳝段在爆炒过后卷成筒状，油亮的汤汁黏稠鲜美，鳝段也非常嫩滑入味，非常好吃。这道菜原本属于云贵菜系，当地人在制作时加入了本地特色，从而形成一道独具地方特色的风味菜肴，值得一尝。

风干鸡
青白江经典特色菜

　　风干鸡是青白江区的经典特色菜之一，这道菜的原料选用放养的"跑山鸡"，将经过腌制、风干处理的鸡肉放在白水中煮熟即可食用。这道菜吃起来咸香入味，鸡肉的口感也非常好，值得一试。

清流板鸭
历史悠久的美食

清流板鸭是新都区的一道美食，它选用没有进行饲料喂养的土鸭子，经过退毛、脱水、晾晒、熏烤等6大工序制作而成。在配料的过程中采用多种名贵中药，再配以各种香料，最后以香油扫面，使其色泽红亮。这道美食制作已有上百年的历史，吃起来皮酥肉嫩，肥而不腻，非常好吃。

新都桂花糕
香甜可口的美味小吃

新都桂花糕创制于明朝末年，它选用糯米、面粉、白糖、蜜桂花等原料精心制作而成，吃起来细软滋润，香甜化渣，还带着浓郁的桂花清香，非常美味。如果到新都区的话，不妨尝尝这道历史悠久的美味小吃。

兰烘糕
金堂最有名的烘糕

兰烘糕是金堂县很有名的一道特色小吃，和我们在成都常见的蛋烘糕一样，它选用新鲜的鸡蛋加上面粉精心烘烤而成。吃起来松软香甜，入口化渣，十分好吃。

土桥葱子糕
经典小吃

土桥葱子糕是金堂县较有特色的一道小吃，至今已有上百年的制作历史。这道小吃选用纯土鸡蛋、面粉、猪板油等原料，按照1:1:1的比例经过纯手工制作而成，其外观金黄，味道甜而不腻，营养十分丰富。

美食哪里吃?

新都区
清流板鸭
地址: 新都区清流镇
交通: 在成都梁家巷乘坐650路公交到达新都区，在车站租车前往，车程约为32.3公里，时间约为40分钟

青白江区
脆鹅肠火锅
地址: 青白江区红阳东路22号
交通: 在成都梁家巷乘坐224路公交到达青白江区后，在市区乘坐3路公交到红阳路站下车可达
鸭棚子鱼头火锅
地址: 青白江区大弯西路
交通: 在成都北湖客运站乘坐601路公交到凤凰湖站下车，步行1.7公里可达

金堂县
老蜀人火锅城
地址: 金堂县滨江路体育中心侧
交通: 在成都城北客运站乘车前往金堂县后，在市区乘坐7路公交到滨江路站下车可达
香饽饽干锅
地址: 金堂县一横街
交通: 在成都城北客运站乘车前往金堂县后，可在车站租车前往，车程约为3.5公里，时间约为10分钟

青白江区、新都区及金堂县的酒店类型很多，这里既有位于景区附近的豪华型酒店，也有位于城区中心的经济型住处。下面我们就分类为游客介绍几处不错的住宿，以供参考。

宿在青白江区·新都区·金堂县

新都桂湖国际大酒店

毗邻景区的住处

　　新都桂湖国际大酒店位于风景如画的桂花公园旁，与千年古刹宝光寺相邻。酒店内装饰典雅，设施齐全，拥有上百间类型多样的舒适客房，同时还专门设有无烟楼层和女士楼层。此外，酒店还拥有国际性的会议厅以及3个小型的多功能会议室。独特的人文生态环境，一流的设施设备以及贴心的服务，是游客商务、旅游住宿的理想之选。

餐饮资讯

酒店餐厅可提供川菜、粤菜及西式风味菜肴。

攻略要点

- **地址**：新都区桂湖西路20号
- **交通**：在成都梁家巷乘坐650路公交到达新都区后，在市区乘坐2路公交到桂湖站下车可达
- **客房**：豪华标间、豪华大床间、高级三人间
- **房价**：365元起
- **咨询电话**：028-67338858

凤凰湖天泉酒店
四星级高档酒店

凤凰湖天泉酒店位于青白江区石家碾中路，紧靠国家级湿地生态公园——凤凰湖。酒店内装修豪华，别具一格，地上26层，地下1层，拥有商务单间、高级标间等不同类型的客房，酒廊俱乐部、观光餐厅等休闲餐饮设施一应俱全。在这里住宿的你一定不会感到失望。

餐饮资讯

酒店餐厅可以提供西餐、亚洲美食、点心、鸡尾酒等。

攻略要点

- **地址**：青白江区石家碾中路
- **客房**：豪华标间、商务单间、行政豪华大床房、行政豪华标间
- **交通**：在成都梁家巷乘坐224路公交到达青白江区后，可在车站租车前往，车程约为2.2公里，时间约为6分钟
- **房价**：318元起
- **咨询电话**：028-83691166

金裕大酒店
优雅舒适的住处

金裕大酒店是金堂唯一一家三星级酒店，该酒店南接毗河，北邻野生世界，周边环境良好。酒店内拥有单人间、标准间等各类客房100余套，商务中心、会议中心、休闲茶座、桑拿中心、棋牌室等完善的服务配套设施一应俱全，是休闲度假、商务洽谈以及会议接待的理想住所。

餐饮资讯

酒店餐厅主要提供特色川菜。

攻略要点

- **地址**：金堂县十里大道一段833号
- **交通**：在成都城北客运站乘车到达金堂县以后，在车站租车前往，车程约为1.6公里，时间约为8分钟
- **客房**：商务单间、豪华双套间
- **房价**：269元起
- **咨询电话**：028-84921118

其他住宿推荐

青白江区
成都巨人树酒店
地址：青白江区华金大道562号
成都怡湖宾馆
地址：青白江区怡湖东路415号

金堂县
金海棠酒店
地址：金堂县滨江路355号
电话：028-84939696
天香阁酒店
地址：金堂县淮州大道
电话：028-84919688

新都区
全球通大酒店
地址：新都区宝光大道南段131号
电话：028-83960888
斑竹源酒店
地址：新都区毗河路
电话：028-83948288
金荷酒店
地址：新都区新都大道
电话：028-83040666
阳光酒店
地址：新都区静安路
石油缘宾馆
地址：新都区新都大道8号
电话：028-83031888

PART 3

成都周边

成都周边景点

德阳市
三星堆　广汉市
成都市
大英县　遂宁市
大英死海
上里古镇
碧峰峡　蒙顶山
雅安市　　洪雅县　眉山市
瓦屋山　峨眉山市　乐山大佛
峨眉山　乐山市

宜宾市　长宁县
江安县
蜀南竹海

图例
◎ 省级行政中心　　✿ 景点
◉ 地级行政中心　━━ 国道及编号
○ 县级行政中心　-- 铁路

周边城市游

　　除了成都市区的著名景点之外，成都周边城市的许多景点也相当具有观赏价值，如秀甲天下的峨眉山、世界上最大的石刻弥勒佛坐像、翠竹成林的蜀南竹海等同样吸引着不少游人的目光。下面，我们精心选取成都周边城市中极具观赏价值的几个景点为游客进行详细的介绍。

峨眉山

佛教名山，秀甲天下

峨眉山位于四川省峨眉山市境内，距成都约160公里，它与浙江普陀山、山西五台山和安徽九华山一起被称为我国的4大佛教名山，是著名的普贤菩萨道场。一直以来，峨眉山都以其秀丽的自然风光和众多的佛教胜迹而闻名于世，被人们称为"仙山佛国"。

峨眉山因山峰相对，状如峨眉而得名。其主峰海拔3099米，峭壁如削，山峰耸立，直入云霄，幽深的峡谷，飞泻瀑布，翻涌的云海无不彰显出峨眉山神奇瑰丽的景色。

沿着登山索道向上攀登，沿途峰峦叠嶂，古木参天，随着山势不断升高，身边的景色也在不断地变幻。在山脚下还是一片苍翠，到大山顶时却呈现出茫茫白雪，层层薄雾的奇丽景色。其实不止一山的景色在不断变化，峨眉山一年四季的景色也各不相同，充满看点。春天，万物复苏，山花烂漫；夏天，满山青翠，一片葱茏；秋天，层林尽染，色彩绚烂；冬天，银装素裹，玉树琼花，景色非常美丽。唐朝诗人李白曾游览这里，留下了"蜀国多仙山，峨眉邈难匹"的诗句来赞美峨眉山的瑰丽景色。特别值得一提的是，金顶的"日出"、"佛光"、"云海"和"圣灯"是著名的峨眉4大奇景，景色非常壮丽。

除了秀美的自然景观外，峨眉山还以神话般的佛教胜迹而闻名于世。早在汉朝末年，便有佛家在此建立寺庙。相传，这里是释迦牟尼身旁的普贤菩萨显灵说法的道场。普贤菩萨广修10种行愿，又称"十大愿王"。普贤菩萨的形象总是身骑六牙白象，作为愿行广大、功德圆满的象征。如今，矗立在金顶的四方十面佛塑像雄伟壮丽，其雕刻之精美令人叹为观止。

从汉朝起，峨眉山接近2000年的佛教发展历史为这里留下了丰富而珍贵的佛教文化遗产。报国寺、伏虎寺、金顶华藏寺、万年寺等近30座历史悠久的寺庙耸立在峨眉山苍翠的山林间，寺庙中的佛像、佛经、木雕、玉刻等文物众多，特别是万年寺的"普贤骑象"，报国寺的脱纱七佛、古贝叶经、华严铜塔、普贤金印等，都是极其珍贵的佛教文物。

今天，仍旧有不少佛教信徒不辞艰辛，徒步登上山顶，只为接受一场佛教的洗礼；无数游人不远万里，只为一睹峨眉山秀甲天下的美丽风光。如果你对这座神奇而美丽的山峰也很有兴趣的话，不妨亲自到这里游览一番吧！

攻略要点

- 🎫 **推荐指数：**★ ★ ★ ★ ★
- 🎡 **游玩亮点：**佛教遗迹、自然风光
- 📍 **地址：**四川峨眉山市境内
- 🚌 **交通：**在成都新南门旅游车站乘坐前往峨眉山市报国寺旅游客运中心的班车，可直达峨眉山脚下，然后购买景区区间车票可直达峨眉山景区内所有车站，如五显岗、雷洞坪等
- 💴 **门票：**150元　⏱ **开放时间：**9:00~17:00
- 🎧 **咨询电话：**0833-5533355

食、宿推荐

食——峨眉山素宴、峨眉药膳以及峨眉山山珍是峨眉山景区最具代表性的美食。另外，景区内的农家乐也可以提供峨眉豆花雪魔芋、峨眉山老腊肉等峨眉山特色菜肴。

宿——山脚处的峨眉山红珠山宾馆、峨眉山大酒店、峨眉山温泉饭店是这里最有名的几家星级酒店，住宿条件都非常好，但是价格比较昂贵。在景区内，几乎所有的寺院都有客房可供游客住宿，价格也非常便宜。此外，在峨眉山重要景点周边也有很多农家乐可以提供住宿，不过住宿条件就参差不齐。

乐山大佛
世界最高的大佛

闻名于世的乐山大佛位于大渡河、岷江、青衣江三江的交汇处，相传当年这里水流湍急，翻涌的波浪经常吞噬过往的船只。居住在山上的海通和尚认为水中必有水怪作怪，所以决定集资在江边修建一尊佛像，庇佑过往船只，这个佛像就是乐山大佛。这座依山而凿成的弥勒佛，通高71米，它双手扶膝，神情肃穆地眺望远方。今天，站在大佛顶端还可眺望整个江面的风光和乐山城市的风貌。游客从大佛旁边的凌云栈道可以直接到达大佛脚下，抬头仰望大佛，颇有气吞山河的气势。

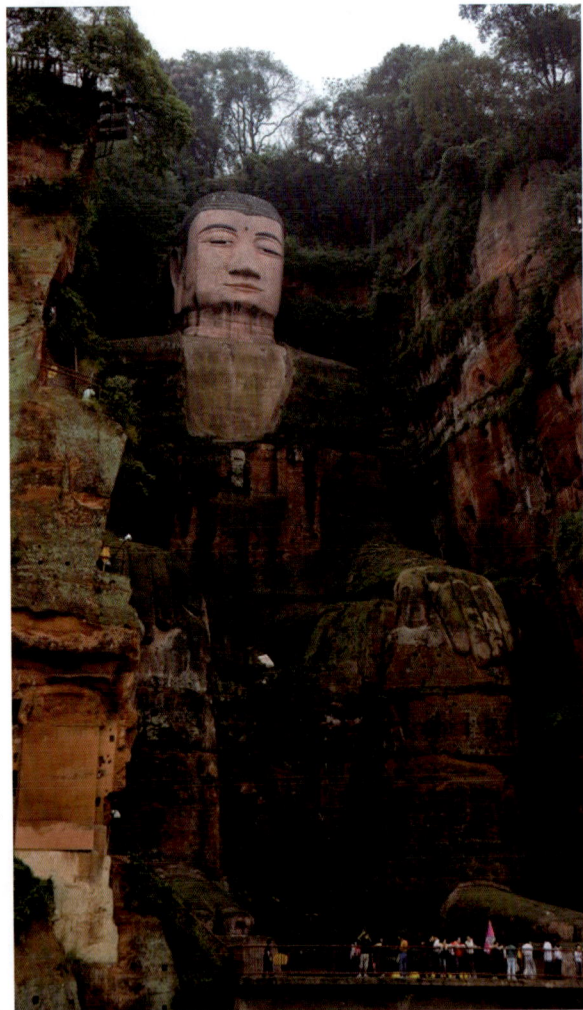

攻略要点

🏠 **推荐指数：**★★★★★

📷 **游玩亮点：**弥勒佛造像

🏠 **地址：**四川省乐山市境内

🚌 **交通：**在成都新南门旅游车站和成都城北客运中心均有班车直达乐山大佛景区，车程约为150.3公里，时间约为2小时27分钟

¥ **门票：**70元

⏰ **开放时间：**9:00～18:00

☎ **咨询电话：**0833-2302296

食、宿推荐

食——乐山大佛景区的美食主要是当地农家乐提供的特色菜肴，而乐山市区的特色美食则品种繁多，西坝豆腐、翘脚牛肉、甜皮鸭、烧烤、串串香、牛华豆腐脑等都是乐山非常有特色的美食。另外，以黄连黄姜、灵芝为代表的乐山山珍也是非常值得一试的乐山美食。

宿——乐山大佛景区内的住宿并不是很多，但是景区周边的酒店还算比较多，乐山西行客栈、乐山邮电宾馆、乐山嘉州宾馆都是不错的住宿选择。此外，景区附近的部分农家乐也可以提供住宿，价格相对来说也比较便宜，不过其住宿条件参差不齐。建议游客在前往景区之前，预订好入住的酒店，这样就可以省去不必要的麻烦。

蜀南竹海

翠竹之海

蜀南竹海位于四川南部的宜宾市境内，这里生长着楠竹、水竹、罗汉竹、紫竹、鸳鸯竹等58种竹子，连绵成片的竹林汇成一片翠竹的海洋。据说，北宋诗人黄庭坚曾到这里游玩，见到这片翠竹的海洋连连称赞："壮哉，竹波万里，峨眉姐妹耳！"因此，他将此处取名"万岭箐"。

走进蜀南竹海，繁茂的竹林遮天蔽日，整个景区清凉而幽静，苍翠的竹林中溪流纵横，飞瀑高悬，野花满山，鸟鸣阵阵，游客漫步其间顿觉心旷神怡。如果走累了，还可以到景区内的农家乐坐坐，一边品茶，一边享受美景。此外，在蜀南竹海景区内还建有国内第一家竹类主题博物馆——蜀南竹海博物馆，它设有竹文化、竹标本、竹工艺品等展区和一座百竹园，在这里你可以对竹有一个更加全面的了解。

食、宿推荐

食——在蜀南竹海，用竹笋、竹荪、竹荪蛋制作的"全竹宴"是一定要品尝的美食。此外，在宜宾市区还可以品尝的美食包括南溪豆腐干、屏山老腊肉、双河葡萄井凉糕、宜宾燃面等，这些都是非常值得一试的美食。

宿——蜀南竹海的住宿点主要分布在万岭镇和万里镇内，住宿类型包括星级酒店、小旅馆和农家乐等，住宿条件大多数都很不错，价格也相对便宜。

攻略要点

⬆ **推荐指数：** ★★★★★　📷 **游玩亮点：** 竹林、农家乐

📍 **地址：** 宜宾市境内长宁、江安两县交界处

🚌 **交通：** 在成都新南门汽车站每天都有直达蜀南竹海的班车发往景区，车程约为354.9公里，时间约为5小时19分钟　💴 **门票：** 80元

🕐 **开放时间：** 8:00-17:00　☎ **咨询电话：** 0831-4980888

碧峰峡

秀雅美丽的峡谷景观

碧峰峡位于四川雅安市北8公里，这里林木葱茏，四季青碧，因此得名"碧峰峡"。景区由两条长约7米的峡谷构成，峡谷中溪流纵横，飞瀑成群，峡谷两岸峭壁如削，林木蔽日，景色非常优美。传说，碧峰峡景区是由炼石补天的女娲幻化而成，景区内的很多景点也与神奇而美丽的神话故事联系在一起，充满了神秘感。位于景区白龙潭瀑布下的女娲池就是这样一个景点，女娲池是由白龙潭瀑布多年冲刷而形成的一潭池水，池水清澈澄碧，池边青山环绕，鸟语花香，景色非常秀美。相传，当年的女娲就经常在这里沐浴。此外，在碧峰峡景区内还有全国第一家生态型野生动物园，这里生活着大熊猫、小熊猫等国家级野生动物，最近几年，卧龙大熊猫研究中心也在这里设置了基地，已有10多只大熊猫从卧龙等地迁入碧峰峡。

攻略要点

- **推荐指数：** ★★★★☆
- **游玩亮点：** 自然风光
- **地址：** 雅安市雨城区
- **交通：** 在成都新南门旅游车站可以乘坐成都至碧峰峡的旅游专线直达景区，车程约为152公里，时间约为2个半小时
- **门票：** 118元
- **开放时间：** 8:00~19:00
- **咨询电话：** 0835-2318017

食、宿推荐

食——雅安美食众多，其中比较著名的有雅鱼、花洋芋、宝兴腊肉、天全的野生菜等，值得一试。

宿——碧峰峡景区的旅游接待中心有相当于星级酒店的宾馆可以住宿，不过价格比较昂贵。建议到景区周边的农家乐或者小旅馆住宿，这些住宿干净舒适，设施齐全，而且价格也比较便宜。

瓦屋山

秀比峨眉的名山

瓦屋山位于眉山市洪雅县境内，距离成都150公里。该景区拥有大面积茫茫苍苍的原始森林，山中植被保存完好，山谷中溪流纵横，瀑布飞溅，景色非常迷人。山中60万亩的天然杜鹃林，每到杜鹃盛开的时节，粉白朱红的杜鹃花将景区装扮得更加俏丽动人。自唐宋以来，瓦屋山就以其神奇秀美的景色与峨眉山并称为"蜀中二绝"。这里不仅山奇、林幽、水美，而且独特的日出、云海、佛光、神灯以及冰瀑雪原景观如梦似幻，毫不逊色于峨眉胜景。苏东坡在游览瓦屋山之后，曾写出"瓦屋寒堆春后雪，峨眉翠扫雨余天"的诗句来赞赏这里的美景。其实，在瓦屋山一年四季都是有景可赏的，春天，万亩杜鹃，娇艳美丽；夏天，飞瀑流泉，秀美壮观；秋天，层林尽染，色彩绚丽；冬天，冰雪覆盖，玉树琼花。无论你何时来到瓦屋山都不会失望而归。

食、宿推荐

食——瓦屋山出产的碳白笋口味清甜脆嫩，美味可口，是必尝的一道美食，除此以外，瓦屋山当地出产的各类山珍野菜也非常不错，瓦鱼仔也是不可错过的美食之一。

宿——瓦屋山景区内的住宿不是很多，在景区周边有不少宾馆和农家乐，大部分的住宿条件都非常不错，而且这些住宿的价格也比较便宜，从这里上山游览也是非常方便的。

攻略要点

推荐指数：★★★★☆　　**地址**：眉山市洪雅县境内

游玩亮点：杜鹃、日出、云海、雪景　　**门票**：50元

交通：在成都新南门旅游集散中心可以乘坐发往瓦屋山的大巴直达景区，车程约为213.1公里，时间约为3小时

开放时间：9:00-18:00　　**咨询电话**：0833-7539168

大英死海

中国唯一一处死海

　　大英死海是1.5亿年前因地球的两次造山运动形成的地下古盐湖盆地，其海水的含盐量超过了22%，人在水中可以轻松地漂浮而不下沉。

　　目前，大英死海以水上漂浮为主，已经建成了一个别具特色的旅游度假区，它包括水上漂浮电影院、海岸烧烤、死海温泉等休闲娱乐设施，是一个享受休闲时光的好去处。在充满热带风情的建筑中，你可以穿上沙滩装，在园区内悠闲地散步，你也可以漂浮在死海上，尽情戏水嬉戏。当然，你也可以什么都不做，就在躺椅上享受日光。对于爱美的女士来说，你还可以在冲浪后做一个黑泥浴或盐疗SPA，在放松身心的同时也顺便保养了肌肤。值得一提的是，大英死海的海水中含有钠、钾、钙、碘等40多种矿物质和微量元素，对皮肤病、风湿性关节炎、心脑血管和呼吸道疾病等都具有一定的疗效。

攻略要点

🔼 **推荐指数：** ★★★★☆
📷 **游玩亮点：** 死海漂浮、盐疗SPA
🏠 **地址：** 遂宁市大英县境内
🚍 **交通：** 在成都十陵客运站可以乘坐直达大英死海景区的大巴，车程约为125.9公里，时间约为1小时46分钟　¥ **门票：** 200元
⏰ **开放时间：** 全天　✉ **咨询电话：** 0825-7889188

食、宿推荐

食——卓筒鸡、卓筒鱼和蓝氏家谱菜并称"死海美食三绝"，是到死海必尝的美食之一。此外，在死海景区内还有成都特色小吃、中餐和西餐可供选择。

宿——在大英死海景区内充满摩洛哥风情的太阳城酒店，还有三星级酒店梦幻城、海酋长别墅、国际青年旅舍等都是不错的住宿之地，不过这些酒店大部分的价格都不是很便宜。在景区周围也分布着很多不错的景点，相对来说比景区内的住宿更加便宜，而且住宿条件也很不错，建议可以到景区外住宿。此外，在旅游旺季，酒店都会出现客满的现象，为了避免不必要的麻烦，建议在出发之前提前预订好入住的酒店。

蒙顶山

茶之故乡

蒙顶山位于四川省雅安市境内，因山上常年"雨雾蒙沫"而得名。其最高峰上清峰海拔为1456米，无论是土壤还是气候条件都非常适合茶叶的生长。早在2000多年前的西汉时期，就有人在此栽种茶树，到了唐宋时期，这里的茶叶还一度作为贡品，上贡朝廷，供皇室司祭大庙。至今，山上还保存有专供上贡茶叶的"皇茶园"。而在民间，蒙顶茶也被视为去病消灾的神来之物，"扬子江中水，蒙山顶上茶"这句流传甚广的民谚就是对蒙顶茶的最高赞誉。如今，每到采茶时节，蒙顶山上总是茶香阵阵，行走其间顿觉心旷神怡！

此外，蒙顶山的自然风光也非常美丽，山上林木葱茏，溪流纵横，片片青翠的茶园随着山峦高低起伏，犹如碧浪翻滚，山间缭绕的云雾使蒙顶山仿佛仙境一般显得更加神秘而美丽。

攻略要点

⬆ **推荐指数**：★★★★☆

🔟 **游玩亮点**：采茶、观赏茶艺表演

🏠 **地址**：四川雅安市西北

🚌 **交通**：在成都乘车到雅安后，在车站租车前往，车程约为20.5公里，时间约为45分钟

¥ **门票**：旺季60元，淡季45元

🕐 **开放时间**：8:00-18:00

☎ **咨询电话**：0835-3232089

食、宿推荐

食——蒙顶山是茶叶故乡，景区内也有不少以茶叶制成的美食。茶叶烧鸡、茶叶肉丝等都是非常特别的美味。这些美食在景区周边的很多农家乐里都可以品尝到。

宿——蒙顶山景区内建有住宿条件较好的宾馆，但是一般价格都比较昂贵，而景区周边的很多农家乐也可以提供住宿，这些住宿条件一般都比较不错，而且价格也相对便宜，可以选择在此住宿。此外，为了避免住宿难找的情况，建议在出发之前在网上预订好酒店。

上里古镇
朴实无华的千年古镇

上里古镇位于雅安市雨城区北部，古镇初名"罗绳"，是历史上南方丝绸之路临邛古道进入雅安的重要驿站，也是近代红军长征过境之地。悠久的历史文化和独特的自然地理环境造就了古镇别样的川西小镇风情。

上里古镇街道均由青石板铺成，街道两旁，木制的阁楼建筑飞檐翘角，房檐、窗边都是以浮雕、镂雕等形式雕刻着精美的纹饰，这些雕塑构图精巧，工艺精湛，即使历经岁月沧桑，依然丝毫不减其美丽。

古镇民居的建筑风格大都以明清时期为主，"井"字形布局的街道两旁大都是木质结构的老式铺面。据说，古镇以"井"字形来布局街道，以木作为建筑的主要材料是寓意"井中有水，水火不容"，以水制火孽，祈愿小镇平安。

如今，走在小镇上，周围的古桥、古牌坊、古塔都展示着这座古镇千百年的朴实无华的历史风韵，如果你感兴趣的话，不妨亲自到这里走走吧！

攻略要点

- ⬆ **推荐指数**：★★★★☆
- 🎮 **游玩亮点**：川西民居建筑
- 🏠 **地址**：雅安市雨城区北部
- 🚌 **交通**：在成都新南门旅游车站乘车前往雅安旅游车站，在雅安旅游车站对面可以乘坐直达古镇的班车
- ¥ **门票**：免费　　⏱ **开放时间**：全天

食、宿推荐

食——"乌骨鸡炖山药"是古镇非常有特色的一道名菜，味道鲜美，还具有滋补功效。此外，当地的"豆花饭"也是非常值得一试的美味。

宿——在上里古镇住宿是非常方便的，古镇上有很多客栈和农家乐，这些住宿的条件大都很不错，而且价格也比较实惠，如果想要预先订好住处，可以登录乡游网来预订古镇的住处。

三星堆
神秘的古蜀文化遗址

三星堆位于广汉城西鸭子河畔，它是迄今为止在西南地区发现的范围最大、历史文化内涵最为丰富的古蜀文化遗址。

1929年，广汉的一位农民在自家宅院旁挖水沟时发现了一坑玉器，从此，三星堆遗址便揭开了神秘的面纱。在三星堆出土的众多古蜀瑰宝中，造型奇特的青铜造像颇为神秘诡谲。这些青铜造像不属于中原青铜器的任何一类，而且青铜器上也没有留下任何文字，让人不可思议。这些造像有高达2.62米的青铜大立人，有宽达1.38米的青铜面具，也有高达3.96米的青铜神树，堪称旷世奇珍。除了青铜造像以外，从这里出土的璧、璋、玉珠、玉斧等各类玉器也是极其罕见的文物珍品。

如今，三星堆已成为成都周边著名的旅游胜地，位于遗址东北角的三星堆博物馆群向游客展示了遗址内一、二号大型祭祀坑中出土的陶器、玉器、青铜器等上千件珍贵的文物。感兴趣的话不妨亲自前去参观一番！

攻略要点

⛰ **推荐指数：** ★★★★☆   📷 **游玩亮点：** 青铜人像
🏠 **地址：** 广汉市南兴镇   🚌 **交通：** 在成都新南门旅游车站乘坐大巴可直达三星堆景区，车程约为59.5公里，时间约为1小时29分钟   ¥ **门票：** 80元
⏰ **开放时间：** 8:30-18:00   ☎ **咨询电话：** 0838-5500349

食、宿推荐

食——连山回锅肉和玻璃抄手是广汉非常有特色的两道美食，去的话一定要好好品尝一下。除了这两个以外，缠丝兔、汉州板鸭、广味香肠、麻辣黄牛肉等也是值得一试的特色美味。

宿——三星堆遗址周边的酒店住宿条件都很不错，但是价格相对比较昂贵。建议可以去广汉市区的酒店住宿，市区的酒店中高低档的都有，选择面更广一些。如果要选择旺季出游，最好在出行前就在网上预订好入住的酒店，以免不必要的麻烦。

附录1 名录索引

附录2 成都旅游实用电话及网址

旅游服务电话

成都旅游服务热线: 96927 成都公交投诉: 028- 85076868
四川省旅游局: 028-86702855

汽车站电话

成都新南门旅游集散中心: 028- 85433609 成都茶店子汽车站: 028-87506610
成都昭觉寺车站: 028-83504125 成都金沙车站: 028-87345329
成都十陵客运站: 028-86379301 成都五桂桥汽车站: 028-84716144
成都石羊场客运站: 028-85157719 成都高笋塘汽车站: 028-83382584
成都五块石车站: 028-83118599 成都北门汽车站: 028-83338102
成都城北客运中心车站: 028-83179676

火车站电话

成都火车北站: 028—8280012

机场电话

成都双流国际机场: 028—85205518

旅游网址

成都旅游官方网站: http://www.cdta.gov.cn 成都火车北站网址: http://www.cdcz.net
成都双流国际机场: http://www.cdairport.com

附录3 临近城市交通指南

成都到重庆的交通方式

汽车

车站	地址	电话	发车时间	票价
成都北门汽车站	金牛区一环路北三段	028—83331872	17:00	195元
成都城北客运中心	金牛区二环路北二段85号	028—83175758	7:30、9:00、17:00、17:30、18:00、18:30	43元
成都汽车总站	锦江区迎晖路194号	028—84716404	6:30~21:30间隔20或30分钟	107元

火车

　　在成都火车北站每天都有十多趟列车发往重庆火车北站,以下是成都火车北站的一些相关信息,供大家参考。

成都火车北站
地址: 金牛区二环路北三段
电话: 028-82800126
乘车线路: 在市区乘坐2、9、16、27、52路公交到火车北站下车即达

飞机

　　由于和谐号动车组的开通,目前从成都到重庆,坐火车比乘飞机更快,所以到重庆的航班已经取消。